Fritz Söllner

DIE MORALAPOSTEL

MIX
Papier | Fördert gute Waldnutzung
FSC® C014889

Umschlaggestaltung: Sabine Schröder
Umschlagmotive: foto-select – stock.adobe.com; vasik_academ/
Shutterstock.com (3)
Satz: VerlagsService Dietmar Schmitz, Erding
Druck und Binden: Friedrich Pustet GmbH & Co. KG, Regensburg
Printed in Germany
ISBN: 978-3-7844-3715-6
www.langenmueller.de

FRITZ SÖLLNER

DIE MORAL APOSTEL

Zerstörung eines Exportweltmeisters

LMV

Inhalt

Vorwort

Am 1. März 2023 stellte Außenministerin Annalena Baerbock voller Freude und Selbstzufriedenheit ihre »feministische Außenpolitik« einer erstaunten Öffentlichkeit vor. Ein erster Blick in die Presseberichte ließ wenig Gutes erwarten. Wenn man die »Leitlinien der feministischen Außenpolitik« durchsieht, bestätigen sich die schlimmsten Befürchtungen: Auf dem Altar von »Parität« und »Diversität« werden politische Vernunft und die außenpolitischen Interessen Deutschlands geopfert.

Die Vorstellung der feministischen Außenpolitik war für mich der Anlass, mich näher mit der werteorientierten Außenpolitik zu beschäftigen. Dabei bin ich schnell zu der Erkenntnis gelangt, dass das Lieblingsprojekt von Annalena Baerbock leider keinen Einzelfall darstellt, sondern als ein Beispiel von vielen typisch für den großen Einfluss des politischen Moralismus auch in der Außenpolitik ist. Weniger offensichtlich und noch nicht allgemein bekannt ist aber, dass durch die zunehmende Werteorientierung, ja Wertefixierung, und die damit einhergehende Vernachlässigung der nationalen Interessen Deutschlands nicht nur die politische, sondern auch die wirtschaftliche Position unseres Landes in der Welt immer mehr geschwächt wird.

Dieses Buch wurde mit dem Ziel geschrieben, in der Öffentlichkeit das Bewusstsein für die enormen Kosten und die großen Gefahren der Werteaußenpolitik zu wecken. Denn ein solches Bewusstsein ist die Voraussetzung dafür, dass der dringend notwendige Politikwechsel endlich zustande kommt – der Wechsel weg von der idealistischen und werteorientierten, zurück zur realistischen und interessengeleiteten Außenpolitik und die Ablösung der »Totengräber eines Exportweltmeisters« durch kompetente und verantwortungsvolle Politiker.

Rupert Pritzl und Christian Raap haben eine erste Fassung des Manuskripts gelesen und ich bin beiden für ihre wichtigen Hinweise dankbar. Christian Raap hat dieses Buchprojekt von Anfang an begleitet und ich danke ihm sehr für die gewohnt gute Betreuung – ein Dank, der dem gesamten Team des Langen-Müller-Verlags gebührt.

Fritz Söllner
Bayreuth, im März 2024

Einleitung: Werte statt Interessen

»Wir sind auf einer Mission: Zur Bildung der Erde sind wir berufen.«

Friedrich von Hardenberg

Ende 2021 veröffentlichte Klaus von Dohnanyi ein Buch mit dem Titel »Nationale Interessen«.[1] Darin plädiert er für eine an den eigenen, nationalen Interessen orientierte Politik Deutschlands. Dohnanyi traf damit offenbar den Nerv der Zeit: Sein Buch schaffte es auf die Spiegel-Bestsellerliste. Viele Bürger scheinen sein Unbehagen mit einer Politik zu teilen, die die Interessen Deutschlands nicht nur hintanstellt und vernachlässigt, sondern für die die Verfolgung solcher Interessen als unanständig und unmoralisch gilt oder die sogar deren Existenz leugnet.

Was früher eine Selbstverständlichkeit war, nämlich dass Deutschland als Nation auch nationale Interessen hat und dass diese den Dreh- und Angelpunkt der deutschen Politik zu bilden haben, ist heute ein Tabu, über das nicht mehr gesprochen werden darf – oder allenfalls wie über ein Relikt aus einer düsteren Vergangenheit, die man glücklicherweise hinter sich gelassen hat. Nationale Interessen gehören nicht zum »besten Deutschland (…), das es jemals gegeben hat«.[2]

Die Politik kann aber nicht ohne Leitbilder und Ziele auskommen. An die Stelle der verpönten Interessen sind heute Werte getreten. Sie sind es, die im Mittelpunkt der deutschen Politik stehen. In Reden und Regierungserklärungen nimmt Kanzler Olaf Scholz immer wieder Bezug auf »Grundwerte« oder »gemeinsame Werte«, die es zu verteidigen und hochzuhalten gelte.[3] Von deutschen Interessen ist dagegen so gut wie überhaupt nicht die Rede. Der Vorrang der Werte kommt auch in der im Juni 2023 vorgestellten »Nationalen Sicherheitsstrategie« deutlich zum Ausdruck:

> »Unsere Werte bilden die Grundlage unseres Gemeinwesens. Sie zu schützen und zu stärken ist oberste Aufgabe und Bestimmung des Staates.«[4]

Das Interesse Deutschlands besteht offenbar ausschließlich in der Verteidigung dieser Werte:

> »Es liegt in unserem fundamentalen Interesse, unsere Werte zu verteidigen.«[5]

Dieser Ansatz überrascht insofern nicht, als er auch den Vertrag der Drei-Parteien-Koalition kennzeichnet, die Scholz anführt. Im Koalitionsvertrag ist ein Dutzend Mal von »Werten« die Rede, daneben etliche Male von »Wertegemeinschaft« und von »wertebasierter« bzw. »werteorientierter« Politik.[6] Interessen werden fast ausschließlich als Anhängsel von Werten (»unsere Werte und Interessen«) oder im europäischen Kontext (»deutsche Interessen im Licht europäischer Interessen«; »als Basis gemeinsamer europäischer Interessen«) erwähnt.[7] Explizit kommcn »deutsche Interessen« bzw. »unsere Interessen« im 177 Seiten starken Koalitionsvertrag genau zwei Mal vor – und das an wenig prominenter Stelle.[8]

Diese Werteorientierung, die man fast schon Wertefixierung nennen könnte, kennzeichnet die deutsche Politik nicht erst seit dem Amtsantritt von Kanzler Scholz, sondern seit vielen Jahren. So gibt der Vertrag der letzten großen Koalition unter Angela Merkel diesbezüglich ein ganz ähnliches Bild ab wie der aktuelle Koalitionsvertrag: Sehr häufig ist von Werten die Rede, praktisch überhaupt nicht von deutschen Interessen.[9] Für beide Koalitionsverträge gilt, dass nirgends definiert ist, worin die so oft beschworenen Werte im Einzelnen bestehen. Das wird offenbar als selbstverständlich und nicht der Erwähnung, geschweige denn der Diskussion wert erachtet.

Auch auf europäischer Ebene sieht es nicht anders aus. In ihrer Rede zur Lage der Union am 14. September 2022 spricht die Kommissionspräsidentin Ursula von der Leyen vom Krieg in der Ukraine als einem »Krieg gegen unsere Werte«, von »unseren ehernen Werten«, »unseren gemeinsamen Werten und Idealen« und überhaupt häufig von »unseren Werten«. »Unsere Interessen« sind dagegen nur einer einzigen Erwähnung würdig – und auch das nur (wie könnte es anders sein?) im Zusammenhang mit »unseren Werten«.[10] Frau von der Leyen erläutert die von ihr beschworenen Werte nicht näher. Aber es ist zu vermuten, dass sie sich auf den Vertrag über die Europäische Union und auf die Charta der Grundrechte der Europäischen Union bezieht. In dem Vertrag schreibt Artikel 3 Absatz 1 als »Ziel der Union« unter anderem fest, »ihre Werte (…) zu fördern« – Werte, die in Artikel 2 als »Menschenwürde, Freiheit, Demokratie, Gleichheit, Rechtsstaatlichkeit und die Wahrung der Menschenrechte« definiert werden. In der Präambel der Charta ist die Rede davon, dass sich »die Union auf die unteilbaren und universellen Werte« gründet und »zur Erhaltung und Entwicklung dieser Werte« beitragen soll. Allerdings bleibt nicht nur unklar, um welche Werte es sich hier handelt, sondern auch, in welchem Verhältnis diese zu den in den folgenden 54 Artikeln genannten Grundrechten stehen. Ähnlich vage bleiben die entsprechenden Passagen des Vertrags über die Europäische Union. Eine genaue Definition der aufgezählten Werte fehlt ebenso wie eine klare Unterscheidung zwischen Werten, Zielen und Rechten.

Auch wegen dieser Unbestimmtheit erscheint eine Tendenz sehr problematisch, die sich in den letzten Jahren immer stärker bemerkbar gemacht hat: die Tendenz, die beschworenen Werte nicht nur selbst zu leben, sondern auch andere Länder zur Akzeptanz und Verwirklichung dieser Werte zu bewegen. Dieses Sendungsbewusstsein erfüllt sowohl die deutsche als auch die europäische Politik: Im Koalitionsvertrag der aktuellen Bundesregierung ist die Rede davon, »unsere Werte (…) im internationalen Systemwettstreit (…) entschlossen zu verteidigen«, und von einer »Werte- und Verantwortungsgemeinschaft in Europa und weltweit«; außerdem wird für eine EU eingetreten, »die ihre Werte und ihre Rechtsstaatlichkeit nach innen wie außen schützt und entschlossen für sie eintritt.«[11]

Selbstredend wird diese Auffassung von der Rolle der EU auch von deren Führung vertreten. So fordert Frau von der Leyen in ihrer oben zitierten Rede, »unsere Werte global voranzubringen.«[12] An anderer Stelle versteigt sie sich sogar zu der Auffassung, dass »unsere Werte« auch Gegenstand kriegerischer Auseinandersetzungen sein können und sollen – wenn sie davon spricht, dass die Ukraine in ihrem Krieg mit Russland »unsere Werte verteidigen« würde.[13]

Aus Gutmenschen sind Moralapostel geworden. Was die internationalen Beziehungen angeht, gilt nicht mehr das Motto »Leben und leben lassen«; stattdessen soll am deutschen (oder am europäischen) Wesen die Welt genesen. Dieses Sendungsbewusstsein macht sich in vielen Bereichen der Politik bemerkbar: nicht nur in der eigentlichen Außenpolitik, sondern auch in der Wirtschafts-, Klima-, Energie-, Verteidigungs-, Kultur- und Finanzpolitik, insoweit diese einen internationalen Bezug haben. Mit allen Mitteln soll »unseren Werten« Geltung verschafft werden. Ob mit einer solchen Politik auch unseren Interessen gedient wird, spielt dagegen keine Rolle oder wird erst gar nicht bedacht.

Gerade in letzter Zeit mehren sich aber die Zeichen, dass die Durchsetzung »unserer Werte« auf der ganzen Welt mit erheblichen Nachteilen für die nationalen Interessen Deutschlands verbunden ist, dass sich, mit anderen Worten, Deutschland mit dieser Politik ins eigene Fleisch schneidet.

Genau darum soll es in diesem Buch gehen: um den missionarischen Eifer, mit dem Deutschland und Europa andere Länder von »unseren Werten« überzeugen wollen – und zwar ohne Rücksicht auf Verluste. Welche ideologischen oder machtpolitischen Motive stecken hinter dieser Politik? Mit welchen Mitteln wird sie betrieben? Und welche Konsequenzen hat sie für Deutschland? Das sind die zentralen Fragen, die in diesem Buch diskutiert werden sollen.

Zum Inhalt

Was erwartet den Leser in den folgenden Kapiteln im Einzelnen? Im ersten Teil (»Der Vormarsch der Moralapostel«) geht es um die Hintergründe der aktuellen wertebasierten Politik. Eine zentrale Rolle spielt dabei der politische Moralismus (Kapitel 1: »Politischer Moralismus und Gesinnungsethik«). Dieser hat auch Auswirkungen auf die politische Kultur. Denn Moral und Werte stellen wirksame politische Instrumente dar und können auch eingesetzt werden, um dezidiert unmoralische Ziele zu verfolgen – und zwar sowohl auf nationaler als auch auf internationaler Ebene (Kapitel 2: »Die Instrumentalisierung der Moral: Werte als Interessen«). Die immer stärkere Hinwendung zum politischen Moralismus lässt sich in der deutschen Politik schon seit mehreren Jahrzehnten beobachten, wobei die Partei »Die Grünen« als Motor und Katalysator dieser Entwicklung fungierte (Kapitel 3: »Die Moralisierung der deutschen Politik«).

Gegenstand des zweiten Teils (»Die Missionierung der Welt«) sind die konkreten Anstrengungen Deutschlands bzw. der EU, »unsere Werte« weltweit durchzusetzen. Diesem Zweck dienen verschiedene politische Instrumente mit unterschiedlicher Eingriffsintensität (Kapitel 4: »Die Werkzeuge der Missionsarbeit«). Wie diese Instrumente eingesetzt werden, soll anhand von sechs der wichtigsten Beispiele für eine solche »Missionsarbeit« betrachtet werden (Kapitel 5 bis 10: »Der UN-Migrationspakt«, »Die feministische Außenpolitik«, »Außenwirtschaftspolitik«, »Die Lieferkettengesetze«, »Klimaaußenpolitik«, »Sanktionspolitik«).

Im dritten Teil (»Heilsweg oder Irrweg?«) werden schließlich die Konsequenzen dieser Missionierungsversuche für Deutschland diskutiert und Alternativen zur aktuellen Politik aufgezeigt. Wir werden sehen, dass dieser Politik eine gewisse Selbstverstärkungstendenz innewohnt – dergestalt, dass im Zeitablauf fast zwangsläufig immer aggressivere Mittel angewandt werden (Kapitel 11: »Die Moralisierungsspirale«). Dementsprechend wirken sich auch die Konsequenzen dieser Politik im Zeitablauf immer stärker aus. Unter denselben sind die wichtigsten der anhaltende Bedeutungsverlust auf der weltpolitischen Bühne (Kapitel 12: »Der schwindende Einfluss Deutschlands in der Weltpolitik«) und die Gefahren für Wohlstand und Wirtschaftskraft (Kapitel 13: »Wohlstand ade?«). Diese zum Teil schon eingetretenen, zum Teil noch bevorstehenden Folgen lassen sich nur rückgängig machen bzw. vermeiden, wenn nicht länger Werte, sondern wieder die nationalen Interessen ins Zentrum der Politik gestellt werden (Kapitel 14: »Selbstbewusstsein statt Sendungsbewusstsein!«).

Vorgehensweise und Begrifflichkeiten

Bevor wir uns mit dem Thema dieses Buches näher beschäftigen, müssen wir uns noch darauf verständigen, welche Herangehensweise wir wählen und wie wir bestimmte Begriffe verstehen wollen. Es geht im Folgenden zwar vor allem um Werte und Moral, doch soll die Diskussion aus der Sichtweise der Ökonomie geführt werden. Das ist nur auf den ersten Blick widersprüchlich. Denn der ökonomische Ansatz erlaubt einen Einblick nicht nur in das wirtschaftliche Handeln der Menschen, sondern in deren Handeln insgesamt, in all seinen Facetten. Die ökonomische

Sichtweise beruht nämlich auf nichts anderem als der Annahme eines bestimmten Menschenbildes. Dem ökonomischen Menschenbild zufolge verhalten sich die Menschen grundsätzlich rational; das heißt, sie sind bemüht, ihre Ziele unter den gegebenen Umständen bestmöglich zu erreichen. Rationalität im ökonomischen Sinn bedeutet also Zweckrationalität. Die jeweils verfolgten Ziele müssen nicht zwangsläufig egoistischer Natur und nur auf das eigene Wohlergehen gerichtet sein. Selbstverständlich können Menschen auch uneigennützige Ziele verfolgen oder die Verwirklichung bestimmter Ideale anstreben. Allerdings geht man in der Ökonomie realistischerweise davon aus, dass im Regelfall der Eigennutz das dominierende Motiv des menschlichen Handelns darstellt – eine Annahme, die der Ökonomie häufig den Vorwurf des Zynismus einträgt, die sich aber bei der Erklärung und Vorhersage des Verhaltens auf den verschiedensten Gebieten als sehr hilfreich erwiesen hat. Dies gilt auch und gerade für das politische Handeln. Auch Politiker verfolgen nämlich ihre eigenen Ziele und Interessen und haben das Gemeinwohl nur insoweit im Auge, als es mit diesen Zielen und Interessen übereinstimmt.

Die Begriffe »Wert« und »Moral« sollen nicht normativ, sondern faktisch verstanden werden, also im soziologischen Sinn à la Max Weber: Sie sollen die individuell bzw. sozial anerkannten Prinzipien und Ideale bezeichnen, an denen sich das Handeln der Menschen *tatsächlich* orientiert. Es geht also nicht darum, welche Vorstellungen das menschliche Verhalten aus ethischer Sicht bestimmen *sollen*. Sofern die Begriffe »Wert« und »Moral« ausnahmsweise einmal im letzteren Sinn angewandt werden, wird explizit darauf hingewiesen – falls es nicht eindeutig aus dem Zusammenhang hervorgeht.[14]

Teil 1: Der Vormarsch der Moralapostel

Kapitel 1: Politischer Moralismus und Gesinnungsethik

Jegliche werteorientierte bzw. wertebasierte Politik ist ein Produkt der Gesinnungsethik.[15] Nur vor deren Hintergrund wird moralische Politik verständlich. Die Gesinnungsethik wiederum lässt sich am besten anhand der Gegenüberstellung von Gesinnungsethik und Verantwortungsethik erklären. Diese Unterscheidung geht auf den Soziologen und Ökonomen Max Weber zurück.

> »Wir müssen uns klarmachen, dass alles ethisch orientierte Handeln unter *zwei* voneinander grundverschiedenen, unaustragbar gegensätzlichen Maximen stehen kann: es kann ›gesinnungsethisch‹ oder ›verantwortungsethisch‹ orientiert sein.«[16]

Weber weist darauf hin, dass sich Gesinnung und Verantwortung nicht gegenseitig ausschließen. Schließlich wird jedes politische Handeln durch bestimmte Werte und Ziele, also durch eine bestimmte Gesinnung, motiviert; und auch der überzeugteste Gesinnungsethiker kann die Augen vor den Folgen seines Tuns nicht auf Dauer verschließen. Aber »[w]enn die Folgen einer aus reiner Gesinnung fließenden Handlung üble sind, so gilt ihm nicht der Handelnde, sondern die Welt dafür verantwortlich«.[17] Der Verantwortungsethiker ist dagegen bereit, sich die Folgen seines Handelns zurechnen zu lassen, und richtet sein Handeln vor allem an den Folgen desselben aus. Anders der Gesinnungsethiker: »›Verantwortlich‹ fühlt sich der Gesinnungsethiker nur dafür, dass die Flamme der reinen Gesinnung, die Flamme z. B. des Protestes gegen die Ungerechtigkeit der sozialen Ordnung, nicht erlischt.«[18]

In neuerer Zeit hat der Philosoph Hermann Lübbe auf die Gefahren der Gesinnungsethik und auf deren verderblichen Einfluss auf die Politik aufmerksam gemacht. Eine gesinnungsethisch motivierte Politik bezeichnet er als politischen Moralismus, der den »Triumph der Gesinnung über die Urteilskraft« darstelle (so der Untertitel seines Buches zu diesem Thema).[19]

> »Statt der Ansicht und Absicht des politischen Gegners mit Sachargumenten oder auch mit moralischen Argumenten zu widersprechen, qualifiziert man moralisierend die Person dieses Gegners und gibt sich öffentlich erstaunt und empört, was für einer er doch sei.«[20]

Das soll freilich nicht heißen, dass Moral immer und in jedem Fall nutzlos oder sogar schädlich ist. Genau wie für Weber ein Handeln ohne Gesinnung nicht vorstellbar ist, hält auch Lübbe moralische Überlegungen für unverzichtbar – als Maßstab für die Beurteilung »elementarer Lebenszwecke und Lebensführungsregeln«.[21] Diesseits von Entscheidungen über höchste Werte und letzte Zwecke, also im alltäglichen politischen Leben und bei der Lösung konkreter Probleme, können und dürfen moralische Argumente aber keine – oder zumindest nicht die entscheidende – Rolle spielen.

> »Zur Normalität geordneter politischer Lebensverhältnisse dürfte es doch gehören, dass die moralisierende Form der politischen Argumentation nur in äußersten Ausnahmefällen zugelassen ist.«[22]

Entscheidend ist der Unterschied zwischen Moral und Moralismus bzw. Moralisierung – auch aus demokratietheoretischer Sicht, wie der Politikwissenschaftler Wolfgang Merkel schreibt:

»Moralisierung ist von Moral abzugrenzen. Moral, wie sie etwa in den Menschen- und Freiheitsrechten in demokratischen Verfassungen kodifiziert ist, wie sie als Gleichheits- und Gerechtigkeitspostulate in rechtsstaatlichen Normen gefasst wird oder auch als Toleranz und Respekt verankert ist in zivilisierten Zivilgesellschaften, ist gerade in Demokratien als normative Orientierung unverzichtbar. Ohne Moral keine Demokratie. Mit der Moralisierung verhält es sich anders. Moralisierung ist eine ›selbstgerechte Stilisierung‹ der eigenen moralischen Position, um eine andere moralische Position herabzusetzen.«[23]

Dass dies der Demokratie auf Dauer schaden muss, ist offensichtlich. Denn dem Moralismus wohnt eine gewisse Tendenz zum Totalitarismus inne. Die Gesinnungsethiker sind von sich und ihrer überlegenen Moral überzeugt und halten sich deshalb nicht nur für berechtigt, sondern auch für verpflichtet, diese Moral politisch umzusetzen – und zwar mit allen Mitteln. Dazu gehört »die Selbstermächtigung zum Verstoß gegen die Regeln des gemeinen Rechts und des moralischen Common sense unter Berufung auf das höhere Recht der eigenen, nach ideologischen Maßstäben besseren Sache«.[24] Toleranz gegenüber anderen politischen Positionen, die Prüfung und Würdigung anderer Argumente und die Beachtung rechtsstaatlicher Prinzipien sind für sie verzichtbar. Im Umgang mit »unmoralischen« Menschen sind schließlich alle Mittel erlaubt. Das kritisiert auch der Philosoph und Medienwissenschaftler Norbert Bolz:

»[W]o Gefühle statt Argumente die Debatten bestimmen, kommt es ganz unvermeidlich zur Verteufelung der Andersdenkenden. Alle Sachfragen geraten in den Sog moralistischer Polemik (...). Im Extremfall (...) sieht der politische Moralist im politischen Gegner einen Unmenschen.«[25]

Diese Verteufelung der Andersdenkenden legitimiert nicht nur deren Ausgrenzung aus der Politik, sondern erfordert diese sogar. Damit nimmt die Politik einen totalitären Charakter an. Oder kurz gesagt: »Der politisierten Moral entspricht eine totalitäre Politik.«[26]

Der politische Moralismus kann nicht nur zum Totalitarismus führen, sondern dieser ist auf jenen so gut wie angewiesen. Lübbe weist darauf hin, dass der politische Moralismus vor allem in totalitären Systemen eine große Rolle spielt, ja spielen muss, weil diese sich auf einen Austausch von Argumenten und eine offene Diskussion natürlich nicht einlassen können, sondern im Gegenteil beides unterdrücken müssen.[27] Dazu eignet sich die Moralisierung hervorragend.

> »Mit dem Grad der Entfernung totalitärer Ideologie und Politik von gemeinsinnfähiger Weltkenntnis und Moral wächst also ihr Selbstrechtfertigungsbedarf. Ein hoher moralisierender Dauerton prägt daher auch die totalitäre Rhetorik. Nichts geschieht ohne Rekurs auf höchste legitimierende Zwecke – Gemeines wie Ungemeines.«[28]

Der politische Moralismus wirkt sich aber nicht nur auf die Art und Weise aus, wie Politik gemacht wird (demokratisch oder totalitär), sondern auch auf Inhalte und Ziele der Politik. Denn unter den politischen Moralisten gibt es »eine unverkennbare Links-Drift«, weil das linke Ideal »einer Gesellschaftsordnung, in der individuelle und kollektive Interessen nicht nur versöhnt, vielmehr identisch geworden sein werden«, politische Moralisten besonders anspricht.[29] Verstärkt wird diese Tendenz durch die Verachtung, die Moralisten – fast schon traditionell – der liberalen Gesellschafts- und Wirtschaftsordnung entgegenbringen, weil in derselben die Notwendigkeit, sein Handeln unmittelbar am Gemeinwohl und an den Geboten der Moral auszurichten, kaum besteht, sondern stattdessen die Freiheit, seine Eigeninteressen verfolgen zu können, sehr groß ist.[30]

Nicht genug damit – auch auf die Qualität der Politik wirkt sich der politische Moralismus aus: Es dürfte klar sein, dass es mit der Qualität politischer Entscheidungen in allen Fällen, in denen Moral und Gesinnung dominieren, nicht zum Besten stehen kann. Wenn die Folgen der Politik entweder ignoriert oder zumindest als unwichtig vernachlässigt werden und statt guter Resultate nur der gute Wille zählt – dann ist nicht damit zu rechnen, dass eine rationale, an Kosten und Nutzen orientierte Politik im Interesse der Bevölkerung betrieben wird. Das impliziert insbesondere, dass in der Außenpolitik die eigenen nationalen Interessen um »unserer Werte« willen vernachlässigt werden. Schließlich, um das nochmals zu betonen, läuft »die moralisierende Form politischer Auseinandersetzung stets Gefahr (…), im Triumph der guten Gesinnung über die Gesetze des Verstandes zu enden.«[31]

Leider wohnt dem politischen Moralismus bzw. der gesinnungsethischen Politik die Tendenz inne, im Zeitablauf stärker zu werden – und zwar unabhängig vom Inhalt einer solchen Politik. Dies liegt vor allem daran, dass sie so bequem und verführerisch ist: Wenn es nur um Gesinnung und Moral geht, wenn man keine Verantwortung für die Konsequenzen seiner Politik übernehmen muss, dann braucht man sich auch keine Gedanken um diese Konsequenzen zu machen und muss Politik nicht mit dem Verstand, sondern kann sie mit dem Gefühl betreiben. Man benötigt auch keine besonderen Kompetenzen und keinen Sachverstand: Allein die gute Absicht zählt. Und wenn man diese Grundvoraussetzung erfüllt, dann braucht man nur dickes Sitzfleisch, spitze Ellbogen und ein biegsames Rückgrat, um in der Politik Erfolg zu haben – ein klarer Verstand und ein fundiertes Wissen sind nicht nötig, ja sogar schädlich. Schließlich fällt es umso schwerer, eine bestimmte Gesinnung bedingungslos zu vertreten, je mehr man zu selbständigem und kritischem Denken fähig ist.

Das führt zu einer Negativselektion der Politiker: Vor allem diejenigen, die auf anderen Gebieten gescheitert sind oder scheitern würden, zieht es in die Politik. Dadurch entsteht ein Teufelskreis: Je mehr solcher Politiker es gibt, desto mehr setzt sich der politische Moralismus durch und desto weniger kommt es auf Kompetenzen an. Dadurch zieht es immer mehr Inkompetente in die Politik, wodurch der politische Moralismus noch stärker wird. Aber nicht nur für Politiker und Menschen, die Politiker werden wollen, ist der politische Moralismus bequem. Auch die Bürger können sich leicht an ihn gewöhnen: Sie brauchen sich nicht länger zu bemühen, Argumente zu verstehen und Positionen gegeneinander abzuwägen, sondern müssen sich nur noch vergewissern, ob ein Politiker die »richtige« oder die »falsche« Gesinnung hat – eine Entscheidung, bei der die Bürger von den Medien tatkräftig unterstützt werden. Diejenigen, bei denen die Denkfaulheit die Oberhand gewonnen hat, legen keinen Wert mehr auf eine verantwortungsethisch motivierte Politik und lehnen eine solche sogar ab – zumindest bis sie die Konsequenzen des politischen Moralismus am eigenen Leib oder Geldbeutel verspüren.

Außerdem hat die Gesinnungsethik einen nicht zu unterschätzenden Wettbewerbsvorteil gegenüber der Verantwortungsethik: Gesinnungsethiker sehen Regelverstöße im Sinne der besseren Sache nicht nur als erlaubt, sondern sogar als geboten an und halten es nicht für notwendig, die Prinzipien der Rechtsstaatlichkeit oder des freien und offenen Austauschs unterschiedlicher Meinungen und Argumente zu beachten. Bei Verantwortungsethikern ist das anders. Sie müssen, eben weil sie Verantwortungsethiker sind, auf solche altmodischen Grundsätze Rücksicht nehmen und sind deshalb prinzipiell im Nachteil. Wie wir gesehen haben, wirkt sich die dem politischen Moralismus innewohnende Dynamik nicht auf alle Bereiche des politischen Spektrums gleichermaßen aus. Aufgrund der großen Affinität zwischen linken politischen Positionen und dem politischen Moralismus wird es vor allem die Linke sein, die eine moralistische Politik betreibt – und sich die selbstverstärkenden Tendenzen des politischen Moralismus zunutze machen kann.

Kapitel 2: Die Instrumentalisierung der Moral: Werte als Interessen

Im ersten Kapitel wurde gezeigt, dass der politische Moralismus nicht ohne Schattenseiten ist. Genannt wurden: *erstens* das Unterlassen eines rationalen Kosten-Nutzen-Kalküls und die damit verbundene Vernachlässigung der Konsequenzen des politischen Handelns sowie insbesondere der eigenen nationalen Interessen; *zweitens* die Beeinträchtigung der Qualität der Politik infolge der durch das Übergewicht der Gesinnungsethik induzierten Negativselektion des politischen Personals (gemessen am Maßstab der Kompetenz desselben); und schließlich *drittens* die dem politischen Moralismus inhärente Tendenz zum Totalitarismus. Bei diesen Problemen handelt es sich gewissermaßen um immanente Probleme des politischen Moralismus; sie sind wesensnotwendig und deshalb unvermeidbar – zumindest falls der Moralismus »echt« ist, also mit Überzeugung betrieben wird.

Es gibt aber auch einen »unechten« Moralismus. In diesem Fall werden Werte und moralische Prinzipien instrumentalisiert, also bewusst missbraucht, um damit andere Ziele zu verfolgen – Ziele, die mit Moral und Werten nur wenig zu tun haben. Eine solche Instrumentalisierung ist sowohl im Innenverhältnis eines Staates als auch im Verhältnis zwischen den Staaten möglich. Im ersten Fall geht es um den Einsatz der Moral zum Zweck der Erlangung der ideologischen Hegemonie; im zweiten Fall versuchen Staaten, unter dem Deckmantel der Moral ihre Interessen gegenüber anderen Staaten durchzusetzen. Die Instrumentalisierung der Moral ist der Gegenstand dieses Kapitels. Dabei wird es vor allem interessant sein zu sehen, ob und inwieweit diese Instrumentalisierung sich auf die genannten immanenten Nachteile des politischen Moralismus auswirkt.

Die nationale Ebene

Wenden wir uns zunächst der innenpolitischen Instrumentalisierung der Moral zu. Bei der Auseinandersetzung um die grundsätzliche Ausrichtung der Politik geht es nicht nur um Sachfragen, sondern immer auch um die Erringung der geistigen Vorherrschaft, also – um mit dem italienischen Politiker und Intellektuellen Antonio Gramsci zu sprechen – um die Etablierung der »kulturellen Hegemonie«.[32] Denn nur wer die Wertvorstellungen und Denkgewohnheiten der Bevölkerung – oder zumindest der Mehrheit derselben – beeinflussen und gestalten kann, kann auch die grundsätzliche politische Orientierung der Gesellschaft nach seinen Wünschen ausrichten. Oder mit den Worten des Politikwissenschaftlers und Philosophen Lothar Fritze: »*Kulturelle* Hegemonie gewinnt man durch die Formung der öffentlichen Meinung.«[33] Das Streben nach *ideologischer* Hegemonie geht noch darüber hinaus. Hier besteht das Ziel nicht mehr nur darin, die eigene Position als herrschende Meinung im öffentlichen Diskurs durchzusetzen, sondern diese als einzig vertretbare und allein gültige Position – mit einem Wort: als Ideologie – zu etablieren. Und genau hier kommt die Moral ins Spiel: Denn das genannte Ziel kann nur dann erreicht werden, wenn man es schafft, »die konkurrierende Grundorientierung als mit ›unseren Werten‹ unverträglich abzuweisen. Dies gelingt am besten, wenn sie in das Reich des Undenkbaren, des Inhumanen, des Bösen verwiesen wird. Der Kampf um die ideologische Hegemonie erlaubt keine ergebnisoffene, rationale Diskussion.«[34] Und um diese zu unterbinden, ist die Bezugnahme auf Werte und Moral hervorragend geeignet. Werte bezeichnen *per definitionem* das Gute an sich und bedürfen von daher keiner Begründung oder Rechtfertigung. Aus demselben Grund ist ein Widerspruch kaum möglich und stehen Kritiker einer sich auf bestimmte allgemein akzeptierte Wertvorstellungen berufenden

Politik von vornherein auf verlorenem Posten. Wer wollte oder könnte schon Kritik an Werten wie Freiheit, Gerechtigkeit, Gleichheit oder Gesundheit üben? Diese und ähnliche Werte sind aufgrund ihrer Abstraktheit universell zustimmungsfähig, ja sogar zustimmungspflichtig, und entziehen sich so jeder Kritik. Allerdings sind sie aus demselben Grund ungeeignet zur Ableitung und Begründung konkreter politischer Maßnahmen. Zu diesem Zweck müssen »unsere Werte« genauer definiert und konkretisiert werden. Und damit gilt, was der Jurist Hans-Georg Deggau konstatiert:

> »Wer die Definitionsmacht hat, bestimmt die Inhalte und legt die Möglichkeiten ›wertebasierter‹ Politik fest. Das aber ist die Mehrheit, die über den Inhalt der Werte nach Bedarf und Anlass entscheidet und bei ›Verstößen‹ eine gesellschaftliche Erregung erzeugt, mit der man Druck aufbauen kann.«[35]

Dem wäre noch hinzuzufügen, dass nicht nur die Mehrheit, sondern durchaus auch eine Minderheit über die Inhalte der Werte bestimmen kann. Abgesehen davon ist Deggau zuzustimmen. Denn jede Kritik an einer wertebasierten Politik kann von deren Protagonisten von einer Kritik an konkreten politischen Maßnahmen zu einer Kritik an den Werten umgedeutet und damit diskreditiert werden. Auf diese Weise werden Sachfragen zu Fragen über Wert und Unwert gemacht und rationale Debatten bewusst erschwert oder verhindert. Durch den Appell an Werte kann man im politischen Diskurs also Vorteile von zweierlei Art erringen: *Erstens* wird die eigene Position gegen Kritik gewissermaßen immunisiert, da die betreffenden Werte als unhinterfragbar und nicht kritisierbar gelten. *Zweitens* können Kritiker einer wertebasierten Politik als unmoralisch, ja sogar unanständig diffamiert und so von der öffentlichen Debatte ausgeschlossen werden.[36]

Nicht ohne Grund spricht Thilo Sarrazin in diesem Zusammenhang von »Tugendterror«, dessen Kennzeichen es sei, »dass bestimmte gesellschaftliche Normen, Sichtweisen oder Ziele in den Stand absoluter Wahrheiten gesetzt und gleichzeitig moralisch aufgeladen werden. (...) Damit setzt jede Art von Tugendterror die eigenen Maßstäbe absolut und macht zur axiomatischen Regel, dass jeder ein Feind ist, der diese Maßstäbe nicht akzeptiert.«[37]

Anhand dieses Zitats wird auch deutlich, dass die kommunikativen und diskursiven Vorteile, die durch die bewusste Moralisierung der Politik errungen werden können, ihren Preis haben: den Preis einer Vergiftung des politischen Klimas. Wenn das Gegenüber nicht als Wettbewerber oder Gegner, sondern als Feind, nicht als andersdenkend, sondern als unmoralisch und verworfen begriffen wird, ist eine normale, zivilisierte und sachliche Auseinandersetzung nicht mehr möglich. Die »Debatte« erschöpft sich in gegenseitigen Vorwürfen und Anfeindungen. Der Philosoph Vittorio Hösle weist deshalb mit gutem Grund darauf hin, dass Kämpfe, die um Werte geführt werden, wesentlich heftiger und erbitterter geführt werden als Auseinandersetzungen, bei denen es um Interessen geht. Denn

> »[m]oralische Prinzipien sind allgemeingültig; sie binden nicht nur mich, sondern auch den anderen; sie sollen von möglichst vielen befolgt werden; und so kann dieses Sollen es mir gestatten oder geradezu gebieterisch auferlegen, den Willen des anderen zu brechen, der diesem Sollen nicht entspricht.«[38]

Vernünftige Kompromisse sind unter solchen Umständen nicht mehr möglich; wer sich einmal moralisch engagiert und positioniert hat, kann schwerlich nachgeben und die eingenommene Position wieder räumen. Dies gilt unabhängig davon, ob der betreffende Politiker ein wirklicher »Gesinnungstäter« ist oder nur öffentlich so tut, als ob es ihm ausschließlich um moralische Prinzipien und Ideale ginge – und nicht etwa um eigene Interessen. Denn die Berufung auf Moral und Werte ist gewissermaßen eine Einbahnstraße: Ein Zurückweichen und eine Aufgabe moralischer Grundsätze würde in jedem Fall die persönliche Glaubwürdigkeit zerstören und einmal gewonnene Anhänger verprellen; wenn man tatsächlich diese Grundsätze verinnerlicht hat, würde es darüber hinaus auch zum Verlust der eigenen Selbstachtung führen. Politische Kurskorrekturen sind allenfalls dann möglich, wenn sie sich mit den beschworenen Werten vereinbaren lassen oder wenn sie im Namen höherrangiger Werte erfolgen – wobei letztere freilich nicht im Widerspruch zu den ursprünglich vertretenen Werten stehen dürfen. Soweit dies nicht möglich ist, müssen und werden auch solche Kurskorrekturen unterbleiben, die aus interessen- bzw. realpolitischer Sicht eigentlich geboten wären. Die Vergiftung des politischen Klimas wird also nicht ohne Auswirkungen auf die Leistungsfähigkeit des politischen Systems bleiben – was auch nicht anders zu erwarten ist.

Aus den genannten Gründen spielt es keine entscheidende Rolle, ob man Gesinnungsethiker aus Überzeugung ist oder den politischen Moralismus lediglich als Instrument zur Erlangung der ideologischen Hegemonie und zur Verfolgung eigener Interessen einsetzt. In beiden Fällen werden die Funktionsweise und die Grundlagen einer freiheitlichen und offenen Gesellschaft gefährdet – und langfristig wird totalitären Tendenzen der Weg bereitet. Insofern ist es nicht nur schwierig, im Einzelfall zu unterscheiden, sondern eigentlich auch gleichgültig, ob die moralische Empörung über den politischen Gegner nur geheuchelt oder tatsächlich echt ist. Und insofern werden durch die machtpolitische Instrumentalisierung von Moral und Werten auch keine grundsätzlich neuen Probleme aufgeworfen, sondern die dem politischen Moralismus inhärente Tendenz zum Totalitarismus wird »nur« akzentuiert und verstärkt. Es ist nicht entscheidend, ob der Anstoß zur politischen Moralisierung von Fanatikern oder von Machtpolitikern ausgeht. Aber die Wahrscheinlichkeit, dass sich die politische Moralisierung durchsetzen wird, ist natürlich wesentlich größer, wenn diese nicht nur von Fanatikern, sondern auch von Machtpolitikern vorangetrieben wird.

Dass Letztere sich dazu verlocken lassen, ist nicht überraschend. Je nach Situation mag es durchaus politisch klug sein – und hier ist Lothar Fritze zu widersprechen –, sich auf Werte und Moralprinzipien zu berufen.[39] Dadurch lassen sich schließlich politische Vorteile erringen. Aber weil dadurch gleichzeitig die Stabilität und Integrität freiheitlich-demokratischer Systeme beeinträchtigt werden kann, muss eine solche Handlungsweise selbst als unmoralisch bezeichnet werden.[40] Ob sich die genannten Machtpolitiker von dieser Überlegung beeindrucken lassen werden, darf freilich bezweifelt werden.

Die internationale Ebene

Wenden wir uns nun der Instrumentalisierung von Moral und Werten im Verhältnis zwischen den Staaten zu. Um wirtschaftliche und machtpolitische Interessen zu verfolgen und andere Staaten unter Druck zu setzen, kann es wirkungsvoller sein, eben diese Interessen nicht offen kundzutun, sondern sie vielmehr zu verschweigen und sich stattdessen auf Moral und Werte zu berufen. Dies gilt vor allem in der heutigen Zeit, in der moralische Prinzipien in der Weltpolitik und in der Weltöffentlichkeit (soweit eine solche schon existiert) einen großen Stellenwert besitzen und in der eine explizit interessengeleitete Politik verpönt ist. Ursächlich hierfür ist vor allem die zunehmende Ausdehnung der Reichweite von Moralnormen. In immer größerem Maße wird für die in einer bestimmten Gesellschaft oder Kultur entstandenen Moralnormen universelle Geltung beansprucht: Die »Wertegemeinschaft« ist die gesamte Menschheit. Zum anderen kann diese Ausweitung ihrerseits auch Folge der Instrumentalisierung von Moral und Werten sein. Insofern entfaltet diese eine gewisse Eigendynamik: Je mehr man sich ihrer bedient, desto besser werden die Voraussetzungen für ihren erfolgreichen Einsatz und desto eher wird man sich wiederum ihrer bedienen.

Der Druck, der dabei ausgeübt wird, und die Machtmittel, die dabei angewandt werden, können Ausmaße annehmen, die es rechtfertigen, von einem »moralischen Imperialismus« zu sprechen. Das Paradebeispiel für eine wertebasierte Außenpolitik liefern die USA, wobei sich im Zeitablauf ein Wandel vom überzeugten Idealismus zum opportunistischen Machtstreben feststellen lässt.[41]

Die USA haben sich schon immer als auserwählte Nation mit einer zivilisatorischen Mission angesehen. So wurde die Gründung der USA von Thomas Paine, dem Propagandisten der amerikanischen Unabhängigkeitsbewegung, mit der Neuerschaffung der Welt nach der Sintflut verglichen:

> »Wir haben die Chance und die Aufgabe, die edelste und makelloseste Verfassung zu schaffen, die die Welt je gesehen hat. Es steht in unserer Macht, die Welt von Neuem zu beginnen. Seit den Tagen von Noah hat es keine Gelegenheit wie die, die wir jetzt haben, gegeben. Die Geburt einer neuen Welt steht bevor.«[42]

Die Überzeugung von dem Auserwähltsein und der zivilisatorischen Mission der USA fand im 19. Jahrhundert ihren Ausdruck im Konzept der »offenkundigen Bestimmung« (»manifest destiny«). Diese besteht in der Aufgabe, eine neue politische Ordnung zu errichten, die auf dem Prinzip der universellen Gleichheit aller Menschen beruht. Zu diesem Zweck müssten die USA Freiheit, Demokratie und Menschenrechte auf der ganzen Welt durchsetzen und bewahren. Im 20. Jahrhundert wurde diese Leitidee zunehmend machtpolitisch interpretiert und zur Rechtfertigung dafür herangezogen, anderen Nationen die amerikanischen Werte notfalls mit Gewalt nahezubringen. Von dem Idealismus und der Unschuld der Gründerzeit ist spätestens seit der Mitte des 20. Jahrhunderts nicht mehr viel übriggeblieben. Moral und Werte werden weiterhin beschworen, aber sie dienen vorwiegend als Deckmantel zur Verfolgung höchst eigennütziger wirtschaftlicher und machtpolitischer Interessen.[43] Innerhalb der NATO bringen die USA mit dem Narrativ »Demokratien gegen Autokratien« ihre Verbündeten auf Linie und stärken damit sowohl die Schlagkraft der NATO als auch ihre Führungsrolle innerhalb derselben. So schreibt der Politikwissenschaftler Martin Wagener: »Das Kalkül der Geopolitiker in Washington geht somit auf. Mit einer öffentlich deklarierten, normativen Politik lassen sich strategische Interessen besser kaschieren.«[44] Die NATO kann dann als Instrument zur Durchsetzung amerikanischer Interessen dienen, insofern die USA auf Unterstützung angewiesen sind und nicht im Alleingang ihre »zivilisatorische Mission« erfüllen können. Letzteres ist angesichts zunehmender wirtschaftlicher Probleme und wachsender Herausforderungen immer mehr der Fall. Mittels »Burden Sharing« kann aber nicht nur ein Teil der Kosten, die durch die Behauptung der globalen Führungsrolle anfallen, auf andere Länder abgewälzt werden. Die Einbeziehung von »Partnerstaaten« macht auch die Durchsetzung moralischer Prinzipien und Werte, die angeblich im Vordergrund stehen, in den Augen der Weltöffentlichkeit glaubwürdiger. Denn selbstverständlich bedienen sich die USA auch und vor allem im Verhältnis zu den Nicht-NATO-Ländern der Werte und der Moral, um ihre Interessen durchzusetzen. Die amerikanische Politik folgt nämlich nicht dem Motto »Werte *statt* Interessen«, sondern dem Prinzip »Werte *als* Interessen«.

Dabei wenden die USA insbesondere zwei Strategien an: Sehr häufig berufen sie sich auf das Prinzip der »humanitären Intervention«, um weltweit Menschenrechte zu schützen und deren Verletzung zu verhindern oder zu bestrafen. Damit einher geht zwangsläufig die Schwächung der Souveränität anderer Staaten. Welche Folge dies haben kann, beschreibt der Ethnologe Thomas Bargatzky so:

> »Jeder Staat, der über die entsprechenden militärischen Machtmittel verfügt, kann sich unter dem Vorwand, die Verletzung von Menschenrechten zu sühnen oder zu verhindern, das Recht anmaßen, sich in die inneren Angelegenheiten jedes anderen Staates einzumischen. Damit wird der politisch-militärische Interventionismus faktisch wieder eingesetzt, dem die Entkolonialisierung theoretisch ein Ende gesetzt hatte. Das ›Recht‹ auf humanitäre Intervention birgt somit die Gefahr in sich, dass Staaten oder Instanzen, die vorgeben, im Namen der Menschenrechte und zum Wohle einer nicht näher bestimmten ›internationalen Gemeinschaft‹ zu handeln, anderen Ländern ihre Weltsicht aufzwingen können.«[45]

Eng verwandt mit dem Prinzip der humanitären Intervention ist das Konzept der Schutzverantwortung (»Responsibility to Protect«), das 2005 von der Generalversammlung der Vereinten Nationen kodifiziert wurde. Demnach ist nicht nur jeder Staat zum Schutz seiner Bevölkerung vor Völkermord, ethnischer Säuberung und Verbrechen gegen die Menschlichkeit verpflichtet, sondern die internationale Gemeinschaft hat auch eine Verantwortung für den Schutz der Bevölkerung in den Ländern, deren Behörden ihrer Schutzpflicht nicht nachkommen wollen oder können. Entsprechende Interventionen sollen zwar im Rahmen der Vereinten Nationen und mit Zustimmung des Sicherheitsrats erfolgen, aber damit ist nicht ausgeschlossen, dass die USA unter diesem Deckmantel ihre nationalen Interessen verfolgen – was besonders im Fall der NATO-Intervention in Libyen im Jahr 2011 deutlich wurde.[46]

Bei beiden Prinzipien, dem der humanitären Intervention und dem der Schutzverantwortung, werden Menschenrechte und Werte von den USA gewissermaßen als Waffe eingesetzt; der Werte- und Demokratieexport stellt ein Machtmittel dar, welches auf den ersten Blick nicht als solches erscheint. Auf den zweiten Blick wird dies dafür umso deutlicher. Denn wie wäre das äußerst selektive Vorgehen der USA bei der Verteidigung von Menschenrechten und Demokratie sonst anders zu erklären? In Libyen und im Kosovo wurde interveniert, nicht aber in Saudi-Arabien, welches in Sachen Menschenrechte und Demokratie nicht nur im eigenen Land kein Musterknabe ist, sondern im Jemen massive Menschenrechtsverletzungen und Kriegsverbrechen zu verantworten hat.[47] Aufgrund des engen Zusammenhangs von Machtpolitik und Durchsetzung von Menschenrechten wirft der Historiker Samuel Huntington dem Westen im Allgemeinen und den USA im Besonderen nicht zu Unrecht »Menschenrechtsimperialismus« vor.[48]

Im Vergleich zu den USA ist die EU, was die Instrumentalisierung von Werten angeht, ein Waisenknabe. Dennoch bedient auch sie sich dieser Strategie – und zwar vor allem im Innenverhältnis, um Druck auf unbotmäßige Mitgliedstaaten auszuüben, die sich den Zentralisierungsbestrebungen der EU widersetzen. Zentrale Organe der EU, wie Kommission, Parlament und Gerichtshof, aber auch die Mehrheit der Mitgliedstaaten kritisieren insbesondere Polen und Ungarn wegen angeblicher Verstöße gegen europäische Werte und begründen damit finanzielle und andere Sanktionen.[49] Bence Bauer, der Direktor des Deutsch-

Ungarischen Instituts am Mathias-Corvinus-Collegium in Budapest, hält dies für höchst problematisch, weil auf diese Weise »Dogmen der Identitätspolitik zu angeblichen Werten der EU verklärt werden und Aktionen gegen Mitgliedsländer gestartet werden, die diesem Trend aus eigener Überzeugung nicht folgen.«[50] Im Außenverhältnis tritt die EU wesentlich zurückhaltender auf. Allerdings ist zumindest nicht ausgeschlossen, dass Maßnahmen wie Lieferkettengesetze oder der Kohlendioxidgrenzausgleich, die ja vorgeblich zur Durchsetzung »unserer Werte« dienen, auch zur Einschränkung des Wettbewerbs und zur Verfolgung industriepolitischer Ziele missbraucht werden (siehe Kapitel 8 und 9).

Länder, die sich der Moral bedienen, um ihre eigenen Interessen zu verfolgen, tun dies nicht ohne Risiko. Die möglichen Kosten der Instrumentalisierungsstrategie wiegen auf internationaler Ebene sogar wesentlich schwerer als auf nationaler Ebene. Kommt es im Innenverhältnis eines Staates »nur« zu einer Vergiftung des politischen Klimas, so können im Außenverhältnis ernste Konflikte resultieren, die bis zu kriegerischen Auseinandersetzungen eskalieren können. Auf nationaler Ebene ist die Instrumentalisierung von Werten zum Zweck der Erlangung der ideologischen Hegemonie insofern weniger konfliktträchtig, als hier eine politisch-mediale Elite ihre Interpretation »unserer Werte« in der Öffentlichkeit durchsetzen und so der Bevölkerung oktroyieren kann. Und falls es doch zu politischen Unruhen und offenen Konflikten kommt, dann werden diese in den seltensten Fällen bis zum Bürgerkrieg eskalieren – zumindest dann nicht, wenn die Möglichkeit eines geordneten und friedlichen Machtwechsels besteht. Auf internationaler Ebene stellt sich die Situation dagegen vollkommen anders dar. Selbst wenn man einen der gesamten Menschheit gemeinsamen Bestand an moralischen Werten und Überzeugungen unterstellt, so können und werden dieselben doch höchst unterschiedlich interpretiert werden.[51] Eine Instanz, durch die eine einheitliche Interpretation herbeigeführt werden könnte, fehlt. Weltöffentlichkeit und Weltelite sind zwar schon ansatzweise vorhanden, können aber (noch?) nicht die strukturierende und homogenisierende Funktion ihrer nationalen Pendants erfüllen. Auch die Vereinten Nationen kommen hierfür nicht in Frage, was sich nicht zuletzt daran zeigt, dass der große Konsens, der bei der Postulierung allgemeiner und abstrakter Prinzipien häufig erreicht wird, schnell zerbricht, wenn es an deren Konkretisierung geht. Das sieht auch Hans-Georg Deggau so: »Es offenbaren sich trotz des Bekenntnisses zu gemeinsamen Werten hoch konfliktträchtige Meinungs- und Verständnisunterschiede.«[52] Aber selbst wenn auch hinsichtlich der Interpretation der gemeinsamen Werte Einigkeit bestünde, ist es möglich, ja sogar wahrscheinlich, wie Lothar Fritze schreibt, »dass unausräumbare Differenzen zwischen zentralen, weltanschaulich bedeutsamen außermoralischen Überzeugungen« bestehen, die ihrerseits ein Potential für internationale Konflikte bergen.[53] Aus diesen Gründen sind auch universell anerkannte Werte keine Garantie für ein harmonisches Miteinander der Völker und Nationen und für den Weltfrieden. Im Gegenteil besteht die Gefahr, dass eine Politik, die Werte wirklich ernst nimmt und sich tatsächlich an ihnen orientiert, zu besonders erbitterten Konflikten führt. Nicht nur wenn es Unterschiede zwischen den Werten an sich gibt, sondern auch wenn nur die Interpretation von Werten, die im Übrigen geteilt werden, in Frage steht, können unüberbrückbare Gräben zwischen den Antagonisten aufgerissen werden, die eine Verständigung erschweren oder unmöglich machen. Ein Ausgleich zwischen Interessen ist immer möglich, einer zwischen Werten nie.

So weist vor allem Henry Kissinger darauf hin, dass das Weltrechtsprinzip und die Aushöhlung der nationalen Souveränität im Namen von »unseren Werten« auf Dauer einen normalen diplomatischen Umgang der Staaten miteinander unmöglich macht.[54] Das ist vor allem deswegen misslich, weil es eben nicht nur Werte- und Interessenkonflikte gibt, sondern durchaus auch gemeinsame Interessen. Deswegen ist Thilo Sarrazin zuzustimmen, wenn er schreibt, dass es geboten sei, »die Regierungen souveräner Staaten unabhängig von ihrer moralischen Beurteilung in allen Fragen gemeinsamen Interesses als Dialogpartner zu behandeln.«[55] Wer sich einem Dialog aus moralischen Gründen verweigert, handelt nicht nur unvernünftig, sondern letztlich auch unmoralisch. Dies gilt auch, wenn die Verwirklichung eines aus moralischer Sicht begrüßenswerten Ergebnisses nicht nur eine Kooperation mit Staaten verlangt, die »unsere Werte« nicht teilen, sondern sogar das aktive Betreiben einer als unmoralisch empfundenen Politik – und wenn dann diese Politik aufgrund moralischer Skrupel nicht betrieben wird.[56]

Eine moralzentrierte Politik kann deshalb für sich keine grundsätzliche Überlegenheit beanspruchen: nicht in Hinsicht auf ihre Resultate, aber auch nicht in Hinsicht auf ihren ethischen Wert. Auch auf internationaler Ebene kann eine moralische Politik letztlich unmoralisch sein – und zwar unabhängig davon, ob diese aus Überzeugung betrieben wird oder als Vorwand für die Verfolgung eigennütziger Interessen dient. Nach Meinung von Karl Schwarzenberg, dem ehemaligen Außenminister der Tschechischen Republik, kann die Wertepolitik auf Dauer sogar zu einer »Barbarisierung« führen. Indem sie die traditionellen Regeln des Völkerrechts aushebelt und der Willkür mächtiger Staaten Tür und Tor öffnet, gefährde sie den Weltfrieden und damit letztlich die Werte, um die es doch gehen soll:

> »Heute bombardieren wir ein Land, ich denke an Syrien, ohne Kriegserklärung. Wir schicken Armeen über Grenzen irgendwohin, um irgendetwas zu machen. Und alle reden von ›Werten‹, die sie dort zu verteidigen vorgeben. Aber genau damit wird das Regelwerk zerstört, das nach dem Zwei-

ten Weltkrieg für Frieden und gegen diese Barbarisierung aufgebaut wurde. Wir geben vor, etwas für Werte zu tun und verraten sie damit. Deswegen kann ich das Wort ›Werte‹ nicht mehr hören. Ich möchte doch alle bitten, die allgemeinen Regeln einzuhalten. Das genügt nämlich.«[57]

Die von Schwarzenberg konstatierte Gefahr ist gerade dann besonders hoch, wenn Wertepolitik nicht als Mittel zum Zweck, sondern als Selbstzweck betrieben wird – wenn also Werte und Moral tatsächlich Priorität haben und todernst genommen werden. Ein Land, das eine solche Politik verfolgt, kann nicht nur leicht von anderen Ländern manipuliert und ausgenutzt werden, sondern läuft auch Gefahr, das Potential gemeinsamer Interessen und die Spielräume für Verständigung und Kompromiss nicht sehen zu können oder nicht nutzen zu wollen. Je entschiedener ein solches Land auf seinen Werten beharrt und andere Länder zu denselben bekehren will, desto wahrscheinlicher wird es unnötigerweise in Konflikte hineingezogen werden. Flexibilität, Verhandlungs- und Kompromissbereitschaft vertragen sich eben schlecht mit moralischer Prinzipientreue und Werteabsolutismus.

Länder, die ihre eigenen Interessen im Auge behalten und Werte nur vertreten, wenn sie entweder nicht in Konflikt mit diesen Interessen stehen oder diese sogar befördern, die also, mit anderen Worten, Wertepolitik nur als Teil der Realpolitik und Werte nur als Mittel zum Zweck ansehen – diesen Ländern wird es wesentlich leichter fallen, pragmatisch und der jeweiligen Situation angemessen zu handeln. Eine solcherart pragmatische Politik ist auf internationaler Ebene leichter möglich als auf nationaler Ebene. Für die größere Toleranz gegenüber Abweichungen von der »reinen Lehre« in der Außenpolitik eines Landes lassen sich zwei Ursachen anführen: Einerseits sind sowohl den Bürgern im Allgemeinen als auch und vor allem den jeweiligen

Parteigängern die innenpolitischen Fragen näher und wichtiger als die außenpolitischen. Beispielsweise ist die Frage, ob deutschen Unternehmen Exportkredit- oder Investitionsgarantien für ihre Geschäfte mit China wegen der Menschenrechtsverletzungen in diesem Land nicht mehr gewährt werden sollen, wesentlich weniger emotional aufgeladen und in den Medien wesentlich weniger präsent als etwa die Frage, ob eine »genderneutrale« Sprache verwendet werden soll oder muss. Andererseits ist es für die verantwortlichen Politiker auf internationaler Ebene einfacher, Kompromisse hinsichtlich »unserer Werte« einzugehen, da diese leichter als auf nationaler Ebene mit Sachzwängen gerechtfertigt werden können – etwa mit der Notwendigkeit der Rücksichtnahme auf Partnerländer oder der Einhaltung internationaler Abkommen.

Das Paradebeispiel für ein Land, das heute eine pragmatische Wertepolitik betreibt, sind sicher die USA. Gleichzeitig liefern die USA auch ein gutes Beispiel für die Möglichkeit einer ganz speziellen Art von »Wertewandel« im Zeitablauf: den Wandel von Werten als Selbstzweck zu Werten als Mittel zum Zweck.

Schlussfolgerungen

Vergleicht man die Instrumentalisierung von Werten auf nationaler Ebene mit jener auf internationaler Ebene, so lassen sich auf der Grundlage unserer bisherigen Überlegungen folgende Schlussfolgerungen ziehen: *Erstens* erlaubt die Instrumentalisierung von Werten – im Gegensatz zu einer überzeugten und ernst gemeinten Wertepolitik – zwar prinzipiell eine gewisse Flexibilität, wodurch sich die Nachteile des politischen Moralismus wenn nicht ganz vermeiden, so doch deutlich abschwächen lassen. Insbesondere besteht in diesem Fall natürlich kein Konflikt zwischen Werten und Interessen. Doch gilt dies nur auf internationaler Ebene. Auf nationaler Ebene ist es, wie wir gesehen haben, aus politischen Gründen wesentlich schwieriger, ja so gut wie unmöglich, sich dieser Flexibilität zu bedienen.

Zweitens besteht ein gewisser Zusammenhang zwischen Instrumentalisierung bzw. Nichtinstrumentalisierung von Werten im Innen- und im Außenverhältnis. Das ist offensichtlich, wenn man sich klarmacht, dass – ungeachtet der üblichen, auch von uns verwendeten Sprechweise – selbstverständlich nicht Länder als solche handeln, sondern immer nur Individuen, also die verantwortlichen Politiker. Geht man realistischerweise davon aus, dass diese rational handeln und ihren eigenen Nutzen maximieren, dann werden sie eine »überzeugte« oder eine »geheuchelte« Wertepolitik nur betreiben, wenn sie sich davon Vorteile versprechen.[58] Dies wird wiederum nur der Fall sein, wenn die entsprechende Politik über Rückhalt in der politisch-medialen Elite verfügt und von dieser propagiert wird. Da auch Ideologien ein gewisses Mindestmaß an Konsistenz aufweisen müssen und auch Politiker und Medienvertreter nur ein bestimmtes Maß an kognitiver Dissonanz tolerieren können, ist es mehr als wahrscheinlich, dass nicht zwischen der Wertepolitik auf nationaler Ebene und der auf internationaler Ebene unterschieden wird, dass also entweder Werte generell ernsthaft vertreten oder ebenso generell nur als Propagandainstrument eingesetzt werden. Auch spielt hier die dem politischen Moralismus innewohnende Eigendynamik eine Rolle. Ebenso wenig, wie es einen Grund dafür gibt, warum in einem bestimmten innenpolitischen Bereich wertebasiert vorgegangen werden soll, in einem anderen dagegen nicht, gibt es einen Grund, warum »unsere Werte« Halt an nationalen Grenzen machen sollen. Wer moralisch handeln will, muss voll und ganz moralisch handeln. Eine Art selektiver Moralität wäre nicht nur inkonsistent, sondern selbst schon unmoralisch.

Drittens erlaubt nur die Art und Weise, wie Außenpolitik betrieben wird, einen Rückschluss darauf, welche Rolle Werte in der Politik eines Landes tatsächlich spielen. Denn auf nationaler

Ebene ist es aus den genannten Gründen kaum möglich, eine »echte« von einer »vorgetäuschten« Wertepolitik zu unterscheiden.

Viertens setzt eine Werteaußenpolitik, also eine Außenpolitik, die bestimmte Werte zu verwirklichen und diesen auch in anderen Ländern Geltung zu verschaffen versucht, notwendigerweise die Existenz dieser bestimmten Werte voraus. Es muss also auf nationaler Ebene ein Konsens darüber bestehen, welche diese Werte sind und welche Bedeutung sie haben – zumindest bei der maßgeblichen politisch-medialen Elite. Dabei spielt es keine Rolle, ob die Elite tatsächlich an diese Werte glaubt oder sie lediglich aus machtpolitischen Gründen beschwört. In jedem Fall gilt, dass im Innenverhältnis nicht (mehr) die Notwendigkeit besteht, Wertepolitik in dem Sinn zu betreiben, dass »unsere Werte« zu etablieren und durchzusetzen sind. Mit anderen Worten: Eine Werteaußenpolitik kann es erst geben, wenn die entsprechende Werteinnenpolitik erfolgreich gewesen ist.

Wir haben gezeigt, dass sich der dem politischen Moralismus inhärente Konflikt zwischen Werten und Interessen vermeiden lässt, wenn Werte nur als Mittel zum Zweck, also zur Verfolgung der Interessen, dienen. Im 14. und letzten Kapitel dieses Buches werden wir sehen, dass es neben einer solchen pseudomoralischen Politik noch eine weitere Möglichkeit gibt, den genannten Konflikt zu vermeiden.

Kapitel 3: Die Moralisierung der deutschen Politik

In der Politik der Bundesrepublik Deutschland hatte die Moral schon immer einen höheren Stellenwert als in anderen Ländern. Bei einem Staat, der aus dem Unrecht des Nationalsozialismus hervorgegangen ist, ist dies auch ohne Weiteres verständlich.[59] Das schlechte Gewissen wegen der im deutschen Namen begangenen Verbrechen, aber auch die faktischen Einschränkungen der Souveränität der Bundesrepublik durch die Siegermächte des Zweiten Weltkriegs haben Deutschland auf der internationalen Bühne sehr vorsichtig und zurückhaltend agieren lassen. Nationale Interessen wurden, wenn überhaupt, wenig selbstbewusst vertreten und deutsche Alleingänge galten und gelten als Tabu. Stets wurde und wird eine möglichst enge Abstimmung mit den Partnern und Verbündeten angestrebt – einerseits mit den anderen Mitgliedstaaten der Europäischen Gemeinschaft bzw. später der Europäischen Union, andererseits mit den USA und den Mitgliedern der von ihr geführten Nordatlantischen Verteidigungsallianz.

Für alle deutschen Regierungen war es stets wichtiger, die europäische Einigung voranzutreiben, als nationale Interessen zu vertreten. Kaum jemand wird Hermann Lübbe widersprechen wollen, wenn er feststellt:

> »Deutsche lassen sich von anderen Europäern in der Intensität ihres Engagements für die europäische Einigung schwerlich überbieten.«[60]

Deshalb wurden die zunehmende Zentralisierung der EU und die damit einhergehenden Kompetenzeinbußen der Mitgliedstaaten gerade von Deutschland eifrig vorangetrieben – ganz abgesehen davon, dass Deutschland immer zuerst die Hand hebt, wenn es darum geht, Finanzmittel für die EU und ihre Vorhaben bereitzustellen.[61] Nicht umsonst ist Deutschland schon seit Jahrzehnten der größte Nettobeitragszahler – und hat sich die Bezeichnung »Zahlmeister der EU« redlich verdient.[62]

Dieser moralische Grundtenor der deutschen Politik äußert sich seit langem ganz konkret in der Rüstungsexportkontrolle, bei der wirtschaftliche Interessen explizit moralischen Prinzipien untergeordnet werden. Abgesehen davon wurde allerdings bis ungefähr Mitte der 1990er-Jahre eine weitgehend »normale«, d.h. an den eigenen Wirtschaftsinteressen orientierte Außenwirtschaftspolitik betrieben. Das hat sich seitdem geändert. Die Außenwirtschaftspolitik ist seither insgesamt immer moralischer geworden und im Zuge dieser Entwicklung wurde auch die Rüstungsexportkontrolle immer restriktiver gehandhabt (siehe Kapitel 7 und 8).

Die Ausweitung und Intensivierung des politischen Moralismus ist weit über den Bereich der Außenwirtschaftspolitik hinausgegangen – und sie hat auch schon früher als in der Mitte der 1990er-Jahre begonnen. Schon 1987 hat Lübbe kritisiert, dass der Einfluss der Gesinnungsethik auf die Politik immer stärker wird. Insbesondere weist er darauf hin, dass die Debatten über »die Migrationspolitik« und die »Unionisierung Europas (…) statt von Interessen und Zweckmäßigkeiten geleitet zu sein, an die Kette vermeintlich erörterungsunbedürftiger Höchstwerte gelegt« sind.[63] Der Dammbruch für die wertemotivierte Politik war aber fraglos die Einführung des Euro am 1. Januar 1999. Denn der Euro wurde gegen alle Bedenken und trotz aller Warnungen von Seiten der Wirtschaftswissenschaft eingeführt. Die mit ihm verbundenen Gefahren und die zu erwartenden Probleme wurden ignoriert – oder aber sie wurden sehenden Auges in Kauf genommen, um das Projekt des europäischen Zentralstaats mit Gewalt voranzutreiben. In jedem Fall gab man der europafreundlichen Gesinnung Vorrang vor allen ökonomischen Argumenten.[64]

An diesem Beispiel zeigt sich, dass trotz des engen Zusammenhangs zwischen Gesinnungsethik und linken politischen Positionen die Linke kein Privileg auf eine gesinnungsethische Politik hat. Schließlich wurde 1998 die Einführung des Euro auf deutscher Seite von einer konservativ-liberalen Regierung beschlossen. Aber wenn es um Europa geht, scheint in Deutschland bei allen Parteien schon immer die Gesinnungsethik dominiert zu haben … Nachdem der politische Moralismus in dieser für Deutschland zentralen Frage den Sieg davongetragen hatte, gab es bald kein Halten mehr. Ein weiterer Meilenstein war das Erneuerbare-Energien-Gesetz aus dem Jahr 2000. Seinen endgültigen Siegeszug sollte der politische Moralismus dann im Rahmen der Krisenpolitik antreten. Ob es sich nun um die Eurokrise, die Flüchtlingskrise, die Klimakrise, die Coronakrise oder aktuell die Ukrainekrise handelt – immer wurde und wird weiter moralisch argumentiert, immer wurde und wird weiter an »unsere Werte« appelliert und immer wurde und wird weiter versucht, die auf diesen Werten basierende Politik ohne Rücksicht auf Verluste durchzusetzen. Eine rationale Abwägung zwischen Kosten und Nutzen findet immer seltener statt und die Interessen Deutschlands und des deutschen Volkes spielen eine immer geringere Rolle.[65]

Der Siegeszug des politischen Moralismus gerade in der Krisenpolitik lässt sich durch eine Art Teufelskreis erklären: Einerseits befördern Krisen den politischen Moralismus, da Politiker besonders in Krisen geneigt sind, an die Prinzipien und Ideale der Bürger zu appellieren, um diese hinter sich und der jeweils verfolgten Krisenpolitik zu versammeln. Andererseits trägt der politische Moralismus selbst zur Verschärfung, teilweise sogar zur Auslösung von Krisen bei, da er, wie wir gesehen haben, einer rationalen, an der Sache orientierten Politik nicht gerade zuträglich ist. Das beste Beispiel für Letzteres ist wohl die gesinnungsethisch motivierte Entscheidung Angela Merkels im Sommer 2015, die deutschen Grenzen für Flüchtlinge zu öffnen – und so die Flüchtlingskrise wenn nicht zu verursachen, so doch zumindest auszulösen.

Im Übrigen können wir mit Lübbe den politischen Moralismus selbst als Ausdruck einer Krise ansehen – einer Krise des politischen Systems, in dem die Normalität in Form von sachlichen politischen Auseinandersetzungen mehr und mehr durch emotionale Appelle an Werte und Ideale und durch Attacken auf die Moralität des politischen Gegners unterminiert wird.[66] Seit einiger Zeit besteht in Deutschland ein besonders probates Mittel zur Diffamierung Andersdenkender darin, diese der Nähe zum Nationalsozialismus zu bezichtigen. Auf diese Weise ist »die Kritik am Nationalsozialismus zu einem zweckrational genutzten Instrument der moralischen und politischen Delegitimierung beliebiger aktueller Gegner verkommen.«[67] Interessanterweise motiviert der Nationalsozialismus also nicht nur den politischen Moralismus in Deutschland, sondern dient auch als Instrument zu dessen Durchsetzung.

Der politische Moralismus hat sich in Deutschland nicht nur auf nationaler Ebene durchgesetzt, sondern auch in der Außenpolitik. Der Ausweitung und Intensivierung der Werteinnenpolitik ist das Erstarken der Werteaußenpolitik auf dem Fuß gefolgt – teilweise ging es damit einher. Damit ist es zu einer qualitativen Änderung des politischen Moralismus gekommen, die, wie zu zeigen sein wird, von erheblicher Bedeutung für Deutschland und die Rolle Deutschlands in der Weltpolitik ist. Denn heute wird nicht mehr nur versucht, »unsere Werte« in Deutschland zu verwirklichen, sondern auch andere Länder zur Übernahme dieser Werte zu bewegen. Dies ist einerseits innerhalb der EU zu beobachten, wenn Deutschland die EU-Kommission tatkräftig bei ihrem Bemühen unterstützt, bestimmte Mitgliedsländer mit Berufung auf »unsere Werte« zu disziplinieren und deren Festhalten an ihrer nationalstaatlichen Souveränität zu sanktionieren. Hauptadressaten dieser Politik sind aktuell Polen und Ungarn.[68]

Aber Deutschland und die EU wollen ihren Wertvorstellungen auch außerhalb der EU zur Durchsetzung verhelfen. Die Expansion des politischen Moralismus im Inneren und dessen Übergreifen auf das Äußere sind durchaus nachvollziehbar. Schließlich kann es für das Sendungsbewusstsein der von »unseren Werten« Überzeugten keine Grenzen geben – weder im Inneren noch nach außen. Insofern war der Übergang vom Streben nach einem moralischen Deutschland zu einer Missionierung der ganzen Welt fast schon zwangsläufig. Auf diese »expansive Logik« des Moralismus weist auch der Journalist und Philosoph Alexander Grau hin:

> »Denn das Richtige ist schlechthin richtig, und seine Richtigkeit kann nicht am nächsten Gebirgszug enden oder am anderen Seeufer.«[69]

Im Gegensatz zu praktisch allen anderen Ländern scheint es Deutschland auf dem Gebiet der Außenpolitik tatsächlich ernst zu sein mit der Priorisierung von Werten und der Hintanstellung, ja Vernachlässigung nationaler Interessen. Anders lassen sich viele der in den letzten Jahren und Jahrzehnten getroffenen Entscheidungen und ergriffenen Maßnahmen nicht erklären. So konstatiert der Historiker und Philosoph Jürgen Große mit Bezug auf die deutsche Außenministerin Annalena Baerbock:

> »Eigene Interessen kann sie ausschließlich indirekt artikulieren, auf dem Umweg über eine universalistische Moral und über das Gefühlsidiom der schönen Seele.«[70]

Das diesbezügliche Alleinstellungsmerkmal macht Deutschland einerseits in der Weltpolitik zum leichten Opfer von Ländern, die ihre Interessen selbstbewusst verfolgen – wenngleich nicht offen, sondern unter dem Wertedeckmantel. Andererseits läuft Deutschland Gefahr, infolge der sich selbst auferlegten Inflexibilität unter den Nachteilen der Wertepolitik besonders zu leiden. Auf der Bühne der Weltpolitik ist ein hoher Preis zu zahlen für die Vernachlässigung des Kosten-Nutzen-Kalküls, für die Schwächung des Bewusstseins für das Machbare und die Außerachtlassung nationaler Interessen. Dem Übergang von der Verantwortungs- zur Gesinnungsethik entspricht in der internationalen Politik der Übergang von der Real- zur Wertepolitik, von der Politik à la Henry Kissinger zur Politik à la Annalena Baerbock.

Die Rolle der Grünen

Nicht ohne Grund wird die deutsche Werteaußenpolitik hier mit dem Namen einer prominenten Grünen-Politikerin in Verbindung gebracht. Denn die Grünen haben eine entscheidende Rolle bei der Moralisierung der deutschen Politik im Allgemeinen und der deutschen Außenpolitik im Besonderen gespielt. Sie, die Boris Palmer als »die moralischste aller Parteien in Deutschland« bezeichnet, waren schon immer am stärksten gesinnungsethisch geprägt.[71]

> »Und tatsächlich betreiben die Grünen eine stark *moralisch geprägte Politik*, die auf deutlichen (impliziten oder expliziten) Werturteilen beruht.«[72]

Dieser von mir und Rupert Pritzl konstatierte Politikstil geht nach Meinung des Philosophen und Medienwissenschaftlers Norbert Bolz so weit, dass das »Denken durch Moralismus und Sprachhygiene« ersetzt wird.[73] Auch der Politikwissenschaftler Eckhard Jesse sieht den Moralismus der Grünen kritisch:

> »Die Partei versucht mit moralischen Ansprüchen ihre Position zu festigen. Dabei schlägt moralische Besserwisserei in Bevormundung um.«[74]

Eine 2022 im Auftrag der Friedrich-Ebert-Stiftung durchgeführte Umfrage zeigt, dass es genau diese Politik ist, die die Anhänger der Grünen von ihren Politikern auch und vor allem im Bereich der Außenpolitik erwarten.[75] 84,4 Prozent der Grünen-Wähler befürworten eine normativ ausgerichtete Außenpolitik, die Werte über Interessen stellt; 97,8 Prozent sprechen sich dafür aus, die Abhängigkeit von China und Russland auch um den Preis von Wohlstandsverlusten zu reduzieren; und mit 58 Prozent ist die Anhängerschaft der Grünen (verglichen mit jener der anderen Parteien) am wenigsten der Meinung, dass man zum Erhalt von Frieden und Sicherheit auch mit Ländern kooperieren sollte, die »unsere Werte« nicht teilen.

Die Etablierung und das Erstarken der Grünen trugen wesentlich dazu bei, dass der politische Moralismus salonfähig wurde und dass heute alle etablierten Parteien denselben Politikstil pflegen – und auch, abgesehen von geringen Differenzen, dieselben Inhalte vertreten. Dass diese Inhalte mit ihrer einseitigen Betonung der Gleichheit dezidiert linker Natur sind, bestätigt die These von der Affinität zwischen politischem Moralismus und linker Politik. Der Fall der Euroeinführung war von daher nur eine Ausnahme von der Regel – wenn nicht die damals verantwortlichen bürgerlich-liberalen Parteien unter dem schon deutlich spürbaren Einfluss des politischen Moralismus eine in ihrem Wesen linke Politik betrieben haben.

Die geschilderte Entwicklung wird auch von ausländischen Beobachtern so wahrgenommen – besonders deutlich dann, wenn deren Heimatländer, wie zum Beispiel Ungarn, den politischen Moralisten als Feindbild und Objekt der Umerziehung dienen. Lassen wir noch einmal Bence Bauer zu Wort kommen:

> »In Deutschland werden gesellschaftliche oder politische Überzeugungen sehr ernst genommen und Überzeugungen intensiv gelebt, mitunter einhergehend mit einer Mischung aus Gerechtigkeitsempfinden, Sendungsbewusstsein und einer moralischen Überhöhung der eigenen Positionen. In dieser Gemengelage wird besonders deutlich, wie stark die Grünen die Oberhoheit übernommen haben, Debatten prägen und Deutungsmuster bestimmen. Damit entfalten sie als Oszillationspunkt all jener obig beschriebenen Tendenzen, Bewegungen und Weltanschauungen die größtmögliche Resonanz, Verbreitung und Unterstützung und verkörpern somit quasi den neuen Mainstream des öffentlichen Lebens.«[76]

Aus dieser Ernsthaftigkeit der deutschen Werteaußenpolitik kann man mit einiger Sicherheit darauf schließen, dass auch die wertemotivierte Innenpolitik mit der gleichen Ernsthaftigkeit betrieben wird. Die Grünen mögen die »Gesinnungstäter« par excellence sein, aber solche finden sich, wenn auch vielleicht in geringerer Zahl, ebenfalls in den anderen etablierten Parteien. Es gibt bestimmt auch eine Menge Mitläufer und Opportunisten. Aber die Mehrheit in den Eliten von Politik, Medien und Zivilgesellschaft scheint Werte und Moral nicht nur verinnerlicht zu haben, sondern aus Überzeugung hochzuhalten und darüber alle Interessenüberlegungen zu vernachlässigen. Der politische Moralismus hat sich in Deutschland auf ganzer Linie durchgesetzt.

Der egalitäre Universalismus

Nachdem wir die dominierende Rolle der Werte in der deutschen Politik konstatiert haben, müssen wir uns mit diesen Werten selbst näher beschäftigen – also mit den Inhalten der wertebasierten Politik. Wie diese Inhalte aussehen, ist nicht ganz einfach herauszufinden. Die Aussagen von Politikern zu und die Darstellungen in den Medien von »unseren Werten« bleiben in vielen Fällen sehr vage. Es sei dahingestellt, ob dies die notwendige Folge davon ist, dass man sich selbst über diese Werte unklar ist, oder ob man dieselben bewusst im Ungefähren belässt, um möglichst vielen Menschen die Identifikation mit Allgemeinplätzen zu erlauben, in denen sie ihre eigenen Vorstellungen vielleicht nicht wiederfinden, aber in die sie diese doch hineinprojizieren können. Außerdem mögen sich die jeweils vertretenen Werte der verschiedenen Politiker und Medienschaffenden, auch und gerade dann, wenn sie sich über dieselben im Klaren sind, durchaus voneinander unterscheiden.

Dennoch kann man die in der politisch-medialen Elite Deutschlands (und großer Teile des Westens) vorherrschenden Werte auf einen gemeinsamen Nenner bringen: den des moralischen Universalismus, wonach alle moralischen Prinzipien unterschiedslos für alle Menschen gelten.[77] Vor allem in Deutschland wird dieser Universalismus mit einem entschiedenen Egalitarismus kombiniert. Dieser ist das eigentliche Problem, führt er doch dazu, dass nicht nur (wie allgemein akzeptiert und ethisch geboten) die Gleichberechtigung und die gleiche Würde aller Menschen anerkannt wird, sondern auch, dass die Interessen aller Menschen als gleichberechtigt und gleich wichtig angesehen werden und deren Verwirklichung tatkräftig vom Staat, aber auch von jedem Einzelnen unterstützt werden muss – in letzter Konsequenz genauso tatkräftig wie die Verwirklichung der eigenen Interessen. Das impliziert insbesondere, dass Grundrechte nicht nur als Abwehr-, sondern auch als Anspruchsrechte angesehen werden und dass der Staat folglich diese Grundrechte nicht nur nicht verletzen darf, sondern deren bestmögliche Verwirklichung aktiv betreiben muss. Da die Gleichberechtigung nicht formal, sondern materiell interpretiert wird, geht es nicht um die Gleichheit vor dem Gesetz oder um Chancengleichheit, sondern um Ergebnisgleichheit. Denn Menschen haben nicht nur gleiche Rechte, sondern gelten in jeder Hinsicht als gleich. Etwaige realweltliche Ungleichheiten sind nur das Resultat äußerer Umstände, die entsprechend geändert werden müssen. Gleichheit ist Ideal, moralisches Gebot und Glaubensgrundsatz – und damit das Leitprinzip einer neu-sozialistischen Politik. Sie gilt es umfassend und konsequent durchzusetzen, unabhängig von den Folgen einer solchen Politik.

Da der moralische Universalismus gleichermaßen für alle Menschen auf der Erde gilt, ist mit ihm nur eine individualistische Sichtweise vereinbar, bei welcher der einzelne Mensch als Individuum im Mittelpunkt steht – und nicht primär als soziales Wesen und Mitglied von Kollektiven wie Familien oder Staaten angesehen wird. Andernfalls müsste das Gleichheits- und Gleichwertigkeitsprinzip auch für solche Kollektive gelten. Wenn aber ein Kollektiv, das eine nicht universalistische Moral vertritt, genauso viel wert wäre wie ein universalistisch-moralisches Kollektiv, dann befände sich der moralische Universalismus im Widerspruch mit sich selbst.

Den Gegenpart zur universalistischen Denkweise bildet die (gemäßigt) partikularistische Position, die eine Bevorzugung des Eigenen und eine Priorisierung der eigenen Interessen für gerechtfertigt und sinnvoll hält. Als gemäßigt kann diese Position deshalb gelten, weil sie die grundsätzliche Gleichberechtigung aller Menschen anerkennt. Diese wird aber formal und nicht materiell interpretiert. Während der Universalismus nur mit dem Individualismus kompatibel ist, lässt sich die partikularistische

Position sowohl mit einer individualistischen Sichtweise als auch mit einer auf soziale Kollektive fokussierten Sichtweise vereinbaren.

Wohlgemerkt: Es soll hier keiner »Herrenmoral« à la Nietzsche das Wort geredet werden. Mit Partikularismus ist nicht gemeint, dass eine bestimmte Moral für »uns« und eine andere Moral für »die anderen« gelten soll. Eine solche Position wäre ethisch nicht zu rechtfertigen. Vielmehr bedeutet eine partikularistische Moral, dass es die Pflicht von Individuen ist, sich zu allererst um sich selbst und ihre Familie zu kümmern, und dass das Hauptaugenmerk eines Staates dem eigenen Volk gelten muss. Dies kann, insoweit grenzüberschreitende Probleme auftreten, die nicht alleine gelöst werden können, durchaus auch die Pflicht zur Zusammenarbeit mit anderen Staaten oder zur Unterstützung anderer Staaten implizieren – aber eben nur insoweit. Auch reiner Altruismus ist damit nicht ausgeschlossen, etwa Spendenaktionen oder staatliche Hilfen zugunsten der Opfer von Naturkatastrophen in anderen Ländern; aber dieser Altruismus ist eben freiwillig und keine moralische Pflicht. Eine so verstandene partikularistische Moral ist verallgemeinerungsfähig, kann also prinzipiell von jedem Individuum bzw. jedem Staat vertreten werden, ohne dass es zu Widersprüchen oder Unvereinbarkeiten käme.

Der eher abstrakt-theoretische Gegensatz zwischen Universalismus und Partikularismus äußert sich in der konkreten Politik am deutlichsten in Positionen, die einerseits als Kosmopolitismus, andererseits als Kommunitarismus bezeichnet werden.[78] Hinter diesen Begriffen verbergen sich gegensätzliche politische Positionen vor allem in zweierlei Hinsicht: *erstens*, was die Offenheit der Grenzen angeht; *zweitens*, was die Kompetenzverteilung zwischen Nationalstaaten und supranationalen Institutionen betrifft. Während Kosmopoliten für offene Grenzen und eine Einschränkung der nationalen Souveränität zugunsten supranationaler Institutionen sind, präferieren Kommunitarier geschlossene Grenzen und verteidigen die Souveränität der Nationalstaaten.

Die politisch-mediale Elite in Deutschland ist eindeutig universalistisch-egalitär bzw. kosmopolitisch orientiert – und zwar in noch größerem Ausmaß als ihre Pendants in anderen westlichen Ländern.[79] Sie stellt ihre Auffassung aus propagandistischen und diskurspolitischen Gründen gerne als die einzig vertretbare und einzig moralisch akzeptable dar. Aber das heißt natürlich nicht, dass Andersdenkende wirklich unmoralisch sind: Partikularisten sind *nicht ohne* Moral und Werte, sie vertreten nur *andere* Werte und eine *andere* Moral als Universalisten. Und es sind gerade diese partikularistischen Werte und diese partikularistische Moral, die nach wie vor das Denken der Bevölkerungsmehrheit in Deutschland kennzeichnen – eine Mehrheit, die sich eben nicht als isolierte Individuen, sondern als Angehörige von Familien, Gemeinden oder Staaten begreift und die der Meinung ist, die eigenen Politiker müssten sich zuerst und vor allem um die Interessen und das Wohl des eigenen Volkes kümmern. Deshalb ist es vielleicht etwas pauschal, aber im Großen und Ganzen sicher nicht unzutreffend, von einem Gegensatz zwischen universalistisch-egalitärer, kosmopolitischer Elite und partikularistischer, kommunitarischer »Masse« zu sprechen – oder, noch pointierter, von einem Gegensatz zwischen »Anywheres« und »Somewheres«.[80]

Eine ethische Beurteilung dieser beiden unterschiedlichen moralischen und politischen Positionen soll hier nicht vorgenommen, sondern deren Existenz als Tatsache akzeptiert werden. Entscheidend für unsere Betrachtung ist aber folgender Unterschied: Als Motiv und Antrieb des politischen Moralismus eignet sich vor allem eine universalistische Moral. Eine partikularistische Moral kommt dafür nur theoretisch in Frage: Sie ist eben aufgrund ihres Partikularismus zu wenig idealistisch und moralisch zu wenig »anspruchsvoll«, um politische Moralisten zu begeistern und zu inspirieren – oder um Machtpolitikern als Werkzeug in der Innen- oder der Außenpolitik zu dienen. Gerade wegen ihres Fokus auf die eigenen Interessen ist sie zwangsläufig pragmatisch und verantwortungsethisch; ihre Vertreter können und dürfen die Konsequenzen ihres Handelns nicht außer Acht lassen. Als Fundament einer Gesinnungsethik eignet sie sich deshalb kaum. Daraus ergibt sich unmittelbar ein weiterer wichtiger Unterschied: Während eine partikularistische Moral zwangsläufig Sendungsbewusstsein und Missionierungsstreben ausschließt, sind beide mit dem moralischen Universalismus nicht nur ohne Weiteres vereinbar, sondern gehören zu diesem geradezu wesensnotwendig. Partikularismus und Universalismus haben somit nicht nur theoretisch, sondern auch und vor allem politisch eine unterschiedliche Reichweite: Nur Letzterem ist die Tendenz, ja der Zwang zur Expansion inhärent. Es besteht folglich ein enger Zusammenhang zwischen dem Inhalt einer moralischen Konzeption und der politischen Rolle derselben. Nur eine universalistische Moral kann Gegenstand des politischen Moralismus im Allgemeinen und von expliziter Werteaußenpolitik im Besonderen sein.

Werteinnenpolitik und Werteaußenpolitik

Die in der deutschen Politik dominierende universalistische Moral und der auf dieser aufbauende politische Moralismus entfalten, wie weiter oben schon angedeutet, schädliche Wirkungen, welche sich sowohl in der Innen- als auch in der Außenpolitik Deutschlands bemerkbar machen. In diesem Buch will ich mich aber auf Letztere konzentrieren. Dafür gibt es mehrere Gründe: *Erstens* steht eine wertorientierte Außenpolitik vor vollkommen anderen und deutlich größeren Herausforderungen als eine wertorientierte Innenpolitik. Im Innenverhältnis besteht ein

Über-Unterordnungsverhältnis zwischen dem Staat und den Bürgern in dem Sinn, dass der Staat das Gewaltmonopol hat und auch als Einziger legitimen Zwang ausüben kann – indem er beispielsweise Steuern erhebt oder bestimmte Verhaltensweisen verbietet, anordnet oder reguliert. Auf diese Weise kann der Staat zumindest *de iure* ohne Weiteres eine »unseren Werten« entsprechende Politik betreiben. Auf der weltpolitischen Bühne stehen sich dagegen prinzipiell gleichberechtigte Akteure gegenüber. Will Deutschland hier »unseren Werten« Geltung verschaffen, muss es sich anderer Mittel bedienen. Welche das sein können, soll im nächsten Kapitel besprochen werden. Unabhängig von ihrer praktischen *Durchsetzung* ist es auch, wie in Kapitel 2 erwähnt, im Innenverhältnis viel einfacher als im Außenverhältnis, bestimmten Werten *Anerkennung* zu verschaffen. Während sich im ersten Fall nur die politisch-mediale Elite auf diese Werte verständigen muss, können im zweiten Fall unterschiedliche Werte und Wertinterpretationen aufeinanderprallen, ohne dass irgendeine Instanz für Übereinstimmung sorgen könnte.

Daraus folgt *zweitens* ein wesentlich höheres Konfliktpotential im Äußeren als im Inneren, da Auseinandersetzungen um Werte oder infolge einer wertebasierten Politik bis hin zu kriegerischen Auseinandersetzungen eskalieren können – und zwar umso leichter, je ernster es den beteiligten Parteien mit ihren jeweiligen Werten ist. Mit anderen Worten: Die möglichen Schäden sind bei der Werteaußenpolitik viel größer als bei der Werteinnenpolitik.

Drittens gibt es nur auf der weltpolitischen Bühne die Gefahr, dass ein Land, das eine ernsthafte Wertepolitik betreibt, von anderen Ländern, die Werte und Moral nur als machtpolitische Instrumente ansehen, ausgenutzt und manipuliert wird.

Abschließend muss ich darauf hinweisen, dass die Unterscheidung zwischen wertebasierter Außen- und wertebasierter Innenpolitik in manchen Fällen nicht eindeutig möglich ist. Es gibt

Politikbereiche, bei denen es zu Überschneidungen kommt – wie beispielsweise die Flüchtlings- oder die Klimapolitik. In diesen Fällen werde ich versuchen, mich auf die »außenpolitische Komponente« des betreffenden Politikbereichs zu konzentrieren – soweit dies möglich ist, ohne dem jeweiligen Gegenstand Gewalt anzutun.

Teil 2:
Die Missionierung der Welt

Kapitel 4:
Die Werkzeuge der Missionsarbeit

Werteaußenpolitik kann man auf verschiedene Art und Weise betreiben. Die Werkzeuge, derer man sich bedienen kann, um seine eigenen Werte anderen Ländern zu vermitteln, lassen sich nach ihrer Aggressivität bzw. Eingriffsintensität in drei Gruppen unterteilen: Appelle, ökonomische Anreize und Zwangsmaßnahmen. Eine analoge Unterscheidung trifft der Philosoph Vittorio Hösle, allerdings in umgekehrter Reihenfolge:

> »[E]s gibt nur drei grundsätzliche Möglichkeiten (...): Entweder man droht dem anderen mit Schaden, wenn er einem zuwiderhandelt, oder man bietet ihm Vorteile für den Fall, daß er einem entgegenkommt, oder man überredet bzw. überzeugt ihn, daß das gewünschte Verhalten auch für ihn richtig sei – Peitsche, Zuckerbrot und Glaube.«[81]

Der Übergang zwischen diesen Gruppen ist fließend, sodass es durchaus möglich ist, dass eine bestimmte Politik oder eine bestimmte Maßnahme nicht eindeutig einer dieser Gruppen zugeordnet werden kann.

Appelle und Vorangehen mit gutem Beispiel

Das mildeste Mittel, um den eigenen Werten auch international Geltung zu verschaffen, besteht darin, einfach nur mit gutem Beispiel voranzugehen und diesem guten Beispiel vielleicht außerdem noch durch Appelle Nachdruck zu verleihen. Appelle allein werden kaum wirksam sein, wenn man selbst nicht entsprechend handelt und deshalb unglaubwürdig ist. Andererseits wird man sich nicht auf die bloße Vorbildfunktion beschränken, sondern – nach dem Motto: »Tue Gutes und rede darüber!« – die Gelegenheit nicht ungenutzt lassen, andere Länder mehr oder weniger diplomatisch zur Nachahmung aufzufordern. Insofern gehören das Vorangehen mit gutem Beispiel und die Appelle, diesem Beispiel zu folgen, in der politischen Praxis untrennbar zusammen.

Was die Appelle betrifft, so können sich diese an den Verstand, das Gefühl oder das Moralempfinden richten.[82] In der Realität treten diese Unterarten nicht in Reinform auf, sondern wirken meist zusammen. So werden Appelle an die moralische Pflicht, sich so oder so zu verhalten, sehr häufig mit Hinweisen darauf verbunden, dass dies längerfristig auch im eigenen Interesse sei, etwa weil man dadurch für ausländische Investitionen attraktiver werde oder das Potential der eigenen Bevölkerung besser nutzen könne.

Beispiele für diese mildeste der wertepolitischen Strategien gibt es in der deutschen Politik einige: Ganz allgemein kann man hier alle wirtschaftlichen Beziehungen zu den Ländern, die »unsere Werte« nicht teilen, einordnen – falls und insoweit damit die Hoffnung auf »Wandel durch Handel« verbunden ist. Das gilt vor allem für die Beziehungen zu China, die lange von dieser Hoffnung geprägt waren – bis sich dieselbe als offenbar trügerisch herausgestellt hat. An dieser Erkenntnis und an dem dadurch ausgelösten Wandel in der deutschen Chinapolitik waren die USA allerdings nicht ganz unbeteiligt (siehe Kapitel 10).

Daneben sind auch spezifische, bestimmte Politikbereiche betreffende Beispiele zu nennen: Neben der Klimapolitik in ihren Anfängen sind dies vor allem die internationale Migrationspolitik und – neuerdings – die sogenannte »feministische Außenpolitik« (siehe Kapitel 5, 6 und 9).

Belohnungen

Die erste Eskalationsstufe stellen positive ökonomische Anreize dar. Das Wohlverhalten anderer Länder kann nämlich durch wirtschaftliche Vergünstigungen (wie z. B. Zoll- oder Steuersenkungen oder erleichterten Marktzugang) belohnt werden.

In diese Kategorie fallen Teile der Außenwirtschaftspolitik, die Lieferkettengesetze und Teile der aktuellen Klimaaußenpolitik (vgl. Kapitel 7, 8 und 9). Der Übergang von Appellen zu Anreizen ist allerdings ein fließender. Wenn etwa Appelle zum Befolgen »unserer Werte« sich auch an den Verstand wenden, weil auf mögliche ökonomische Vorteile hingewiesen wird, ohne diese jedoch explizit in Form von konkreten Maßnahmen in Aussicht zu stellen – handelt es sich dann um einen bloßen Appell oder vielleicht eher um eine Kombination von Appell und ökonomischen Anreizen?

Strafen

Neben positiven können auch negative ökonomische Anreize verwendet werden. So können uneinsichtige Länder, die von »unseren Werten« nichts wissen wollen, durch wirtschaftliche Nachteile bestraft werden (z. B. indem Steuern oder Zölle erhöht werden oder der Marktzugang erschwert wird). Dies ist beispielsweise bei den Lieferkettengesetzen und zum Teil bei der Klimaaußenpolitik der Fall.

Wirtschaftliche Zwangsmaßnahmen, also Sanktionen, stellen den Extremfall negativer ökonomischer Anreize dar. Abgesehen vom Einsatz militärischer Gewalt sind sie das aggressivste Mittel der Werteaußenpolitik. Sie werden häufig als »Krieg mit anderen Mitteln« bezeichnet, da sie ähnlich große Schäden anrichten können wie kriegerische Auseinandersetzungen.

Die höchste Eskalationsstufe und die härteste mögliche »Strafe« sind militärische Zwangsmaßnahmen. Dann wird ein Krieg um Werte geführt – wie dies aus Sicht von Frau von der Leyen im Russland-Ukraine-Krieg offenbar der Fall ist (vgl. Einleitung). Da Deutschland glücklicherweise noch keinen Wertekrieg führt (zumindest nicht direkt), werden in diesem Buch unter dem Begriff der Zwangsmaßnahmen ausschließlich Sanktionen betrachtet (Kapitel 10). Diese spielen heute eine sehr große Rolle in der internationalen Politik – nicht erst seit dem 2014 entbrannten Konflikt zwischen Russland und der Ukraine, aber seitdem ganz besonders. Auch im Verhältnis zu China besteht eine nicht geringe Wahrscheinlichkeit, dass es zu einer Eskalation von Sanktionen und Gegensanktionen kommt. Deshalb, aber auch aufgrund der schwerwiegenden Folgen der aktuell gegenüber Russland eingesetzten Sanktionen wird die Sanktionspolitik den Schwerpunkt dieses zweiten Teils bilden.

Abschließend sei noch angemerkt, dass sich auch zwischen »normalen« negativen ökonomischen Anreizen und Sanktionen keine eindeutige Trennlinie ziehen lässt. Beispielsweise wirkt ein Boykott der Einfuhr von Waren aus einem bestimmten Land genau wie ein prohibitiver Einfuhrzoll.

Kapitel 5: Der UN-Migrationspakt

Die Migrationspolitik ist das Paradebeispiel für eine universalistisch-egalitäre Politik und einer der bevorzugten Tummelplätze der deutschen politischen Moralisten.[83]

Da Universalisten nicht national, sondern global denken, muss deren Migrationspolitik zwangsläufig auf dem Prinzip der offenen Grenzen beruhen. Denn wenn es keine Pluralität der Individuen geben darf, darf es auch keine Pluralität der Völker und Nationen geben. Der radikale Egalitarismus ist mit dem Prinzip der Staatsbürgerschaft und dem Prinzip des Nationalstaats nicht vereinbar, sondern impliziert einen Weltstaat bzw. eine Weltregierung. Ein wichtiger Schritt auf diesem Weg besteht darin, alle Menschen auf der Welt nicht nur formal, sondern auch materiell gleich zu behandeln. Das bedeutet insbesondere, dass alle Menschen das Recht haben müssen, sich in jedem Land niederzulassen und dessen Sozialleistungen in Anspruch zu nehmen. Dass dadurch die Stabilität potentieller Migrationszielländer und ihrer Sozialsysteme gefährdet wird, spielt nicht nur keine Rolle, sondern wird billigend in Kauf genommen, da man auf diese Weise die Abschaffung der Nationalstaaten beschleunigen kann. Folglich müssen die Grenzen möglichst durchlässig gemacht und der Migration möglichst wenige Hindernisse in den Weg gelegt werden.

Die universalistische Tendenz der Elitenideologie zeigt sich in allen westlichen Ländern, ist aber in Deutschland besonders stark ausgeprägt. Alle etablierten Parteien unterstützen die Willkommenskultur – und arbeiten eifrig daran mit, die deutsche Kulturnation zu einer »multikulturellen Willensnation« zu machen.[84] Dies ist die notwendige Folge einer Politik, die jedem einzelnen Menschen auf der ganzen Welt das Recht auf Ingangsetzung eines Asylverfahrens gewährt, sobald er das Territorium eines EU-Landes erreicht hat.

Mehr noch, die universalistisch-egalitäre Ideologie impliziert auch, dass jedem Asylberechtigten der gleiche Zugang zu den Sozialleistungen des Aufnahmelandes wie den Einheimischen gewährt wird – ein Grundsatz, der in Deutschland vom Bundesverfassungsgericht 2012 auch auf Asylbewerber (und zwar auch auf die abgelehnten!) angewandt wurde.[85] Von da aus ist es nur ein kleiner Schritt, jedem Menschen weltweit das Recht auf Zugang zu den deutschen Sozialleistungen zu gewähren. So abwegig wie dies sein mag, kann es doch angesichts der in den letzten Jahren immer stärker werdenden universalistischen Tendenz des Bundesverfassungsgerichts nicht ausgeschlossen werden.

Ungeachtet der fast ungebremsten, ja unkontrollierten Zuwanderung von Migranten aus fremden Kulturkreisen werden unverdrossen »unsere Werte« beschworen und allenfalls halbherzige Versuche unternommen, die Migrationsströme besser zu organisieren. Von einer im Interesse des eigenen Landes und der eigenen Bevölkerung betriebenen Migrationspolitik kann keine Rede sein. Auch die offensichtlich desaströsen Konsequenzen der Massenmigration für innere Sicherheit, Wohnungs- und Arbeitsmarkt, Schulsystem, Staatsfinanzen und die Systeme sozialer Sicherung haben nicht zu einem Umdenken geführt.

Dieses Vorgehen, das mit dem Schlagwort »Willkommenskultur« treffend bezeichnet wird (oder sollte man vielleicht besser von »Willkommensunkultur« sprechen?), zeigt sich nicht nur bei der deutschen Migrationspolitik selbst, sondern auch bei den außenpolitischen Aktivitäten Deutschlands auf dem Gebiet der Migration. Ohnehin ist die Trennung zwischen den »inneren« und den »äußeren« Aspekten der Migrationspolitik schwer möglich. Denn das in Deutschland geltende Asylrecht resultiert aus dem Ineinandergreifen von nationalem Recht, europäischem Recht und Völkerrecht. 1999 wurde das Gemeinsame Europäische Asylsystem mit dem Ziel der Harmonisierung der Schutz- und Aufnahmenormen innerhalb der EU begründet und seitdem ständig weiterentwickelt. Aktuell ist man bemüht, das 2020 unter dem Druck der Flüchtlingskrise verabschiedete »Migrations- und Asylpaket« umzusetzen.[86] Heute übt das Europarecht einen so großen Einfluss auf das Asylrecht von Deutschland (und den anderen EU-Mitgliedstaaten) aus, dass man ohne Übertreibung von einer Vergemeinschaftung des Asylrechts sprechen kann. Aber es gibt auch ein rein nationales Asylrecht: den grundgesetzlich garantierten Schutz für politisch Verfolgte gemäß Artikel 16a Grundgesetz und das Abschiebungsverbot gemäß § 60 Absätze 5 und 6 Aufenthaltsgesetz. Sowohl auf europäischer als auch auf deutscher Ebene spielt außerdem das Völkerrecht eine große Rolle – in Gestalt der Genfer Flüchtlingskonvention und der Europäischen Menschenrechtskonvention, auf welche beim Gemeinsamen Europäischen Asylsystem und beim deutschen Abschiebungsverbot Bezug genommen wird.

Eindeutig der »Migrationsaußenpolitik« – und damit dem uns vor allem interessierenden Bereich der Migrationspolitik – lässt sich der Umgang mit diesen beiden Konventionen und die Mitwirkung an internationalen Vereinbarungen zum Thema Migration zuordnen. Was die beiden erwähnten Konventionen anbelangt, so fällt auf, dass diese als in Stein gemeißelt, ja als geradezu sakrosankt angesehen werden. Fragen, ob und inwieweit sie der heutigen Flüchtlingssituation angemessen sind, werden nicht zugelassen, geschweige denn ernsthaft diskutiert. Und dabei bestünde durchaus Anlass, sich diese Fragen zu stellen: Denn die Genfer Flüchtlingskonvention, die am 28.7.1951 verabschiedet wurde, war zur Bewältigung der Flüchtlingsproblematik im Gefolge des Zweiten Weltkriegs geschaffen worden; erst seit der Verabschiedung des Protokolls vom 31.1.1967 gilt die Konvention für alle Flüchtlinge ohne jegliche zeitliche (oder räumliche) Begrenzung. Die Europäische Menschenrechtskonvention ist ebenfalls dem Zweiten Weltkrieg mit seinen massiven Menschenrechtsverletzungen geschuldet. Sie wurde am 4.11.1950 verabschiedet und bis heute durch bislang 16 Zusatzprotokolle ergänzt. In den 50er- und 60er-Jahren des vergangenen Jahrhunderts erfolgten Fluchtbewegungen meist von Ost nach West und innerhalb des gleichen europäischen Kulturkreises; sie waren politisch motiviert und hatten einen geringen Umfang. Heute ist die Situation eine vollkommen andere: Wir sehen eine Massenmigration über große Entfernungen von Süd nach Nord, also zwischen unterschiedlichen Kulturkreisen, und zum Großteil aus wirtschaftlichen Gründen. Angesichts dessen ist es nicht nur erlaubt, sondern geradezu geboten, die beiden Regelwerke kritisch zu hinterfragen – was aber in Deutschland als unmoralisch und mit »unseren Werten« nicht vereinbar gilt.

Explizit befördert und nach außen vertreten werden sollen diese Werte im Bereich der Migrationspolitik vor allem durch zwei internationale Abkommen: den UN-Flüchtlingspakt und den UN-Migrationspakt.[87] Beide haben eine Reihe von Gemeinsamkeiten: *Erstens* sind beide nicht rechtlich bindend und haben den Charakter von politischen Appellen. Insofern sind sie der Instrumentenkategorie »Appelle und Vorangehen mit gutem Beispiel« zuzuordnen. *Zweitens* stehen bei beiden eindeutig die Interessen der Flüchtlinge bzw. Migranten und nicht die der Bevölkerungen der Zielländer von Flucht bzw. Migration im Vordergrund. Dem UN-Flüchtlingspakt geht es primär darum, »Flüchtlinge besser zu schützen und ihnen besser zu helfen«, während der UN-Migrationspakt »eine sichere, geordnete und reguläre Migration (…) erleichtern und gewährleisten« will.[88] *Drittens* wird in beiden Pakten auf das schon bestehende Völkerrecht, insbesondere auf die Genfer Flüchtlingskonvention, verwiesen.

Es gibt aber auch zwei wesentliche Unterschiede zwischen Flüchtlingspakt und Migrationspakt: Zum einen ist der Migrationspakt umfassender, da er sich auf die »Migration in allen ihren Dimensionen« bezieht, also auch auf Flüchtlinge, insoweit für diese keine besonderen Regeln existieren.[89] Es wird zwar immer nur von »Migranten« gesprochen, aber aus dem Text geht klar hervor, dass der Begriff »Migrant« sehr allgemein aufgefasst wird und damit auch Flüchtlinge gemeint sind. Wahrscheinlich wurde es, um den Geltungsbereich des Pakts nicht unnötig einzuschränken, vermieden, die Begriffe »Migrant« und »Flüchtling« zu definieren und voneinander abzugrenzen. Wie könnte eine solche Definition bzw. Abgrenzung sinnvollerweise aussehen? Unter Flüchtlingen versteht man im Völkerrecht alle Menschen, die vor Krieg oder Verfolgung auf der Flucht sind. Nur dies sind die international anerkannten Asylgründe. Der Flüchtlingsbegriff wird aber meist viel allgemeiner gebraucht, etwa, wenn auch von Armuts- oder Klimaflüchtlingen die Rede ist. Bei ihnen handelt es sich aus Sicht des Völkerrechts um »unechte« Flüchtlinge, die man besser als Migranten bezeichnen sollte. Denn »Migranten« ist der allgemeine Begriff für alle Menschen, die – ob freiwillig oder unfreiwillig – ihre Heimat verlassen, um sich längerfristig oder sogar auf Dauer in einem fremden Land niederzulassen.[90] Zu Migranten gehören (echte und unechte) Flüchtlinge sowie Migranten im engeren Sinne, also Auswanderer.

Zum anderen ist der Migrationspakt auch sehr viel weitreichender als der Flüchtlingspakt. Während es bei Letzterem im Wesentlichen um die Bekräftigung des schon bestehenden völkerrechtlichen Schutzes von Flüchtlingen und um Hilfe für die von Fluchtbewegungen betroffenen Staaten geht, etabliert der Migrationspakt eine ganze Reihe von neuen Rechten und Ansprüchen für alle Migranten – Rechte und Ansprüche, die natürlich nicht nur Migranten im engeren Sinne, sondern auch und vor allem Flüchtlingen (und zwar auch den unechten) zustehen sollen, weil sie weit über die bestehenden Regelungen des internationalen Flüchtlingsrechts hinausgehen.

Aus diesen beiden Gründen ist es vor allem der UN-Migrationspakt, der exemplarisch für die Missionierungsbemühungen auf dem Gebiet der Migrations- und Flüchtlingspolitik steht – und weniger der Flüchtlingspakt. Deshalb wollen wir uns im Folgenden auch nur mit dem Migrationspakt auseinandersetzen.

Dessen Geschichte begann im September 2016 mit der »New Yorker Erklärung für Flüchtlinge und Migranten«, auf deren Grundlage im April 2017 die Verhandlungen über den UN-Migrationspakt aufgenommen wurden. Deutschland hat dabei eine Vorreiterrolle gespielt – vor allem im Rahmen des »Globalen Forums für Migration und Entwicklung«. Dabei handelt es sich um eine 2007 gegründete Initiative, die der Diskussion des Zusammenhangs zwischen Migration und Entwicklung sowie der Erarbeitung von Maßnahmen zugunsten einer effektiven, sicheren und der wirtschaftlichen Entwicklung dienenden Migration gewidmet ist. Neben Staaten nehmen an dieser Initiative auch Nichtregierungsorganisationen, Vertreter der Wirtschaft, UN-Organisationen und (seit 2018) Vertreter von Städten und Regionen teil. Deutschland hat sich in diesem Forum nicht nur seit dessen Gründung engagiert, sondern gehört seitdem auch immer zu dem Kreis der ca. 25 bis 30 Länder der »Lenkungsgruppe«, die sich besonders »für die nachhaltige politische und konzeptionelle Unterstützung des Forumsprozesses« einsetzen.[91] Darüber hinaus hatte Deutschland (zusammen mit Marokko) von 2017 bis 2018 den Ko-Vorsitz des Forums inne – in der Zeit, in der die entscheidenden Verhandlungen zum UN-Migrationspakt stattfanden, und zwar unter maßgeblicher Beteiligung des Forums. Diese Verhandlungen wurden vor allem von Deutschland vorangetrieben und mündeten schließlich in die Verabschiedung des UN-Migrationspakts am 11. Dezember 2018 (152 Ja-, fünf Nein-Stimmen und zwölf Enthaltungen). Im Nachhinein stellte sich heraus, dass die Verhandlungen trotz gegenteiliger Beteuerungen *nicht* vollständig transparent und unter Einbeziehung der

Öffentlichkeit stattfanden, sondern dass es auch einige geheime Sitzungen gab. Was bei diesen vereinbart wurde, ist bis heute noch nicht vollständig bekannt.[92] Das Interesse der Beteiligten, den Verhandlungsprozess bis zur Verabschiedung des Paktes zumindest teilweise geheim zu halten, ist verständlich, wenn man sich die heftige Kritik vor Augen führt, auf die der Pakt bei seiner schließlichen Verabschiedung und Veröffentlichung gestoßen ist. Verständlich ist auch, dass selbst danach versucht wurde, problematische Punkte herunterzuspielen und zu verharmlosen. Denn dieser Pakt hat es in sich: Mit seiner Hilfe sollen auf internationaler Ebene die Prinzipien durchgesetzt werden, die bislang schon die deutsche und die europäische Migrations- und Asylpolitik kennzeichnen – Prinzipien, die allesamt auf eine Unterordnung der Interessen der Bevölkerungen der Zielländer unter die universalistischen Werte der westlichen Willkommenskultur hinauslaufen.

Dieses Verdikt ist keineswegs übertrieben, was schnell deutlich wird, wenn man sich die Inhalte des UN-Migrationspaktes näher anschaut. Der Grundtenor wird in der Präambel des Paktes mehr als deutlich, wenn Migration pauschal als »eine Quelle des Wohlstands, der Innovation und der nachhaltigen Entwicklung« bezeichnet wird, die »zum Nutzen aller« gestaltet werden könne.[93] Dass diese Behauptung nicht begründet wird, überrascht nicht. Denn sie ist schlichtweg falsch. In den Zielländern von Migration gibt es immer Teile der Bevölkerung, die durch die Zuwanderung Nachteile erleiden. Das gilt in umso größerem Maß, je weniger qualifiziert die Zuwanderer sind und je mehr Sozialleistungen sie in Anspruch nehmen. Wer etwas anderes behauptet, ignoriert die grundlegenden Erkenntnisse der Migrationsökonomie.[94] Die mit einer solchen falschen Behauptung vorgegebene Richtung wird konsequent weiterverfolgt. Denn die Unterzeichnerstaaten setzen sich vor allem das Ziel, »eine sichere, geordnete und reguläre Migration zum Wohle aller zu erleichtern und zu gewährleisten.«[95] Es geht also explizit darum, Migration zu fördern.

Diesem Ziel dienen die verschiedenen Regelungen des Paktes, von denen im Folgenden nur die problematischsten erwähnt werden sollen.[96] So ist die Rede davon, Migranten »in einer prekären Situation ungeachtet ihres Migrantenstatus in allen Phasen der Migration« zu unterstützen und den Übergang von der irregulären zur regulären Migration zu erleichtern.[97] Migrationsverfahren sollen ebenfalls erleichtert werden – indem diese beschleunigt werden, indem »kostenlose oder bezahlbare« Rechtsberatung angeboten wird und indem überhaupt »kultursensibel«, »geschlechtersensibel«, »traumasensibel« und »kindgerecht« vorgegangen wird.[98] Auch soll der Zugang zu den »Grundleistungen« des Ziellandes allen Migranten ungeachtet ihres Migrationsstatus offenstehen; die Migranten sind über diese Leistungen zu informieren, sie dürfen nicht gegenüber der einheimischen Bevölkerung benachteiligt werden und ihnen müssen Beschwerdemöglichkeiten eingeräumt werden.[99] Es soll zwar die Schleusung bekämpft werden, aber gleichzeitig dürfen die Geschleusten selbst nicht strafrechtlich verfolgt werden.[100] Migranten, die auf ihrer Reise in Gefahr geraten, sollen gesucht und gerettet werden, wobei aber »ordnungsgemäße Verfahren und Einzelprüfungen« zu garantieren sind. Konkret bedeutet dies beispielsweise, dass auf der Mittelmeerroute gerettete oder aufgegriffene Flüchtlinge nicht etwa in Nordafrika angelandet werden dürfen, sondern nach Europa gebracht werden *müssen*, damit sie dort einen Asylantrag stellen können.[101]

Es ist offensichtlich, dass von diesen und ähnlichen Regelungen massive Anreize zur Migration ausgehen – und dass das Schleuserunwesen nicht eingedämmt, sondern befördert wird. Aber genau das ist ja von den Verfassern dieses Paktes auch beabsichtigt worden. Ihnen muss auch klar gewesen sein, dass der Pakt in den Zielländern der Migration auf scharfe, nur zu berechtigte Kritik stoßen würde. Aus diesem Grund wurden die Unterzeichnerstaaten auch dazu verpflichtet, »Aufklärungskampagnen« zu fördern, »um die öffentliche Wahrnehmung des positiven Beitrags einer sicheren, geordneten und regulären Migration zu gestalten«. Diese Propagandaanstrengungen sollen »unter voller Achtung der Medienfreiheit erfolgen«; dabei sollen aber finanzielle und rechtliche Sanktionen gegen missliebige Medien eingesetzt werden.[102] Ein Kommentar hierzu erübrigt sich wohl.

Insgesamt ergibt sich folgendes Bild: Der UN-Migrationspakt berücksichtigt ausschließlich und ausdrücklich die Interessen der Migranten. Die Interessen der einheimischen Bevölkerungen in den Zielländern werden nicht nur ignoriert, sondern bewusst missachtet. Irreguläre Migration soll nicht etwa dadurch verhindert werden, dass man die Migrationsanreize senkt und die Grenzen besser schützt, sondern dadurch, dass man aus irregulärer Migration reguläre Migration macht – was sich vor allem daran zeigt, dass die Grenzen zwischen regulärer und irregulärer Migration systematisch verwischt werden. Mit den in diesem Pakt gemachten Verpflichtungen gehen zwangsläufig Souveränitätsverluste der Unterzeichnerstaaten einher. Es wird zwar das »Leitprinzip der nationalen Souveränität« postuliert, doch gilt dies selbstverständlich nur »in Übereinstimmung mit dem Völkerrecht«.[103] Daraus zieht der Staatsrechtler Dietrich Murswiek folgenden Schluss:

> »Wenn nicht einerseits die Übernahme von Verpflichtungen und andererseits die Betonung der Souveränität ein Widerspruch und somit eine Lüge sein sollen, sondern wenn man beides miteinander vereinbar machen will, dann kann die nationale Entscheidungsfreiheit nur noch insoweit gegeben sein, wie die im Pakt statuierten Verpflichtungen dafür Raum übrig lassen.«[104]

Darüber sollte auch die Behauptung in der Präambel des Paktes nicht hinwegtäuschen, dass dieser lediglich »einen rechtlich nicht bindenden Kooperationsrahmen« darstelle.[105] Das mag formaljuristisch so sein. Aber dennoch wird der Pakt nicht nur politische, sondern auch erhebliche rechtliche Wirkungen entfalten. Zum einen können seine Regelungen als Völkergewohnheitsrecht im Lauf der Zeit allmählich rechtlich verbindlich werden. Zum anderen können sie im Inland dann Rechtskraft erlangen, wenn sie von inländischen Gerichten bei der Auslegung unbestimmter Rechtsbegriffe herangezogen werden.[106] Angesichts der bisher schon sehr migrationsfreundlichen Rechtsprechung ist dies im Fall von Deutschland keine bloß theoretische Möglichkeit.[107]

Außerdem, so Murswiek, würde »die Betonung der rechtlichen Unverbindlichkeit den Blick auf die tatsächliche Bedeutung des Paktes« verstellen:

> »Die politische Verbindlichkeit kann sich in der Praxis als ebenso stark erweisen wie eine rechtliche Verbindlichkeit. Der Unterschied besteht vor allem darin, dass ein Staat nicht vor dem Internationalen Gerichtshof verklagt werden kann, wenn er gegen den Pakt verstößt. Aber der politische Druck, Verpflichtungen einzuhalten, die ein Staat auf internationaler Ebene eingegangen ist, ist beim Soft Law nicht weniger groß als bei völkerrechtlichen Verträgen.«[108]

Und dass dieser politische Druck dauerhaft aufrechterhalten wird – dafür ist gesorgt: Es wurde ein »Überprüfungsforum Internationale Migration« eingerichtet, welches ab 2022 alle vier Jahre tagen und die jeweils erzielten »Fortschritte bei der Umsetzung aller Aspekte« des Migrationspakts »erörtern« soll – womit eigentlich gemeint ist: welches diese Umsetzung vorantreiben soll.[109]

Auf dem ersten »Überprüfungsforum« ist Deutschland seiner Rolle als Vorreiter, die es schon bei der Ausarbeitung des Paktes eingenommen hat, gerecht geworden und hat sich »als tatkräftiger Förderer und Unterstützer« dieser Umsetzungsbemühungen erwiesen.[110]

Dieses Engagement zeigt sich nicht nur auf internationaler Ebene, sondern auch bei der deutschen Migrationspolitik. Sie atmet den Geist des UN-Migrationspakts und könnte kaum migrationsfreundlicher ausfallen, wenn der Pakt rechtsverbindlich wäre: Chancen-Aufenthaltsrecht, Vereinfachung und Erleichterung von Asylverfahren, Ausbau der Migrationsberatung, Erleichterung der Familienzusammenführung und Absenkung der Anforderungen für den Erhalt der deutschen Staatsbürgerschaft – die Forderungen des Migrationspakts werden nicht nur erfüllt, sondern übererfüllt.[111] Gewissermaßen befördern sich nationale und internationale Migrationspolitik gegenseitig: Einerseits hat sich die Bundesregierung nach Kräften bemüht, den auf nationaler Ebene befolgten migrationspolitischen Prinzipien auch auf internationaler Ebene Geltung zu verschaffen. Andererseits dient das Resultat dieser Bemühungen, nämlich der UN-Migrationspakt, zur Rechtfertigung und Verteidigung eben dieser Prinzipien in der innenpolitischen Auseinandersetzung um die deutsche Migrationspolitik. Kritiker dieser Migrationspolitik können vollkommen zu Recht von einem Teufelskreis sprechen.

Auf europäischer Ebene liegen die Dinge ähnlich: Das »Migrations- und Asylpaket« von 2020 setzt die bisherige Linie fort. Zwar soll die Zuwanderung besser organisiert und verwaltet, das Dublin-Verfahren reformiert und ein neues »Grenzverfahren« eingeführt werden, aber von einer wirksamen Begrenzung der Zuwanderung, geschweige denn von einer Rückführung all derjenigen, die sich ohne Asylgrund in Europa aufhalten, kann nicht die Rede sein.[112] Denn selbstverständlich soll zu allererst »grundsätzlich das Recht auf Asyl« geschützt werden – koste es, was es wolle.[113]

Eine Abkehr von der bisherigen Politik und eine größere Rücksichtnahme auf die Interessen der eigenen Bevölkerung ist weder auf deutscher noch auf europäischer Ebene zu erwarten. Denn die Migrationspolitik wird weiterhin von einer universalistisch-egalitären Moral und von deren Werten geprägt. Das ist selbst dann offensichtlich, wenn auf diese Werte nur implizit (wie im UN-Migrationspakt) Bezug genommen wird. Um ja keine Missverständnisse aufkommen zu lassen, werden »unsere Werte« aber im Regelfall explizit genannt, wenn etwa die EU-Kommission davon spricht, mit ihren Vorschlägen zum Migrations- und Asylpaket »die europäischen Werte in die Praxis umsetzen« zu wollen.[114]

Insofern ist die Migrations- und Asylpolitik aus einem Guss und man kann Deutschland und der EU zumindest nicht vorwerfen, etwas zu predigen, das sie nicht selbst tun würden. Sie bemühen sich vielmehr nach besten Kräften, mit gutem Beispiel voranzugehen und auf diese Weise andere Länder davon zu überzeugen, ihnen zu folgen. Das wichtigste Instrument zur weltweiten Propagierung der Politik der Willkommenskultur ist zweifelsohne der UN-Migrationspakt, welcher, wie der Philosoph und Politikwissenschaftler Lothar Fritze schreibt, »ein Mittel zur Durchsetzung kosmopolitischer und moralisch-universalistischer Bestrebungen« ist.[115] Ob sich alle Staaten, die diesen Pakt unterzeichnet haben, dazu bewegen lassen, dem deutschen bzw. europäischen Beispiel zu folgen und die Regelungen des Paktes tatsächlich umzusetzen, darf angesichts der mit der propagierten Migrationspolitik verbundenen und nur zu offensichtlichen Probleme bezweifelt werden.

Kapitel 6: Die feministische Außenpolitik

Einen neuen Höhepunkt hat die deutsche Werteaußenpolitik 2023 mit der offiziellen Etablierung der »feministischen Außenpolitik« erreicht. Sie ist, wie wir sehen werden, mehr als nur ein weiteres Beispiel dafür, wie man andere Länder von den deutschen Werten überzeugen will, indem man mit gutem Beispiel vorangeht.

Die feministische Außenpolitik wurde 2021 im Koalitionsvertrag von SPD, Grünen und FDP vereinbart, welcher (auf gut Neuhochdeutsch) eine »Feminist Foreign Policy« als Regierungsziel nennt.[116] Dieses Vorhaben wurde von Annalena Baerbock umgehend in Angriff genommen. Das Ergebnis der Anstrengungen von ihr und von Mitstreiterinnen wie Kristina Lunz, der Leiterin des Berliner »Zentrums für feministische Außenpolitik«, ist in den im März 2023 veröffentlichten »Leitlinien des Auswärtigen Amtes: Feministische Außenpolitik gestalten« nachzulesen.[117]

Deutschland ist nicht das einzige Land, das eine feministische Außenpolitik betreiben will. Im Jahr 2014 machte Schweden damit den Anfang und seither haben eine Handvoll weitere Länder Schritte in dieser Richtung unternommen.[118] Bemerkenswert dabei ist, dass in keinem Fall eine auch nur halbwegs präzise Definition davon, was eigentlich »feministische Außenpolitik« ist, formuliert wurde. Das Auswärtige Amt macht keine Ausnahme und bleibt ebenso vage und ungefähr.

Obwohl deshalb nicht wirklich klar ist, was genau das Auswärtige Amt unter feministischer Außenpolitik versteht, so ist immerhin deren Grundtenor klar: Sie ist »wertegeleitet« und sie wird betrieben, »weil sie unseren Werten entspricht«.[119] Angeblich würde sie auch »im Interesse unseres Landes« liegen. Aber auf diese einmalige Erwähnung der deutschen Interessen folgt, wie könnte es auch anders sein, sofort eine Einschränkung und Richtigstellung: »Wir machen sie auch für die vielen engagierten Frauen, die sich überall auf der Welt für Gleichstellung und Teilhabe, Gerechtigkeit und Frieden einsetzen.«[120] Offensichtlich »machen wir« diese Politik also nicht im Interesse der Bürger dieses Landes, sondern vor allem im Interesse der Geknechteten, Diskriminierten und Unterdrückten auf der ganzen Welt – ein Ziel, das ebenso hehr wie unrealistisch ist. Gerechtfertigt wird dieses Vorgehen wie folgt: »Denn nur wo Frauen und marginalisierte Gruppen sicher sind, sind alle sicher.«[121] Dieses Argument ist so abgedroschen und so offensichtlich falsch, dass es nicht einmal den Namen »Argument« verdient.

Was genau aber soll mit der feministischen Außenpolitik erreicht werden? Ein unvoreingenommener Betrachter könnte auf die Idee kommen, dass es dabei um die Gleichberechtigung von Frauen und Männern gehen würde. Dies gehört zwar zur feministischen Außenpolitik, ist aber längst nicht alles. Die »Gleichstellung der Geschlechter weltweit« ist nur eines der Ziele feministischer Außenpolitik. Darüber hinaus geht es um »eine gerechte Teilhabe und Gleichstellung aller Menschen weltweit«, insbesondere von »marginalisierten Gruppen«.[122]

> »Feministische Außenpolitik dient dabei allen Menschen, einschließlich derjenigen, die aufgrund von Geschlechtsidentität, Herkunft, Religion, Behinderung, sexueller Orientierung oder anderen Merkmalen marginalisiert werden, häufig in mehrfacher Weise.«[123]

Zu diesen »marginalisierten Gruppen« zählen auch und vor allem »LSBTIQ*-Personen«.[124] Dieses Akronym wird vom Auswärtigen Amt als allgemein bekannt vorausgesetzt und nirgends erläutert. Dies sei hier nachgeholt: **l**esbisch, **s**chwul, **b**isexuell, **t**ranssexuell, **i**ntergeschlechtlich, **q**ueer; das Sternchen steht als

Platzhalter für mögliche weitere, erst noch zu erfindende Geschlechter oder sexuelle Identitäten. Wahrscheinlich mit Rücksicht auf all diese neuen Geschlechter und Identitäten hat man es bewusst vermieden, von zwei Geschlechtern oder von Männern und Frauen zu sprechen. Schließlich sollen ja auch alle anderen »Geschlechter« einbezogen werden.

Auf welche Weise die Ziele der feministischen Außenpolitik erreicht werden sollen, wird anhand von zehn »Leitlinien« erläutert, von denen sechs das eigentliche außenpolitische Handeln und vier die Arbeitsweise im Auswärtigen Dienst betreffen. Grundsätzlich gilt, dass ein »feministischer Reflex« ausgebildet werden soll. Darunter ist zu verstehen, dass diese zehn Leitlinien die gesamte Außenpolitik kennzeichnen sollen – und zwar nicht nur insoweit sie vom Auswärtigen Amt betrieben wird, sondern auch insoweit andere Ministerien involviert sind. Genannt werden neben dem Ministerium für wirtschaftliche Zusammenarbeit und Entwicklung das Familien-, das Wirtschafts- und Klimaschutz- sowie das Verteidigungsministerium.[125] Zwischen den verschiedenen Leitlinien gibt es nicht nur zahlreiche Überschneidungen, sondern es besteht in vielen Fällen auch Unklarheit darüber, was Zweck und was Mittel ist. Außerdem erscheint die Trennung zwischen außenpolitischem Handeln einerseits (Leitlinien 1 bis 6) und der Arbeitsweise des Auswärtigen Amts andererseits (Leitlinien 7 bis 10) häufig willkürlich und nicht nachvollziehbar.

Dennoch lassen sich aus dem Wirrwarr von Platitüden, Parolen und schönen Worten einige bemerkenswerte Inhalte herauslesen. So soll »gefährdeten Personengruppen« Schutz geboten werden.[126] Es wird weder definiert, was unter »gefährdet« zu verstehen ist, noch auf welche Weise Schutz geboten werden soll. Mutmaßlich kann damit auch eine weitere Vermehrung der anzuerkennenden Asylgründe gerechtfertigt und so die Zuwanderung noch stärker erleichtert werden.

Sehr erstaunlich ist auch, dass selbst die Rüstungskontroll- und Rüstungsexportpolitik, ebenso die Klima- und die Energiepolitik »gendersensibel« bzw. feministisch betrieben werden sollen.[127] Sind bestimmte Waffen etwa für Frauen (oder für Angehörige irgendeiner der »marginalisierten Personengruppen«) tödlicher als für Männer? Und leiden Erstere unter Hitzewellen oder Überschwemmungen mehr als Letztere? Vollkommen durchdacht und schlüssig erscheinen diese Ansätze jedenfalls nicht – vor allem deshalb nicht, weil nicht klar wird, was konkret für diese Politikbereiche folgt. Fast keiner Erwähnung bedarf es, dass die eigene Geschichte »selbstkritisch« reflektiert und auf eine politisch korrekte Sprache geachtet werden muss.[128]

Ob sich die Bundesrepublik mit einer solchen Politik international Anerkennung verschaffen oder nur belächelt werden wird, wird sich zeigen. Aus außenpolitischer Sicht problematischer sind aber andere Maßnahmen, die eine unmittelbare Außenwirkung entfalten und geeignet sind, außenpolitische Irritationen hervorzurufen, ja vielleicht sogar den außenpolitischen Einfluss und Handlungsspielraum Deutschlands zu schmälern. So sollen die Projektmittel im Haushalt des Auswärtigen Amtes, die sich 2023 auf 5,5 Milliarden Euro bei einem Gesamthaushalt von 7,5 Milliarden Euro beliefen, bis 2025 im Rahmen einer Strategie des »Gender Budgeting« zu 85 Prozent »gendersensibel« und zu acht Prozent »gendertransformativ« eingesetzt werden.[129] Abgesehen davon, dass nicht klar ist, was diese Schlagworte genau bedeuten, und noch viel weniger, worin der Unterschied zwischen ihnen besteht, erschließt sich auch nicht, wie die genannten Prozentsätze zustande kommen. Welche konkreten Folgen das »Gender Budgeting« haben kann und soll, erläuterte Annalena Baerbock höchstpersönlich an einem offenbar ernst gemeinten Beispiel: Vom Auswärtigen Amt in Nigeria geförderte Sanitäranlagen sollten nicht am Dorfrand, wo die mögliche Geruchsbelästigung am geringsten wäre, sondern in der Dorfmitte errichtet werden, damit sie von Frauen schneller und gefahrloser erreicht werden könnten. Mit anderen Worten: »Deutschland erklärt den Afrikanern künftig, wo sie ihre Toiletten zu bauen haben.«[130] Dass dieser »Klo-Kolonialismus« bei den derart bevormundeten Ländern auf besonders viel Gegenliebe stoßen wird, ist zu bezweifeln – ebenso, dass man durch ein solches Vorgehen Freunde gewinnen wird.

Ebenfalls auf Unverständnis, wahrscheinlich sogar auf Widerstand und Protest, wird es stoßen, wenn im Ausland die Rechte von LSBTIQ*-Personen von Deutschland »angemahnt« werden.[131]

Besonders problematisch für das außenpolitische Auftreten Deutschlands sind aber die folgenden zwei Vorhaben: Im Mittelpunkt des ersten steht das Ziel der »Parität«. So wird bei den Reisen der Außenministerin angestrebt, dass »bei den begleitenden Delegationen aus Wirtschaft, Zivilgesellschaft und Politik (…) Parität« herrscht.[132] Abgesehen davon, dass unklar ist, ob Parität zwischen Männern und Frauen oder vielleicht sogar Parität zwischen den Vertretern aller möglichen marginalisierten Gruppen hergestellt werden soll, dürften es die ausländischen Gesprächspartner der Außenministerin mit Verwunderung zur Kenntnis nehmen, wenn sich deren Begleitung nicht durch Kompetenz und Sachverstand, sondern durch Parität auszeichnet. Noch schulmeisterhafter ist es, wenn für Veranstaltungen im In- und Ausland ein »Parity Pledge« abgegeben wird.[133] Das bedeutet nicht nur, dass das Auswärtige Amt nur paritätisch besetzte Delegationen zu Veranstaltungen entsenden wird, sondern auch, dass man auf die Teilnahme an Veranstaltungen verzichten wird, bei denen die Veranstalter von den Teilnehmerländern keine Parität verlangen. Ob man angesichts dieser Attitüde die Deutschen sehr vermissen wird, ist mehr als fraglich. Nicht fraglich ist dagegen, dass Deutschland auf diese Weise freiwillig und ohne Not auf einen Teil seiner Möglichkeiten verzichten wird, außenpolitischen Einfluss auszuüben und an der weltpolitischen Willensbildung mitzuwirken. Andere Länder werden nur zu gerne in diese Lücke stoßen.

Auch die reformierte Personalpolitik des Auswärtigen Amtes hat es in sich. Zum einen soll eine »Botschafterin für feministische Außenpolitik« (warum eigentlich kein Botschafter?) ernannt werden, der ein »Stab ›feministische Außenpolitik‹« zugeordnet werden soll.[134] Das wird sehr viel Geld kosten, was aber gerne ausgegeben wird, weil man so allen Mitarbeitern unmissverständlich klarmachen kann, woher jetzt der Wind weht und wo jetzt die Prioritäten liegen. Zum anderen soll für »Gleichstellung, Diversität und Inklusion« durch eine entsprechende Einstellungs- und Beförderungspraxis gesorgt werden.[135] Außerdem müssen neu einzustellende Mitarbeiter über »Gleichstellungs- und Diversitätskompetenz« verfügen, Führungskräfte intensive »Anti-Bias-Schulungen« und Schulungen »in Fragen der Gleichstellung und Diversität« durchlaufen.[136] Früher galt das Einstellungsverfahren für den höheren Auswärtigen Dienst als das anspruchsvollste und renommierteste im öffentlichen Dienst überhaupt. Unter anderem wurden Sprachkenntnisse, Allgemeinbildung und Geschichtskenntnisse gründlich geprüft und nur hoch qualifizierte Bewerber kamen zum Zug. 1987 habe ich selbst dieses Auswahlverfahren erfolgreich durchlaufen, bevor ich mich doch für eine akademische Karriere entschieden habe. Angesichts des aktuellen Anforderungsprofils bezweifle ich, dass ich heute als weißer, männlicher, heterosexueller Deutscher ohne Migrationshintergrund gegenüber einer schwarzen, muslimischen, homosexuellen Transfrau auch nur die geringste Chance hätte – und zwar vollkommen unabhängig von der Qualifikation. Aber dass heute Herkunft, Geschlecht und sexuelle Orientierung offenbar wichtiger als Kompetenz und fachliche Eignung sind, ist angesichts der nicht wirklich überzeugenden Qualifikation unserer Außenministerin unschwer nachvollziehbar. Niemand will sich schließlich ständig die eigene Inkompetenz durch die hohe Kompetenz seiner Mitarbeiter vor Augen führen lassen.

Auf diese Weise wird nicht nur so manchem geeignetem Bewerber der Zugang zu einer Karriere im Auswärtigen Amt versperrt – es wird auch die Qualität des Personals und damit natürlich auch die Qualität der deutschen Außenpolitik leiden. Auf dem internationalen Parkett wird es in Zukunft öfter etwas zu lachen geben, denn die Fauxpas von Frau Baerbock (man denke nur an ihre Aufforderung, Putin möge sich »um 360 Grad« drehen!) werden keine Einzelfälle mehr bleiben. Als ob das nicht schon schlimm genug wäre, drohen außerdem über kurz oder lang handfeste Nachteile für Deutschland, wenn bei unseren Repräsentanten im Ausland und bei den inländischen Mitarbeitern des Auswärtigen Amts Quote vor Qualität geht. Im Interesse Deutschlands ist dies alles gewiss nicht – aber Hauptsache, Vielfalt, Inklusion und Integration werden gefördert.

Um nicht missverstanden zu werden: Selbstverständlich sollen Frauen und Männer gleichberechtigt sein und selbstverständlich soll niemand wegen seines Geschlechts oder seiner sexuellen Orientierung benachteiligt werden. Aber in einem freiheitlichen Staat kann dies nur Chancengleichheit bedeuten – und niemals Ergebnisgleichheit. Denn diese ist mit Rechtsstaat und Freiheit unvereinbar, worauf vor allem der Philosoph und Ökonom Friedrich August von Hayek eindringlich hingewiesen hat:

> »Eine notwendige und nur scheinbar paradoxe Schlussfolgerung aus dem Vorstehenden ist, dass die formale Gleichheit vor dem Gesetz sich im Widerstreit befindet, ja unvereinbar ist mit einer Politik, die bewusst die materielle oder substantielle Gleichheit verschiedener Individuen anstrebt, und dass irgendeine Politik, die sich direkt das substantielle Ideal der Verteilungsgerechtigkeit zum Ziel setzt, zur Zerstörung des Rechtsstaates führen muss. Wenn man verschiedene Individuen in dieselbe Lage bringen will, so muss man sie notwen-

> digerweise verschieden behandeln. Verschiedenen Individuen dieselben objektiven Lebensbedingungen verschaffen, heißt nicht, dass man jedem einzelnen genau die gleichen Chancen gibt.«[137]

Es ist mehr als offensichtlich, dass es dem Auswärtigen Amt mit seiner feministischen Außenpolitik eben nicht nur um Chancengleichheit, sondern um Ergebnisgleichheit geht. Das gilt vor allem (aber nicht nur) für deren personalpolitische Komponente. Denn es wird ausdrücklich angestrebt, »auf allen Hierarchieebenen Parität zu erreichen.«[138] In die gleiche Richtung geht das Vorhaben, »Angehörige unterrepräsentierter Gruppen« gezielt anzuwerben und zu unterstützen.[139]

Man sollte sich nichts vormachen: So naiv, ja so lächerlich, wie die feministische Außenpolitik auch auf den ersten Blick wirken mag – sie ist weit mehr als ein PR-Manöver oder nur Fassade. Mit ihr wird vielmehr der deutschen Außenpolitik bewusst und nachdrücklich eine neue Richtung gegeben. Der traditionelle Fokus, der auf Wirtschaft und Sicherheit lag, wird ersetzt durch die Konzentration auf Werte und Moral. Dieser Wandel ist zwar schon seit einigen Jahren im Gang, wird aber nun sozusagen offiziell gemacht, indem die neuen Prioritäten in die Form von politischen Leitlinien gegossen werden – und indem durch eine entsprechende Personalpolitik dieser Wandel institutionell abgesichert und auf Dauer in den organisatorischen Strukturen des Auswärtigen Amtes und in den Köpfen der Mitarbeiter verankert wird.

Die feministische Außenpolitik verkörpert wie kaum ein anderer Politikbereich die universalistisch-egalitäre Ideologie der herrschenden Elite und deren Moralismus. Um »unsere Werte« im Ausland zu propagieren, werden die deutschen Interessen aufgeopfert und es wird in Kauf genommen, dass man durch sein anmaßendes und schulmeisterhaftes Verhalten andere Länder verärgert und so selbst an internationalem Ansehen und Einfluss verliert. Die feministische Außenpolitik ist so typisch für den politischen Moralismus, dass sie besser »moralistische Außenpolitik« genannt werden sollte.

Kapitel 7: Außenwirtschaftspolitik

Mit der Außenwirtschaftspolitik begeben wir uns auf das Gebiet der Werteaußenpolitik mit ökonomischen Anreizen. Diese spielen vor allem bei der Rüstungsexportkontrolle, beim Abschluss von Freihandelsabkommen und bei der Förderung von Exporten eine große Rolle. In allen Fällen lässt sich eine zunehmende Moralisierung der deutschen Außenwirtschaftspolitik beobachten.

Rüstungsexportkontrolle

Wie in Kapitel 3 erwähnt, erfolgte in Deutschland die Rüstungsexportpolitik schon immer gemäß moralischen Prinzipien – auch zu Lasten der wirtschaftlichen Interessen der Rüstungsindustrie. Seit der Wiederbewaffnung Deutschlands und dem Wiederaufbau der deutschen Rüstungsindustrie ist es Konsens gewesen, dass Rüstungsexporte sehr restriktiv zu handhaben sind – so restriktiv, dass die Kontrolle von Kriegswaffenexporten sogar Verfassungsrang hat (Artikel 26 Absatz 2 Grundgesetz).[140] Wie diese Kontrolle aussieht, ist zunächst im Kriegswaffenkontrollgesetz geregelt. Grundsätzlich dürfen Exporte nicht genehmigt werden, wenn »die Gefahr besteht, dass die Kriegswaffen bei einer friedensstörenden Handlung, insbesondere bei einem Angriffskrieg, verwendet werden«, oder wenn durch eine Genehmigung »die völkerrechtlichen Verpflichtungen der Bundesrepublik« verletzt werden können (§ 6 Absatz 3 Kriegswaffenkontrollgesetz).

Das Außenwirtschaftsgesetz gilt für den gesamten Wirtschaftsverkehr mit dem Ausland und damit – im Gegensatz zum Kriegswaffenkontrollgesetz mit seinen speziellen Regeln – nicht nur für Kriegswaffen, sondern auch für sonstige Rüstungsgüter und die sogenannten »Dual Use«-Güter. Gemäß dem Außenwirtschaftsgesetz *kann* der Export verboten werden, insbesondere wenn er im Widerspruch zu »wesentlichen Sicherheitsinteressen der Bundesrepublik Deutschland« steht, »das friedliche Zusammenleben der Völker« oder »die öffentliche Ordnung und Sicherheit« in Deutschland oder der EU stören kann, eine »erhebliche Störung der auswärtigen Beziehungen« verursachen kann – und um Wirtschaftssanktionen umzusetzen (§ 4 Absätze 1 und 2 Außenwirtschaftsgesetz). Grundsätzlich ist aber eine Exportgenehmigung zu erteilen, wenn dadurch die genannten Kriterien »nicht oder nur unwesentlich« gefährdet werden (§ 8 Absatz 1 Außenwirtschaftsgesetz). Dies gilt auch für den Export von Rüstungsgütern.

Die nicht unerheblichen Ermessensspielräume, die sowohl das Kriegswaffenkontrollgesetz als auch das Außenwirtschaftsgesetz lässt, werden durch die Regelungen der »Politischen Grundsätze der Bundesregierung für den Export von Kriegswaffen und sonstigen Rüstungsgütern« ausgefüllt.[141] Diese Grundsätze wurden erstmals im Januar 2000 von der damaligen rot-grünen Bundesregierung formuliert und seitdem in Teilen verschärft. Sie gelten nicht nur für Kriegswaffen, sondern auch für andere Rüstungsgüter und »Dual Use«-Güter. Gemäß diesen Grundsätzen werden nur Ausfuhren in EU- und NATO-Länder oder in NATO-Ländern gleichgestellte Länder (Australien, Neuseeland, Japan, Schweiz) nicht beschränkt. Exporte in andere Staaten werden dagegen »restriktiv gehandhabt«.[142] Prinzipiell erfolgt keine Genehmigung – es sei denn, dies liegt im außen- und sicherheitspolitischen Interesse der Bundesrepublik, es handelt sich nicht um Krisengebiete und es kommt im Empfängerland nicht zu systematischen Menschenrechtsverletzungen. In jedem Fall ist vertraglich sicherzustellen, dass die gelieferten Rüstungsgüter im Empfängerland verbleiben und nur mit Genehmigung der Bundesregierung reexportiert werden können.

Die Bundesregierung bezieht sich bei ihren »Politischen Grundsätzen« explizit auf den »Gemeinsamen Standpunkt« des Europäischen Rats aus dem Jahr 2008.[143] Dieser stellt eine Fortentwicklung des Verhaltenskodex der EU für Waffenexporte von 1998 dar und soll gewährleisten, dass alle Mitgliedstaaten bestimmte Mindeststandards beim Rüstungsexport einhalten. Der »Gemeinsame Standpunkt« enthält verschiedene Kriterien (z. B. Achtung der Menschenrechte und des Völkerrechts im Empfängerland), anhand derer über die Rüstungsexporte in Drittstaaten zu entscheiden ist. Im Einzelfall gehen die Regelungen der »Politischen Grundsätze« der deutschen Bundesregierung allerdings deutlich über die des »Gemeinsamen Standpunkts« hinaus. Beispielsweise ist gemäß Artikel 2 Absatz 2 des »Gemeinsamen Standpunktes« mit Bezug auf die Einhaltung der Menschenrechte eine Ausfuhrgenehmigung dann zu versagen, »wenn eindeutig das Risiko besteht, dass die Militärtechnologie oder die Militärgüter, die zur Ausfuhr bestimmt sind, zur internen Repression benutzt werden könnten«.[144] Die »Politischen Grundsätze« der Bundesregierung sind wesentlich strenger, da es für die Verweigerung einer Exporterlaubnis schon ausreicht, »wenn hinreichender Verdacht besteht, dass diese zur internen Repression im Sinne des ›Gemeinsamen Standpunkts‹ oder zu sonstigen fortdauernden und systematischen Menschenrechtsverletzungen missbraucht werden.«[145]

Damit unterwirft Deutschland seine Rüstungsindustrie Exportvorschriften, die schärfer als die ohnehin im internationalen Vergleich sehr strengen EU-Vorgaben sind. Dadurch soll offenbar der besondere moralische Anspruch der deutschen Politik unter Beweis gestellt werden. Dieser Anspruch ist im Lauf der letzten Jahrzehnte immer mehr gestiegen und hat zu einer immer stärkeren Verschärfung der schon von jeher restriktiven Exportkontrollpolitik geführt. Dass mit dem Überbieten der EU-Vorgaben ein klarer Wettbewerbsnachteil der deutschen

Rüstungsindustrie auf dem Weltmarkt gegenüber der europäischen Konkurrenz einhergeht, wird gern in Kauf genommen – ganz zu schweigen von dem Wettbewerbsnachteil gegenüber der internationalen Konkurrenz, der schon immer sehr groß war und jetzt noch weiter zugenommen hat. Besonders problematisch ist dabei, dass sich der Sonderweg Deutschlands auch auf die Rüstungskooperation innerhalb der EU auswirkt. Da gemeinsam entwickelte und produzierte Rüstungsgüter nur bei Zustimmung aller beteiligten Länder in Drittstaaten exportiert werden können, ist es Deutschland, welches als moralischster Partner den Ton angibt. Darin kann man durchaus den Versuch sehen, andere EU-Mitgliedstaaten zur Übernahme der eigenen, besonders moralischen Grundsätze zu bewegen. Die Teilnahme Deutschlands an gemeinsamen Rüstungsprojekten würde dann die »Belohnung« für ein entsprechendes Verhalten darstellen. Aber dieser Schuss dürfte nach hinten losgehen. Denn eine Beteiligung Deutschlands wird zunehmend nicht als Vorteil, sondern als Nachteil betrachtet. Durch seine Politik gefährdet Deutschland gemeinsame europäische Rüstungsprojekte und verärgert europäische Partner. Die Unsicherheit, ob eine Ausfuhrerlaubnis von Deutschland für gemeinsam entwickelte bzw. produzierte Waffen erhalten werden kann, führt immer öfter dazu, dass sich europäische Rüstungsunternehmen für eine »German-free«-Strategie entscheiden, um sich dem Risiko eines Versagens des Plazets aus Deutschland nicht aussetzen zu müssen.[146]

Damit besteht die große Gefahr, dass sich Deutschland von gemeinsamen Rüstungsprojekten selbst ausschließt und so vor allem die eigene, aber letztlich auch die gesamte europäische Rüstungsindustrie gefährdet – und zwar ohne dass sich dadurch am weltweiten Waffenhandel das Geringste ändern würde. Die europäischen Konkurrenten, aber auch die Konkurrenz aus Ländern wie den USA, dem Vereinigten Königreich, Russland oder

China, die entweder gar keinen oder doch nur verhältnismäßig laxen Exportkontrollen unterliegt, werden die von Deutschland auf dem Weltmarkt hinterlassene Lücke gerne ausfüllen.

Freihandelsabkommen

Auch bei den Freihandelsabkommen macht sich die zunehmende Moralisierung der deutschen bzw. der europäischen Außenwirtschaftspolitik deutlich bemerkbar. Standen früher, bei den vor 2006 geschlossenen »Abkommen der ersten Generation«, der Abbau von Zöllen und die dadurch ermöglichte Erhöhung der aus dem internationalen Güteraustausch resultierenden Wohlfahrtsgewinne im Vordergrund, so ist heute der Fokus ein anderer.[147]

In der neuen Handelsstrategie der EU geht es nicht nur um wirtschaftlichen Wohlstand, sondern durch Freihandelsabkommen sollen auch und vor allem »soziale Gerechtigkeit und ökologische Nachhaltigkeit« gefördert und »Umweltstandards weltweit« angehoben werden.[148] Viele Handelspartner der EU sehen das freilich anders und betrachten »Themen wie Umweltzerstörung, Klimawandel oder menschenwürdige Arbeit als Tabu«.[149] Diese unterschiedlichen Ansichten erschweren nicht nur den Abschluss von Freihandelsabkommen, sondern tragen auch wesentlich zu den seit Jahren zu beobachtenden Dysfunktionalitäten in der Welthandelsorganisation (WTO) bei.

Handelspolitik im Allgemeinen und der Abschluss von Freihandelsabkommen im Besonderen fallen in die Zuständigkeit der EU. Es kann jedoch kein Zweifel daran bestehen, dass der Paradigmenwechsel in der Handelspolitik wesentlich auf deutsche Anstrengungen in diese Richtung zurückgeht. Nicht zuletzt der Koalitionsvertrag der Ampel-Regierung macht dies deutlich: Freihandel soll »auf Grundlage von fairen sozialen, ökologischen und menschenrechtlichen Standards« gestärkt werden – und nicht etwa auf der Grundlage von Kostenvorteilen und Wohlfahrtsgewinnen. Die WTO soll an dem »Pariser Klimavertrag sowie den Globalen Nachhaltigkeitszielen« ausgerichtet werden. Die neue EU-Handelsstrategie wird nachdrücklich unterstützt und künftige Freihandelsabkommen sollen »effektive Nachhaltigkeitsstandards« beinhalten.[150] Es überrascht nicht, dass es im Europäischen Parlament gerade die deutschen Parlamentarier und unter diesen insbesondere die der Grünen sind, die am eifrigsten auf die Einbeziehung sozialer und ökologischer Elemente in die Freihandelsabkommen der EU hinwirken und den Abschluss derselben dann hintertreiben, wenn sie ihre Maximalforderungen nicht durchsetzen können.

Nicht ausschließlich, aber zu einem beträchtlichen Teil geht es auf ihr Konto, dass das Transatlantische Freihandelsabkommen zwischen den USA und der EU (TTIP) seit 2016 auf Eis liegt. Kritiker desselben bemängeln neben den Regelungen zum Investorenschutz und zur Schiedsgerichtsbarkeit auch angebliche negative Auswirkungen von TTIP auf Umwelt-, Klima-, Tier- und Verbraucherschutz sowie auf Arbeitnehmerrechte. Exemplarisch sei hier die Sorge wegen des berühmt-berüchtigten »Chlor-Hühnchens« genannt. Dass von diesem keine Gesundheitsgefahren für Verbraucher ausgehen, ist zwar unumstritten. Aber die in den USA übliche Desinfektion frisch geschlachteter Hühner in gechlortem Wasser würde, so die Kritik, angeblich zu geringeren Hygienestandards in den Ställen führen.[151] Offensichtlich wird eines der Hauptziele von TTIP, die gegenseitige Anerkennung von Produkt- und anderen Standards, von diesen Kritikern abgelehnt. Stattdessen versuchen sie, die USA zur Übernahme der – vermeintlich besseren – europäischen Standards zu bewegen.[152] Diese Haltung gegenüber dem wichtigsten Handelspartner der EU kann nicht anders als anmaßend, naiv und verantwortungslos bezeichnet werden.

In jüngster Zeit steht besonders das Mercosur-Abkommen im Fokus der politischen Moralisten. Dieses Abkommen wird seit über 20 Jahren zwischen der EU und den nunmehr sechs Mercosur-Staaten – Argentinien, Bolivien, Brasilien, Paraguay, Uruguay und Venezuela – verhandelt. Nachdem die Verhandlungen abgeschlossen waren und das Abkommen zur Ratifizierung anstand, verlangte die EU 2023 – trotz bereits bestehender Regelungen zum Umweltschutz – die Einbeziehung einer Zusatzerklärung, mit der dem Umweltschutz und den Menschenrechten noch stärker Rechnung getragen werden soll.[153] Im Mittelpunkt dieser Zusatzerklärung steht der Schutz des tropischen Regenwaldes und der Lebensgrundlagen der indigenen Völker, den Kritiker im Vertragstext nicht ausreichend berücksichtigt sehen.[154] Die Mercosur-Länder reagierten empört und betrachteten die europäische Forderung als einen Angriff auf ihre Souveränität. Da man sich bislang nicht einigen konnte, liegt auch dieses Abkommen – genau wie TTIP – bis heute auf Eis. Seine Ratifizierung erscheint zunehmend fraglich. Wie gewohnt traten Deutschland und die EU als Oberlehrer auf und müssen sich Vorwürfe des Neokolonialismus gefallen lassen.[155]

Wie im Fall von TTIP manövriert sich die EU damit ins handelspolitische Abseits und schadet sich selbst. Die Mercosur-Staaten sind nicht nur Abnehmer europäischer Produkte, sondern auch Lieferanten von Agrarerzeugnissen und wichtigen Rohstoffen. Der lachende Dritte in dem Streit zwischen der EU und den Mercosur-Ländern ist China. Das Land hat seine wirtschaftlichen Beziehungen zu diesen südamerikanischen Staaten in den letzten zehn Jahren intensiviert und erschließt sich diese als Absatzmarkt und Rohstoffquelle. Abzulesen ist das unter anderem an der Zunahme des Handelsvolumens zwischen 2012 und 2022 um fast 95 Prozent.[156] Wenn die EU weiter zögert, wird sie endgültig ins Hintertreffen geraten.

Es ist nicht übertrieben, wenn man eine der Hauptursachen der aktuellen handelspolitischen Konflikte im politischen Moralismus sieht. Deutschland und Europa versuchen, »unsere

Werte« und damit auch unsere Umwelt- und Sozialstandards weltweit durchzusetzen. Um andere Länder von denselben zu überzeugen, wird ihnen der Abschluss von Freihandelsabkommen als »Belohnung« in Aussicht gestellt. Dabei wird allerdings verkannt, dass *erstens* Europa nicht mehr der Nabel der Welt ist und die Handelspartner Europas durchaus Alternativen haben – nämlich vor allem in Gestalt von China und den USA; dass *zweitens* bei einem Scheitern von Freihandelsabkommen nicht nur unseren Handelspartnern, sondern auch uns selbst die andernfalls möglichen Wohlfahrtsgewinne entgehen; und dass es *drittens* aus geopolitischen Gründen dringend geboten ist, unsere Handelsbeziehungen zu diversifizieren und so einseitige Abhängigkeiten, insbesondere von China, zu vermeiden bzw. zu beseitigen.

> »Damit das gelingt, darf die Politik nicht nur der Agenda der Zivilgesellschaft folgen und Freihandelsabkommen als Instrument sehen, um unsere Werte in Sachen Menschenrechte und Nachhaltigkeit zu exportieren. Mit dem moralischen Zeigefinger wird es nichts mit unverzichtbaren Abkommen, allein schon, weil sich die potenziellen Partner dem hohen EU-Standard widersetzen. Realpolitik ist angesagt. Die EU muss einsehen: Gegenüber großen Schwellenländern sind wir nicht mehr stark genug, um als Oberlehrer aufzutreten.«[157]

Diesen erfreulich klaren Worten des Außenhandelsexperten Jürgen Matthes vom Institut der deutschen Wirtschaft ist nichts hinzuzufügen.

Exportförderung

Exporte sind ein wichtiger Teil des deutschen Wirtschaftsmodells und die Exportstärke der deutschen Wirtschaft hat wesentlich zu dem Wohlstand beigetragen, den die Bundesrepublik erreicht hat. Angesichts der großen Bedeutung der Exporte wurden diese schon immer staatlich gefördert. Eines der wichtigsten Instrumente hierfür sind die Exportdeckungen. 1949 beauftragte die damalige Bundesregierung den Kreditversicherer Euler Hermes mit der Abwicklung dieser Deckungen. Obwohl dieser Versicherer 2022 unter dem Namen Allianz Trade in den Allianz-Konzern integriert wurde, spricht man noch von Hermesbürgschaften bzw. Hermesgarantien oder, allgemeiner, von Hermesdeckungen.[158]

Staatliche Exportdeckungen werden deutschen Unternehmen für Geschäfte in risikoreichen Ländern gewährt, die am Kapitalmarkt entweder überhaupt nicht oder nur zu unwirtschaftlichen Konditionen abgesichert werden können. Soweit dies auf Kapitalmarktineffizienzen zurückzuführen ist, handelt es sich bei Exportdeckungen nicht um Subventionen, sondern um die Korrektur dieser Ineffizienzen. Es können sowohl politische als auch wirtschaftliche Risiken abgesichert werden. Da natürlich bevorzugt Geschäfte mit hohem Risiko abgedeckt werden sollen und die Risiken in Entwicklungs- und Schwellenländern generell höher als in Industrieländern sind, konzentrieren sich die Deckungszusagen auf die erstgenannte Ländergruppe. Im Jahr 2022 entfielen von einem Gesamtdeckungsvolumen in Höhe von 14,9 Milliarden Euro 82,8 Prozent auf Entwicklungs- bzw. Schwellenländer und 17,2 Prozent auf Industrieländer.[159]

Exportdeckungen sind für die deutschen Exporteure nicht kostenlos. Neben einer Antragsgebühr ist ein Entgelt für die eigentliche Absicherung zu entrichten, welches von Faktoren wie der Höhe der Deckungssumme, dem Grad des Risikos, der Laufzeit der Deckungszusage und der Höhe der Selbstbeteiligung abhängt. Grundsätzlich soll sich die Absicherung von Exportkrediten selbst tragen; das heißt, die erzielten Einnahmen sollen zur Finanzierung der im Deckungsfall notwendigen Auszahlungen dienen. Betrachtet man den Gesamtzeitraum seit 1949, so wurde dieses Ziel erreicht, ja sogar übertroffen, da sich zum 31. Dezember 2022 ein kumulierter positiver Gesamtsaldo von ungefähr 7,7 Milliarden Euro ergeben hat. 2022 konnte ein Überschuss von 413,0 Millionen Euro (2021: 464,6 Millionen Euro) erzielt werden.[160] Nicht zuletzt daran ist zu erkennen, dass es sich bei den Deckungszusagen um keine Subvention, sondern um die Korrektur von Marktunvollkommenheiten handelt.

Bei der Gestaltung der Konditionen ist Deutschland nicht unabhängig. Die Organisation für wirtschaftliche Zusammenarbeit und Entwicklung (OECD) hat Leitlinien für die Vergabe von öffentlich unterstützten Exportkrediten entwickelt.[161] Dieser OECD-Konsensus geht bis auf das Jahr 1978 zurück und wurde seitdem ständig weiterentwickelt.[162] Er soll einen fairen Wettbewerb unter den Exportnationen dadurch gewährleisten, dass die Konditionen für Exportkredite und deren Absicherung gewissen Beschränkungen unterworfen werden, die verhindern sollen, dass der Wettbewerb um Geschäftsabschlüsse nicht mit Preis und Qualität der angebotenen Güter, sondern mit Finanzierungskonditionen geführt wird. Für Projekte, die dem Umwelt- oder Klimaschutz dienen, sind gemäß dem OECD-Konsensus besonders günstige Bedingungen zulässig. Der OECD-Konsensus ist zwar prinzipiell unverbindlich, wurde aber von der EU durch die Verordnung 1233/2011 aus dem Jahr 2011 für alle EU-Mitgliedstaaten für verbindlich erklärt.[163]

Die Hermesdeckungen haben aus ökonomischer Sicht durchaus ihre Daseinsberechtigung. Eine Studie aus dem Jahr 2012 zeigt, dass im Jahr 2007 zwischen 0,39 und 0,45 Prozent aller deutschen Exporte durch diese Deckungen zustande gekommen sind. Das entspricht einem Beschäftigungseffekt von 62 000 bis 72 000 Arbeitsplätzen. Besonders kleine und mittlere Unternehmen konnten von dieser Form der Exportförderung profitieren.[164]

Es ist allerdings fraglich, ob schon damals das wachstumsfördernde Potential der Hermesdeckungen ausgeschöpft wurde. Noch viel fraglicher ist, ob es heute ausgeschöpft wird. Denn die Hermesdeckungen sind nicht mehr das, was sie einmal waren – und zwar schon seit etlichen Jahren nicht mehr. Im Bericht des Bundeswirtschaftsministeriums über Ausfuhrgarantien und Ausfuhrbürgschaften für das Jahr 1996 finden wir folgende Stellungnahme:

> »Die Ausfuhrgewährleistungen des Bundes bilden ein wichtiges Instrument der Exportförderung. Sie sind für die Exportwirtschaft sowohl zur Festigung bestehender Handelsbeziehungen als auch bei der Erschließung neuer Märkte gerade in den sich dynamisch entwickelnden Schwellenländern unverzichtbar. Die Deckungspolitik und das Deckungsinstrumentarium orientieren sich laufend an den Bedürfnissen der Exportwirtschaft.«[165]

In dem Bericht für das Jahr 2022 stehen die »Bedürfnisse der Exportwirtschaft« nicht mehr im Vordergrund. Stattdessen wird »der Beachtung von Umwelt- und Sozialstandards sowie der Einhaltung von Menschenrechten bei der Übernahme von Exportkreditgarantien eine besondere Beachtung« beigemessen.[166] Im Vordergrund steht dabei der Klimaschutz, der durch besonders günstige Konditionen für Geschäfte im Bereich der erneuerbaren Energien gefördert werden soll.[167] Diese Neuausrichtung der Exportkreditpolitik hat nicht erst mit der Ampel-Regierung, sondern schon in den 2000er-Jahren begonnen.

Ein solches Vorgehen steht im Einklang mit dem OECD-Konsensus, der, wie erwähnt, solche Vergünstigungen erlaubt.

Deutschland geht aber – wie könnte es auch anders sein? – deutlich darüber hinaus. Es werden nicht nur erneuerbare Energien besonders gefördert, sondern andere Energieträger tabuisiert und Geschäfte auf Grundlage derselben überhaupt nicht mehr abgedeckt. So werden seit 2014 keine Exporte zur Stromerzeugung mittels Kernenergie mehr gefördert; 2020 traf der Bannstrahl den Neubau und die Erweiterung von Kohlekraftwerken; und auch die meisten Geschäfte im Bereich der Erdöl- und Erdgasförderung sind seit Neuestem nicht mehr deckungsfähig.[168]

Diese Fokussierung auf den Klimaschutz wurde 2023 mit der Einführung der »Klimastrategie für die Exportkreditgarantien« fixiert.[169] In den zu dieser Strategie gehörenden »Sektorleitlinien« werden »rote Kategorien« von Projekten definiert, die von der Deckung ausgeschlossen sind.[170] Zu diesen Projekten gehören neben den bereits erwähnten Geschäften im Bereich der nicht erneuerbaren Energien auch diejenigen chemischen Anlagen, Eisen- bzw. Stahlwerke, Schiffe und Flugzeuge, deren Betrieb aus Sicht der Bundesregierung mit einem zu hohem Treibhausgasausstoß einhergeht.

Ziel der Bundesregierung ist es offensichtlich, die Abnehmer in anderen Ländern zum Kauf möglichst emissionsarmer Güter zu bewegen. Tun sie dies, winken als »Belohnung« günstige Finanzierungskonditionen in Form von staatlichen Deckungszusagen. Tun sie dies nicht, wird eine Deckung verweigert. In diesem Fall muss der deutsche Lieferant entweder einen höheren Preis zur Kompensation seines höheren Risikos oder zur Finanzierung einer privaten (und im Regelfall teureren) Kreditversicherung fordern oder, falls das Geschäft so risikoreich ist, dass beides nicht möglich ist, auf dasselbe verzichten.

Zweierlei dürfte klar sein: *Erstens* erleiden die deutschen Exporteure dadurch Wettbewerbsnachteile auf dem Weltmarkt gegenüber der Konkurrenz aus Ländern, die an die Förderfähigkeit ihrer Exporte keine oder weniger hohe Anforderungen stellen.

Dies geht mit Arbeitsplatzverlusten und Wachstumseinbußen einher, die zwar schwer zu beziffern, aber durchaus real sind. *Zweitens* werden die Bekehrungsversuche der deutschen Regierung höchstwahrscheinlich ins Leere laufen. Andere Länder werden nur allzu gerne dazu bereit sein, die Nachfrage nach den Gütern zu befriedigen, die Deutschland nicht liefern will.

Weniger offensichtlich, aber vielleicht langfristig noch problematischer, ist eine andere Konsequenz: Wenn, wie im Fall der Kernenergie, eine bestimmte Technologie nicht nur im Inland verbannt wird, sondern auch Exporte auf der Grundlage dieser Technologie erschwert werden, besteht die große Gefahr, dass das entsprechende Know-how in Deutschland verloren geht – ein Know-how, von dem man nicht wissen kann, ob man es noch einmal benötigen wird.

Deshalb schadet sich Deutschland mit seiner restriktiven Exportkreditpolitik nicht nur kurzfristig, sondern auch langfristig, indem es sich den Zugang zu wichtigen Technologien selbst verbaut und damit seine Stellung als führende Industrienation gefährdet.

Kapitel 8: Die Lieferkettengesetze

Die Lieferkettengesetze stellen ein neues Gebiet der Außenwirtschaftspolitik dar. Im Gegensatz zur traditionellen Außenwirtschaftspolitik, bei der Exporte im Mittelpunkt stehen, geht es hier vor allem um Importe – zumindest *de facto*, wenn auch nicht *de iure*.

Unter dem Begriff »Lieferkettengesetze« sollen drei verschiedene Normen zusammengefasst werden: das deutsche Lieferkettengesetz aus dem Jahr 2021, die kommende Sorgfaltspflichtenrichtlinie der EU, die auf einen Vorschlag der EU-Kommission aus dem Jahr 2022 zurückgeht, und die 2023 erlassene Entwaldungsverordnung der EU. Allen drei Regularien ist gemeinsam, dass die Adressaten einheimische Unternehmen sind, die bestimmte Sorgfaltspflichten erfüllen müssen; diese sollen der Durchsetzung von (aus Sicht der Initiatoren dieser Regularien) weltweit gültigen Standards dienen. Die Sorgfaltspflichten betreffen deshalb auch und vor allem die Aktivitäten deutscher bzw. europäischer Unternehmen in Drittstaaten, in denen sie entweder als Produzenten tätig sind oder aus denen sie Waren bzw. Vorleistungen beziehen. In jedem Fall richten sich die Sanktionen, die die Lieferkettengesetze bei Verstößen gegen diese Sorgfaltspflichten vorsehen, explizit nur gegen deutsche bzw. europäische Unternehmen. Allerdings haben die Sorgfaltspflichten, wie wir sehen werden, auch Auswirkungen in Drittstaaten, in denen diese Unternehmen tätig sind. Diese Auswirkungen können als positive oder als negative ökonomische Anreize interpretiert werden und sind dazu geeignet, das Verhalten der betreffenden Länder zu beeinflussen. Diese Verhaltensbeeinflussung ist auch das eigentliche Ziel aller drei Normen: Drittländer sollen durch ökonomische Belohnungen bzw. Bestrafungen dazu gebracht werden, sich den deutschen bzw. europäischen Vorstellungen gemäß zu verhalten – also »unsere Werte« umzusetzen. Zu diesem Zweck wird, mehr oder weniger direkt, wirtschaftlicher Druck auf diese Länder ausgeübt. Dies wird beispielsweise in der Begründung zum Entwurf der EU-Kommission für eine Sorgfaltspflichtenrichtlinie mit »Förderung einer nachhaltigen wirtschaftlichen, sozialen und ökologischen Entwicklung der Entwicklungsländer« umschrieben. In dieser Begründung wird explizit Bezug genommen auf »die grundlegenden Werte der Union«, die deren Handeln auch »auf internationaler Ebene leiten« sollen.[171] Von »unseren Werten« ist in den beiden anderen Regelwerken zwar nicht explizit die Rede. Aber auch so wird klar, dass es vor allem um diese Werte und ihre weltweite Durchsetzung geht. So zeigt sich die EU in der Begründung zur Entwaldungsverordnung »entschlossen, im Einklang mit der Charta der Grundrechte der Europäischen Union (…) weltweit eine ehrgeizige Umwelt- und Klimapolitik zu fördern und umzusetzen.«[172] Und auch die Bundesregierung beabsichtigt mit ihrem Lieferkettengesetz nichts weniger als »eine Verbesserung der weltweiten Menschenrechtslage«; daneben sollen auch »der Umweltschutz und die Korruptionsbekämpfung« weltweit gefördert werden.[173]

In den drei Regelwerken wird nicht ausdrücklich Bezug auf Drittländer genommen. *De iure* gelten die zu erfüllenden Sorgfaltspflichten für die weltweiten Aktivitäten der deutschen bzw. europäischen Unternehmen, also auch für deren Tätigkeit in Deutschland und den Mitgliedstaaten der EU. Aber da in Europa beispielsweise Sklaverei und Kinderarbeit nicht (oder zumindest nicht in nennenswertem Umfang) vorkommen und Menschenrechte und Umwelt schon effektiv durch andere Normen geschützt werden; da dem Klimaschutz durch umfangreiche Regularien sowohl auf nationaler als auch auf europäischer Ebene Rechnung getragen wird; und da es in Europa keine indigenen

Völker und kaum Primärwälder gibt – so ist offensichtlich, dass die Lieferkettengesetze *de facto* zuallererst den Verhältnissen in Drittländern, und zwar hauptsächlich in Entwicklungs- und Schwellenländern, gelten.

Wie sollen nun all diese hehren Ziele erreicht werden? Schauen wir uns die drei Regelwerke etwas näher an.

Das deutsche Lieferkettengesetz

Das deutsche »Gesetz über die unternehmerischen Sorgfaltspflichten in Lieferketten« vom 16. Juli 2021 gilt für in Deutschland tätige Unternehmen, die im Inland mindestens 1000 Arbeitnehmer beschäftigen (§ 1), und verpflichtet diese, »in ihren Lieferketten die (…) menschenrechtlichen und umweltbezogenen Sorgfaltspflichten in angemessener Weise zu beachten« (§ 3 Absatz 1). Die Lieferkette umfasst dabei »alle Schritte im In- und Ausland (…), angefangen von der Gewinnung der Rohstoffe bis zu der Lieferung an den Endkunden« (§ 2 Absatz 5). Die Sorgfaltspflicht der Unternehmen erstreckt sich deshalb nicht nur auf den eigenen Geschäftsbereich, sondern auch auf das Handeln unmittelbarer und mittelbarer Zulieferer (§ 2 Absatz 5). Im Fall der Letzteren gilt aber einschränkend, dass die Unternehmen nur dann tätig werden müssen, wenn sie eine »substantiierte Kenntnis« von Pflichtverletzungen haben (§ 9 Absatz 3). Die menschenrechtliche Sorgfaltspflicht bezieht sich unter anderem auf mögliche Verstöße gegen das Verbot von Kinderarbeit, das Verbot von Sklaverei oder das Verbot der Ungleichbehandlung der Arbeitnehmer; die umweltbezogene Sorgfaltspflicht betrifft beispielsweise mögliche Verstöße gegen das Verbot des nicht umweltgerechten Umgangs mit Abfällen oder das Verbot der umweltgefährdenden Behandlung von Quecksilberabfällen (§ 2 Absatz 2, 3). In der Anlage zum Lieferkettengesetz sind die 14 internationalen menschen- und umweltrechtlichen Übereinkommen aufgelistet, für deren Einhaltung die Unternehmen in ihren Lieferketten Sorge tragen müssen. Interessanterweise gilt dies auch insoweit, als sich diese Lieferketten in Ländern befinden, die die genannten Übereinkommen nicht ratifiziert bzw. nicht in nationales Recht umgesetzt haben (§ 7 Absatz 3). Das heißt, in Drittländern ist deutschen Unternehmen und deren Lieferanten selbst ein Geschäftsgebaren, das dort vollkommen legal ist, untersagt.

Das Lieferkettengesetz substantiiert die Sorgfaltspflicht wie folgt: Zunächst ist ein Risikomanagement einzurichten und eine Risikoanalyse durchzuführen (§§ 4, 5). Werden menschenrechtliche oder umweltbezogene Risiken festgestellt, so sind Präventivmaßnahmen zu ergreifen (§ 6). Ist es innerhalb der Lieferkette schon zu einem Verstoß gegen menschenrechts- oder umweltbezogene Pflichten gekommen, muss unverzüglich Abhilfe geschaffen werden (§ 7). Im Fall von Lieferanten kann das bis zum Abbruch der Geschäftsbeziehungen gehen (§ 7 Absatz 3). Selbstverständlich muss die Erfüllung der Sorgfaltspflicht ausführlich dokumentiert und darüber Bericht erstattet werden (§ 10). Verstöße gegen das Lieferkettengesetz stellen Ordnungswidrigkeiten dar, die mit Bußgeldern von bis zu acht Millionen Euro geahndet werden (§ 24).

Die europäische Sorgfaltspflichtenrichtlinie

Ein Vorschlag für eine europäische Sorgfaltspflichtenrichtlinie wurde von der EU-Kommission am 23. Februar 2022 unter dem Titel »Vorschlag für eine Richtlinie des Europäischen Parlaments und des Rates über die Sorgfaltspflichten von Unternehmen im Hinblick auf Nachhaltigkeit und zur Änderung der Richtlinie (EU) 2019/1937« vorgestellt.[174] Der Rat der EU und das EU-Parlament haben ihre jeweilige Position zu diesem Vorschlag am 1. Dezember 2022 bzw. am 1. Juni 2023 festgelegt. Auf dieser

Grundlage haben seither die Verhandlungen über den endgültigen Richtlinientext im »Trilog«-Format, also zwischen Kommission, Rat und Parlament, stattgefunden. Am 14. Dezember 2023 haben Europäischer Rat und Europäisches Parlament eine (vorläufige) Einigung über den Richtlinientext erzielt.[175] Dennoch fand sich bis Ende März 2024 keine Mehrheit im Rat für die endgültige Verabschiedung der Richtlinie. Ob es der belgischen Ratspräsidentschaft gelingt, bis zu den Wahlen zum europäischen Parlament im Juni 2024 die Bedenken der Mitgliedstaaten auszuräumen, erscheint fraglich.[176]

Es ist wenig überraschend, dass vor allem die Bundesregierung dieses Projekt vorangetrieben hat und noch weiter vorantreibt – insbesondere (aber nicht nur) im Rat der EU. Dies bekräftigte Bundesarbeitsminister Hubertus Heil am 1. Dezember 2022:

> »Ich begrüße sehr, dass sich die EU-Mitgliedstaaten heute für ein ambitioniertes europäisches Lieferkettengesetz ausgesprochen haben. Dazu hat die Bundesregierung maßgeblich beigetragen. Menschenrechte enden nicht an Landesgrenzen und nicht an Fabriktoren. Unsere Bemühungen gehen so lange weiter, bis ein ambitionierter und wirksamer Rechtsrahmen für Unternehmen in der EU geschaffen ist.«[177]

Dieses Ziel soll durch die europäische Sorgfaltspflichtenrichtlinie erreicht werden. Zu deren Inhalt lässt sich vor allem eines sagen: Obwohl die Richtlinie in dieselbe Richtung wie das deutsche Lieferkettengesetz geht, wird sie wesentlich umfassender und strenger sein. Das gilt schon für den Kommissions-Vorschlag, hinter dem die endgültige Richtlinie alles andere als zurückgeblieben ist – was allein deshalb nicht zu erwarten war, weil das EU-Parlament mit der Forderung nach vielen Verschärfungen in die Verhandlungen mit Rat und Kommission gegangen ist.[178] Im Folgenden beziehe ich mich auf den Text des Kommissionsvorschlags, den ich um die Änderungen ergänze, auf die sich Rat und Parlament geeinigt haben – soweit diese schon bekannt geworden sind.[179]

Die Richtlinie soll grundsätzlich für Unternehmen mit einem weltweiten Nettoumsatz von mehr als 150 Millionen Euro und mit mehr als 500 Beschäftigten weltweit gelten. Dabei ist der Finanzsektor vorläufig ausgenommen. Allerdings liegen für Unternehmen, die mindestens die Hälfte ihres Umsatzes in bestimmten Branchen (wie zum Beispiel Landwirtschaft oder Bergbau) erwirtschaften, die Schwellenwerte mit 40 Millionen Euro Nettoumsatz und 250 Beschäftigten niedriger (Artikel 2 Absatz 1). Im Gegensatz zum Kommissionsentwurf sind nicht nur Kapitalgesellschaften, sondern, wie beim deutschen Lieferkettengesetz, auch Personenunternehmen betroffen.

Die Richtlinie entspricht auch insofern dem deutschen Lieferkettengesetz, als sie ebenfalls »Verpflichtungen von Unternehmen in Bezug auf tatsächliche und potenzielle negative Auswirkungen auf die Menschenrechte und die Umwelt« etabliert (Artikel 1 Absatz 1). Auch beziehen sich diese Verpflichtungen nicht nur auf die eigenen Tätigkeiten und die von Tochterunternehmen, sondern auch auf die von »Unternehmen in der Wertschöpfungskette, mit denen das Unternehmen eine etablierte Geschäftsbeziehung unterhält« (Artikel 1 Absatz 1).[180]

Allerdings geht die Richtlinie in viererlei Hinsicht deutlich über ihr deutsches Pendant hinaus: *Erstens* erstreckt sich die Verantwortung der Unternehmen ohne jede Einschränkung auch auf die mittelbaren Zulieferer (Artikel 3 Buchstaben e, g). *Zweitens* ist der im Anhang des Kommissionsvorschlags aufgelistete Katalog der internationalen Abkommen, welcher den Umfang der unternehmerischen Sorgfaltspflicht definiert, wesentlich länger. Er umfasst 22 internationale Menschenrechtsübereinkommen und zwölf internationale Umweltübereinkommen.[181] Dieser

Katalog soll gemäß der Einigung von Parlament und Rat sogar noch erweitert werden. Wie beim deutschen Lieferkettengesetz spielt es keine Rolle, ob ein Land diese Abkommen ratifiziert bzw. in nationales Recht umgesetzt hat. *Drittens* wird, über die erwähnten internationalen Abkommen hinausgehend, außerdem noch die Erstellung eines Klimaschutzplans gefordert, mit dem sichergestellt werden soll, »dass das Geschäftsmodell und die Strategie des Unternehmens mit dem Übergang zu einer nachhaltigen Wirtschaft und der Begrenzung der Erderwärmung auf 1,5° C gemäß dem Übereinkommen von Paris vereinbar sind« (Artikel 15 Absatz 1). *Viertens* drohen Unternehmen bei Verstößen gegen ihre Sorgfaltspflicht nicht nur strafrechtliche Sanktionen, sondern sie haften auch zivilrechtlich (Artikel 22).

Die Art und Weise, wie die Unternehmen ihre Sorgfaltspflichten erfüllen müssen, ist wiederum mit den entsprechenden Vorgaben des deutschen Lieferkettengesetzes vergleichbar. Die Sorgfaltspflicht muss zentraler Bestandteil der Unternehmenspolitik sein (Artikel 5 Absatz 1); die tatsächlichen oder potenziellen negativen Auswirkungen der Geschäftstätigkeit auf Menschenrechte und Umwelt müssen ermittelt werden (Artikel 6); potenzielle negative Auswirkungen müssen vermieden werden (Artikel 7); tatsächliche negative Auswirkungen müssen behoben werden, was bis zur Beendigung von Geschäftsbeziehungen gehen kann (Artikel 8); es muss eine Beschwerdestelle eingerichtet werden, an die sich Betroffene, Gewerkschaften und »Organisationen der Zivilgesellschaft« wenden können (Artikel 9); schließlich muss die Erfüllung der Sorgfaltspflicht sorgfältig überprüft und dokumentiert sowie jährlich eine entsprechende Erklärung veröffentlicht werden (Artikel 10, 11). Verstöße gegen die Sorgfaltspflicht sind mit Sanktionen zu belegen, die im Entwurf nicht näher spezifiziert sind, aber »wirksam, verhältnismäßig und abschreckend« sein müssen (Artikel 20). Rat und Parlament haben sich in Bezug auf die Sanktionen auf Geldstrafen in Höhe von bis zu fünf Prozent des weltweiten Nettoumsatzes der betroffenen Unternehmen geeinigt. Außerdem besteht, wie erwähnt, eine zivilrechtliche Haftung.

Trotz der bisherigen Nichtverabschiedung der Richtlinie sollten sich deutsche Unternehmen auf die schärferen Regelungen einstellen, die wahrscheinlich über kurz oder lang auf sie zukommen werden.

Die europäische Entwaldungsverordnung

Ein anderes europäisches Regelwerk ist schon heute in Kraft: die »Verordnung (EU) 2023/1115 des Europäischen Parlaments und des Rates vom 31. Mai 2023 über die Bereitstellung bestimmter Rohstoffe und Erzeugnisse, die mit Entwaldung und Waldschädigung in Verbindung stehen, auf dem Unionsmarkt und ihre Ausfuhr aus der Union sowie zur Aufhebung der Verordnung (EU) Nr. 995/2010«.[182] Auch beim Zustandekommen der »Entwaldungsverordnung« hat Deutschland eine wesentliche Rolle gespielt. Schließlich hat die Ampel-Regierung in ihrem Koalitionsvertrag beschlossen, sich »auf EU-Ebene für eine rechtlich verbindliche Regelung« einzusetzen, »die den Import von Produkten und Rohstoffen, die mit Entwaldung verbunden sind, verhindert.«[183] Da ist es fast schon selbstverständlich, dass die Bundesregierung die Umsetzung der Verordnung auf EU-Ebene »weiter aktiv und ambitioniert begleiten« will.[184]

Mit dieser Verordnung verfolgt die EU das Ziel, die Entwaldung und die Waldschädigung weltweit zu bekämpfen. Ihr besonderes Augenmerk gilt dabei dem Schutz von Urwäldern. Auf diese Weise soll einerseits dem Klimawandel entgegengewirkt und die Biodiversität erhalten werden, andererseits sollen die Rechte der indigenen Völker geschützt werden.[185] Diese Ziele sollen dadurch erreicht werden, dass die »relevanten Rohstoffe«

(nämlich Rinder, Kakao, Kaffee, Ölpalmen, Kautschuk, Soja und Holz) und Erzeugnisse, die diese Rohstoffe enthalten oder unter deren Verwendung hergestellt werden, nur dann in die EU eingeführt, aus der EU ausgeführt oder in der EU in Verkehr gebracht werden dürfen, wenn sie »entwaldungsfrei« *und* »gemäß den einschlägigen Rechtsvorschriften des Erzeugerlandes« erzeugt wurden und für sie eine Sorgfaltserklärung vorliegt (Artikel 1 bis 3).[186] Mit anderen Worten: Auch Rohstoffe bzw. Erzeugnisse, die vollkommen legal erzeugt worden sind, bleiben verboten, falls sie im Zusammenhang mit Entwaldung stehen. Mit der Abgabe der Sorgfaltserklärung übernimmt das Unternehmen die Verantwortung dafür, dass die von ihm eingeführten, ausgeführten oder in Verkehr gebrachten Rohstoffe bzw. Erzeugnisse sowohl entwaldungsfrei als auch legal erzeugt wurden. Die diesbezügliche Sorgfaltspflicht umfasst die Informationssammlung, die Risikobewertung und die Risikominderung (Artikel 4, 8 bis 11). Eine vereinfachte Sorgfaltspflicht gilt für Rohstoffe bzw. Erzeugnisse aus Ländern oder Landesteilen, denen die EU-Kommission ein geringes Risiko dafür bescheinigt, dass diese Rohstoffe bzw. Erzeugnisse nicht entwaldungsfrei oder ungesetzlich erzeugt werden (Artikel 13, 29). Verstöße gegen diese Verordnung werden unter anderem mit Geldbußen bzw. Geldstrafen geahndet, deren Höchstbetrag mindestens vier Prozent des unionsweiten Gesamtumsatzes des betroffenen Unternehmens beträgt (Artikel 25). Erfüllt werden muss die in der Entwaldungsverordnung definierte Sorgfaltspflicht ab dem 30. Dezember 2024 bzw. – im Fall von Kleinunternehmen – ab dem 30. Juni 2025 (Artikel 38).

Zu den Konsequenzen

Die drei hier vorgestellten Lieferkettengesetze sind sich nicht nur hinsichtlich der Zielrichtung, sondern auch hinsichtlich der zu erwartenden Konsequenzen sehr ähnlich. Sie können deshalb im Folgenden zusammen kritisiert werden.

Zunächst stellt sich die Frage, wie die deutschen bzw. europäischen Unternehmen, die ja *de iure* die Hauptadressaten dieser Regelwerke sind, reagieren werden. Offensichtlich sind aufgrund der Sorgfalts- und der mit ihnen verbundenen Dokumentations- und Rechenschaftslegungspflichten ganz erhebliche zusätzliche Kosten zu erwarten. Die Unternehmen werden bestrebt sein, diese zu minimieren. Dabei können sie sich im Wesentlichen dreier Strategien bedienen: *Erstens* können sie die Zahl ihrer Lieferanten bzw. Geschäftspartner reduzieren. Da die Prüf- und Überwachungskosten pro (unmittelbarer) Geschäftsbeziehung fix sind, also nicht von der Umsatzhöhe oder der Menge der bezogenen Waren abhängen, sind diese Kosten in der Summe umso geringer, je niedriger die Zahl der Lieferanten ist. *Zweitens* werden die Unternehmen tendenziell große, vertikal integrierte Geschäftspartner wählen. Sie sind auch für das Verhalten ihrer mittelbaren Lieferanten verantwortlich (EU-Sorgfaltspflichtenrichtlinie) bzw. können dafür verantwortlich gemacht werden (deutsches Lieferkettengesetz), sodass sie Lieferanten bevorzugen werden, die nicht ihrerseits Leistungen von Drittunternehmen beziehen, sondern möglichst viele Wertschöpfungsstufen im eigenen Unternehmen abbilden. *Drittens* werden die Unternehmen nicht mehr in Ländern wirtschaftlich tätig sein, die aus der Sicht Deutschlands oder der EU als »riskant« gelten, da in diesen Ländern sowohl die Kosten der Erfüllung der Sorgfaltspflichten am höchsten sind als auch die Wahrscheinlichkeit, wegen Verstößen gegen menschenrechts- oder umweltbezogene Vorschriften sanktioniert zu werden, am größten ist. Die letztgenannte

Vorgehensweise bezieht sich nicht nur auf den Abbruch von Lieferbeziehungen, sondern auch auf die Aufgabe eigener Produktionsstätten in den betreffenden Ländern. Denn die Einhaltung der Vorgaben der verschiedenen Menschenrechts- und Umweltabkommen, die vielleicht im Gastland gar kein geltendes Recht sind, kann so teuer sein, dass dadurch bisher bestehende Kostenvorteile (etwa in Gestalt niedriger Löhne oder laxer Umweltauflagen) zunichtegemacht oder sogar in ihr Gegenteil verkehrt werden.

Was wird das für Auswirkungen auf die betroffenen Drittländer haben, bei denen es sich *de facto* ausschließlich um Entwicklungs- und Schwellenländer handelt? Zunächst einmal ist festzuhalten, dass sowohl die Intensität der Handelsbeziehungen zu diesen Ländern als auch die Höhe der dort getätigten Direktinvestitionen abnehmen wird. Denn ein Teil der durch die internationale Arbeitsteilung und die Globalisierung erzielbaren Wohlfahrtsgewinne wird durch die gestiegenen Kosten sozusagen »aufgefressen«. Dies ist für die betroffenen Drittländer aus zweierlei Hinsicht grundsätzlich von Nachteil: Zum einen hat sich nämlich gezeigt, dass die wirtschaftliche Entwicklung eines Landes im Durchschnitt umso schneller voranschreitet, je stärker dieses in die Weltwirtschaft und den internationalen Handel eingebunden ist. Zum anderen hat das im Zuge der wirtschaftlichen Entwicklung steigende Volkseinkommen einen wichtigen Nebeneffekt: Im Regelfall kommt es gleichzeitig auch zu Verbesserungen hinsichtlich der Menschenrechte und der sozialen Situation.[187] Diese Vorteile der Globalisierung werden durch die Lieferkettengesetze beeinträchtigt, durch die Drittländer an der Ausnutzung ihrer gegenüber den Industrieländern bestehenden Kostenvorteile gehindert und ihnen Sozial- und Umweltstandards aufgezwungen werden, die sie nicht selbst wollen und die auch nicht in ihrem Interesse sind. Darunter wird längerfristig die wirtschaftliche, möglicherweise auch die soziale Entwicklung dieser Länder leiden. Nicht unerwähnt bleiben darf, dass sich die Lieferkettengesetze auch industriepolitisch instrumentalisieren lassen – sie also für protektionistische Zwecke missbraucht werden können. Unter dem Vorwand des Menschenrechts- und des Umweltschutzes lassen sich unbequeme Konkurrenten aus dem Markt drängen – indem sie aufgrund aufgezwungener Kostennachteile nicht mehr wettbewerbsfähig sind oder indem ihnen der Zutritt zum deutschen bzw. europäischen Markt gleich ganz verwehrt wird.

Hinsichtlich der Konsequenzen im Einzelnen muss man zwischen dem Rückgang der Handelsbeziehungen und dem Rückgang der Direktinvestitionen unterscheiden. Was die Handelsbeziehungen angeht, so ist damit zu rechnen, dass in den für den Export produzierenden Wirtschaftssektoren Arbeitsplätze verloren gehen und Unternehmen aufgeben müssen. Außerdem wird sich, wie erwähnt, die verbleibende Nachfrage aus Deutschland und der EU auf wenige große Lieferanten konzentrieren. Dadurch wird der Wettbewerb in den betreffenden Ländern beeinträchtigt werden – mit all den Nachteilen für die dortigen Konsumenten und Arbeitnehmer, die davon zu erwarten sind. Was die Direktinvestitionen angeht, so wird der zumindest teilweise Rückzug ausländischer Unternehmen ebenfalls zu Arbeitsplatzverlusten führen. Längerfristig noch problematischer ist aber, dass darunter auch der Transfer von Technologie und Know-how leiden und dadurch die weitere wirtschaftliche Entwicklung behindert wird.[188] Besonders nachteilig für die Arbeitnehmerschaft in diesen Ländern sind die zu erwartenden Arbeitsplatzverluste deshalb, weil sowohl in der Exportindustrie als auch in den Niederlassungen ausländischer Unternehmen überdurchschnittlich hohe Löhne gezahlt werden und überdurchschnittlich gute Arbeitsbedingungen herrschen.

Die genannten Nachteile werden natürlich umso ausgeprägter sein, je »riskanter« ein Land ist. Umgekehrt können Länder mit vergleichsweise hohen Menschenrechts- und Umweltstandards damit rechnen, dass sie nicht nur wenige Nachteile erleiden, sondern vielleicht sogar von der Verlagerung von Geschäftsbeziehungen und Produktionsstandorten aus »riskanten« Ländern profitieren werden. Genau das ist ja auch die Intention der Lieferkettengesetze: Mittels positiver bzw. negativer ökonomischer Anreize sollen Drittländer belohnt bzw. bestraft und so deren Verhalten nach den Vorstellungen Deutschlands und der EU beeinflusst werden. Selbst wenn und insoweit dies gelingen sollte, sind damit jedoch, wie gezeigt wurde, auf jeden Fall Wohlfahrtsverluste für die betroffenen Länder verbunden. Und ob dies tatsächlich gelingen wird, ist recht unsicher: Es ist durchaus möglich, dass die von deutschen und europäischen Unternehmen hinterlassenen Lücken schnell durch Unternehmen aus anderen Ländern geschlossen werden und es zu keiner Verhaltensänderung kommt. Wenn die Nachfolger der deutschen und europäischen Unternehmen schlechtere Arbeitsbedingungen bieten, niedrigere Löhne zahlen und auf Umweltschutz weniger Wert legen, dann wird sich die Situation in den betroffenen Ländern, sowohl was die Menschenrechte als auch was die Umwelt angeht, sogar noch verschlechtern. Dazu muss es zwar nicht kommen, aber ausgeschlossen werden kann dieses Szenario nicht.

Auch für Deutschland und Europa werden die Lieferkettengesetze nicht ohne Konsequenzen bleiben. Ungeachtet der Kostenminimierungsbestrebungen der betroffenen Unternehmen wird es zu nicht unerheblichen Kostensteigerungen kommen – zum einen wegen des bürokratischen Aufwands, der mit der Erfüllung der verschiedenen Sorgfaltspflichten verbunden ist, zum anderen infolge des Ersatzes von als zu risikoreich eingestuften Lieferanten bzw. Produktionsstandorten durch weniger risikoreiche, aber teurere Alternativen. Genau quantifizieren lassen sich diese Kostensteigerungen (noch) nicht. Man sollte aber insbesondere den zusätzlichen bürokratischen Aufwand nicht unterschätzen, da die Sorgfaltspflichten sehr detailliert und umfassend sind. Um nur ein Beispiel anzuführen: Im Anhang I der Entwaldungsverordnung der EU haben die zuständigen Bürokraten die »relevanten Erzeugnisse«, bei denen nachgewiesen werden muss, dass sie entwaldungsfrei und legal produziert wurden, sehr akribisch definiert. Im Fall des Rohstoffs Holz gehören dazu nicht etwa nur Holzstämme, Holzbretter oder Brennholz, woran man als Erstes denken würde, sondern, unter vielem anderem, auch:

> »Werkzeuge, Werkzeugfassungen, Werkzeuggriffe und Werkzeugstiele, Fassungen, Stiele und Griffe für Besen, Bürsten und Pinsel, aus Holz; Schuhformen, Schuhleisten und Schuhspanner, aus Holz«.[189]

Allein an diesem Beispiel lässt sich ermessen, wie viele Unternehmen von den Sorgfaltspflichten betroffen und wie aufwendig diese zu erfüllen sein werden.

Die höheren Kosten führen *erstens* zu höheren Preisen und deshalb zu Wohlstandsverlusten bei den Konsumenten. *Zweitens* gehen mit ihnen auch Wettbewerbsnachteile für deutsche bzw. europäische Unternehmen auf dem Weltmarkt einher, da Unternehmen in anderen Ländern nicht mit derartigen Auflagen belastet werden. Das deutsche Lieferkettengesetz hat einheimische Unternehmen sowohl gegenüber ihren europäischen als auch gegenüber ihren außereuropäischen Konkurrenten benachteiligt. Deshalb wird die Sorgfaltspflichtenrichtlinie der EU zumindest einen Vorteil mit sich bringen: Sie wird die bisher bestehenden Wettbewerbsverzerrungen zwischen deutschen und europäischen Unternehmen beseitigen. Weiter fortbestehen werden aber die Wettbewerbsnachteile, die europäische (also auch deutsche) Unternehmen gegenüber außereuropäischen Unternehmen durch diese Richtlinie, aber auch durch die Entwaldungsverordnung erleiden werden. Inwieweit es deswegen zu Arbeitsplatzverlusten und Standortverlagerungen kommen wird, ist noch nicht abzusehen.

Drittens werden schließlich Deutschland und die EU einen geoökonomischen Bedeutungsverlust erleiden, da sich, wie erwähnt, viele deutsche bzw. europäische Unternehmen aus Drittländern zurückziehen werden. In vielen Fällen wird nämlich der Abbruch der Geschäftsbeziehungen die einfachste und kostengünstigste Möglichkeit darstellen, um bei tatsächlichen oder drohenden Verletzungen von menschenrechts- oder umweltbezogenen Pflichten Abhilfe zu schaffen. Besonders für Deutschland, das bisher von der Globalisierung sehr profitiert hat und sehr eng mit der Weltwirtschaft verflochten ist, wird das ein Problem werden.

Angesichts der geschilderten Konsequenzen der Lieferkettengesetze drängt sich der Schluss auf, dass die Kosten und Nachteile in keinem Verhältnis zu dem möglichen Nutzen stehen. Damit sind diese Gesetze für die moralistische Wertepolitik typisch: Ohne Rücksicht auf die Folgen werden Maßnahmen ergriffen, die gut gemeint sein mögen, aber wenig durchdacht sind. Mit Hilfe der Lieferkettengesetze soll »unseren Werten« weltweit Geltung verschafft werden. Zu diesem Zweck nimmt man hohe Kosten und erhebliche Nachteile in Kauf – und schneidet sich damit nicht nur ins eigene Fleisch, sondern schadet auch den Ländern, denen man angeblich helfen will. Bei dieser »Hilfe« oder »Förderung« steht freilich nicht der Nutzen der betroffenen Länder im Vordergrund, sondern es geht primär um die Durchsetzung der eigenen Vorstellungen und Prinzipien. Die Lieferkettengesetze sind damit genauso paternalistisch und bevormundend wie die Werteaußenpolitik insgesamt. Sie zeichnen sich allerdings dadurch aus, dass man mit ihnen erstmals Unternehmen zu Erfüllungsgehilfen der Werteaußenpolitik gemacht hat, indem man diesen die Verantwortung für den Schutz der Umwelt und der Menschenrechte in anderen Ländern übertragen hat. Damit hat die Werteaußenpolitik eine neue Qualität erreicht.

Kapitel 9: Klimaaußenpolitik

Unter Klimaaußenpolitik soll der Teil der Klimapolitik verstanden werden, der die klimapolitischen Aktivitäten anderer Länder zum Gegenstand hat. Die Klimaaußenpolitik ist zum größten Teil europäischer Natur. Gegenüber den auf der Ebene der EU entschiedenen Maßnahmen spielt die nationale Klimaaußenpolitik nur eine untergeordnete Rolle. Die Bedeutung Deutschlands für die europäische Klimaaußenpolitik darf freilich nicht unterschätzt werden – nicht nur weil Deutschland das nach der Einwohnerzahl größte und wirtschaftlich stärkste Land in der EU ist, sondern auch weil der »Klimaschutz« in Deutschland einen besonders hohen Stellenwert genießt. Nicht ohne Grund sind im Koalitionsvertrag der Ampel-Regierung mehr als zehn Seiten dem Thema »Klima, Energie, Transformation« gewidmet, wobei auf die »Klima- und Energieaußenpolitik« gesondert eingegangen wird.[190] Von daher schlägt sich der deutsche politische Moralismus nicht nur in der deutschen, sondern auch und vor allem in der europäischen Klima- und Klimaaußenpolitik nieder.

Die Klimaaußenpolitik ist ein Paradebeispiel dafür, wie sich der Charakter der Wertepolitik im Zeitablauf ändern kann. Anfangs setzte man lediglich auf die Kraft des guten Beispiels, um andere Länder zu einer möglichst ehrgeizigen Klimapolitik zu bewegen; sehr bald ging man aber dazu über, erst positive und später auch negative ökonomische Anreize einzusetzen. Diese drei Stufen werden verkörpert von drei klimapolitischen Meilensteinen: dem Kyoto-Protokoll von 1997, dem Pariser Übereinkommen von 2015 und dem Grenzausgleichssystem der EU von 2023.

Bevor wir uns mit der Klimaaußenpolitik näher beschäftigen können, ist es notwendig, zunächst auf die Klimapolitik im Allgemeinen und auf die Rolle der Klimaaußenpolitik für die Klimapolitik einzugehen.[191]

Klimawandel und Klimapolitik

Als Hauptursache für den seit wenigen Jahrzehnten zu beobachtenden Klimawandel wird nach der in der Klimawissenschaft heute herrschenden Meinung der anthropogene, d. h. der durch menschliche Aktivitäten verursachte Treibhauseffekt angesehen. Die weitaus größte Rolle unter diesen menschlichen Aktivitäten spielt dabei die Nutzung fossiler Brennstoffe und der damit verbundene CO_2-Ausstoß. Mit großer Wahrscheinlichkeit würde die fortgesetzte Emission von Treibhausgasen in der bisherigen Größenordnung zu einem weiteren Temperaturanstieg um ungefähr vier Grad Celsius bis zum Ende dieses Jahrhunderts führen. Über diese Zusammenhänge besteht in der Wissenschaft ein weitgehender Konsens. Dieser weitere Anstieg der Temperatur hätte wahrscheinlich gravierende Konsequenzen zur Folge, die von einer Zerstörung von Ökosystemen und einer Zunahme von Umweltkatastrophen über die Gefährdung der Nahrungsmittelversorgung und der menschlichen Gesundheit bis zu einem verstärkten Migrationsdruck und militärischen Konflikten um natürliche Ressourcen reichen.[192]

Schon seit den 1970er-Jahren warnen deshalb Klimawissenschaftler vor den Gefahren des Klimawandels. Diese Warnungen führten schließlich dazu, dass 1988 von den Vereinten Nationen der »Weltklimarat« IPCC (Intergovernmental Panel on Climate Change) ins Leben gerufen wurde, welcher den jeweils aktuellen Stand der Klimawissenschaft für Öffentlichkeit und Politik aufbereiten und zusammenfassen und so Grundlagen für klimapolitische Entscheidungen liefern soll. Spätestens mit dem »Erdgipfel«, der Konferenz der Vereinten Nationen zu Umwelt und Entwicklung, die im Jahr 1992 in Rio de Janeiro stattfand und in deren Mittelpunkt das Konzept der »nachhaltigen Entwicklung« stand, rückte das Problem des Klimawandels ins Bewusstsein der Öffentlichkeit. Damit hatte sich das neue Gebiet der Klimapolitik endgültig etabliert. Die wissenschaftliche Grundlage der Klimapolitik ist allerdings keine absolut sichere. Denn die Klimawissenschaft liefert nur Wahrscheinlichkeitsverteilungen. Diese sind das Resultat von Computermodellen, durch die das Weltklima simuliert und dessen Entwicklung in den kommenden Jahrzehnten prognostiziert wird. Diese Simulationsmodelle sind mit erheblichen Unsicherheiten behaftet: Zum einen sind die Simulationen als solche ungenau, da sie die klimatischen Verhältnisse nie exakt, sondern nur ungefähr abbilden können, was dazu führt, dass die Verlässlichkeit der Prognosen umso stärker abnimmt, je weiter man in die Zukunft schaut. Zum anderen sind nicht alle klimarelevanten Faktoren und deren Zusammenhänge bekannt, sodass die verwendeten Klimamodelle nur vorläufiger Natur sind und im Licht neuer Erkenntnisse revidiert werden müssen – mit entsprechenden Auswirkungen auf die mit ihrer Hilfe erstellten Prognosen. Beispielsweise bestehen immer noch Unsicherheiten bezüglich der Interaktion von Klimawandel und Wolkenbildung oder bezüglich des Einflusses von Schwankungen der Sonnenaktivität auf das Klima. Und trotz jahrzehntelanger Forschungen ist das Ausmaß der CO_2-Klimasensitivität (also der Zusammenhang zwischen der atmosphärischen CO_2-Konzentration und der Durchschnittstemperatur) immer noch nicht genau bekannt. Gerade die Ergebnisse von Klimasimulationen dürfen also nicht als absolute und sichere Wahrheiten angesehen werden.

Das soll nun nicht heißen, dass es keinen anthropogenen Klimawandel gibt, dass kein Grund zur Sorge besteht oder dass keine klimapolitischen Maßnahmen notwendig sind. Auch wenn die aktuellen klimawissenschaftlichen Ergebnisse mit (mehr oder weniger großen) Unsicherheiten behaftet sind, ist es gemäß dem Vorsichtsprinzip sinnvoll und notwendig, etwas gegen den Klimawandel zu unternehmen. Denn schließlich ist es zwar möglich, dass sich der Klimawandel nicht so katastrophal wie befürchtet auswirken wird; es ist aber auch möglich, dass die Konsequenzen des Klimawandels noch gravierender als heute vorhergesagt ausfallen werden. Zu warten, bis man vollkommene Sicherheit hat, erscheint angesichts der möglichen, ja sogar wahrscheinlichen Konsequenzen keine angemessene Vorgehensweise. Genauso wenig ist es aber angezeigt, in Alarmismus zu verfallen, den Weltuntergang an die Wand zu malen und Klimapolitik ohne jede Rücksicht auf die damit verbundenen Kosten zu betreiben. Weil es immerhin möglich ist, dass die heute ergriffenen klimapolitischen Maßnahmen gar nicht notwendig sind, sollte man, ja muss man Klimapolitik mit Augenmaß betreiben. Das heißt *erstens*, sich realistische Ziele zu setzen, und *zweitens*, darauf zu achten, dass diese ohne unnötige Kosten erreicht werden. Letzteres impliziert natürlich, dass die Klimapolitik grundsätzlich dazu geeignet sein muss, den Klimawandel zu beeinflussen; wenn das nicht der Fall ist, stellt sie ohnehin nur Geldverschwendung dar.

Wie eine solche Klimapolitik aussehen muss, ist aus umweltökonomischer Sicht eindeutig. Das Klimaproblem lässt sich aus ökonomischer Sicht als globaler negativer externer Effekt auffassen. Jede Emission von Treibhausgasen, unter denen CO_2 die größte Rolle spielt, erhöht die Konzentration dieser Gase in der Atmosphäre und trägt so zur Destabilisierung des Klimas bei. Dieser Effekt ist *extern* in Bezug auf das Marktsystem, weil der Emittent dafür keinen Preis bezahlen muss; er ist *negativ*, da die Klimadestabilisierung zu Nutzeneinbußen und Kostensteigerungen führen wird; und er ist *global*, da es keine Rolle spielt, wer wo wie viel emittiert, sondern die Höhe der weltweiten Gesamtemission entscheidend ist. Dieser externe Effekt muss *internalisiert* werden, indem man einen Preis für die Emission von Treibhausgasen einführt. Dies kann direkt durch eine Emissionssteuer oder indirekt durch ein Emissionsrechte- bzw. Zertifikatshandelssystem geschehen. Entscheidend ist, dass sowohl im Fall der Steuer als auch im Fall des Zertifikatssystems einheitlich vorgegangen wird: Alle Emissionen aller Emittenten in allen Wirtschaftsbereichen aller Länder müssen in gleicher Weise belastet werden, damit alle Emittenten denselben Anreiz zur Emissionsreduktion haben und so Markt und Wettbewerb für den Klimaschutz mobilisiert werden können. Auf diese Weise, *und nur auf diese Weise*, lässt sich sowohl eine effektive als auch eine kosteneffiziente Klimapolitik durchführen.

Daraus folgt, dass nur eine international koordinierte Klimapolitik auch eine sinnvolle Klimapolitik ist. Denn es ist sinnlos, wenn sich einzelne Länder im Interesse des Klimaschutzes ambitionierte nationale Emissionsziele setzen und unabhängig vom Verhalten der anderen Länder als Vorreiter vorangehen. Schaut man sich die Zahlen zu den weltweiten Treibhausgasemissionen an, so wird schnell klar, dass die EU oder gar Deutschland allein bei Weitem nicht in der Lage ist, für eine spürbare Reduktion der Gesamtemissionen und damit für eine Stabilisierung des Weltklimas zu sorgen. Im Jahr 2021 betrug der Anteil Deutschlands an den weltweiten Treibhausgasemissionen lediglich 1,5 Prozent und der Anteil der EU (einschließlich Deutschlands) 6,9 Prozent.[193] Von daher ist eine sinnvolle Klimapolitik zwangsläufig immer auch Klimaaußenpolitik. Denn ohne eine internationale Koordination wäre es besser, knappe Ressourcen in die Anpassung an den Klimawandel zu investieren (z. B. in die Verstärkung der Nordseedeiche oder in den Waldumbau), anstatt diese für wirkungslose Anstrengungen zur Emissionsreduktion zu verschwenden.

Soweit man Klimapolitik für notwendig hält, ist also auch Klimaaußenpolitik unabdingbar – allerdings nur in dem Sinn, dass man sich bemüht, eine effektive internationale Koordination der

Klimapolitik zustande zu bringen. Wie wir sehen werden, ist das deutsche bzw. das europäische Verständnis von Klimaaußenpolitik leider ein vollkommen anderes.

Wie erwähnt lässt sich die Entwicklung der Klimaaußenpolitik am besten anhand dreier klimapolitischer Meilensteine nachvollziehen. Ihnen wollen wir uns nun zuwenden.

Das Kyoto-Protokoll

Nach mehreren Anläufen wurde am 11. Dezember 1997 auf der Grundlage des Rahmenübereinkommens der Vereinten Nationen über Klimaänderungen von 1992 das sogenannte Kyoto-Protokoll verabschiedet.[194] Es trat am 16. Februar 2005 in Kraft. Mit dem Kyoto-Protokoll wurden erstmals verbindliche Zielwerte für die Reduktion des Treibhausgasausstoßes festgesetzt. Die Industrieländer verpflichteten sich, zwischen 2008 und 2012 ihren jährlichen Treibhausgasausstoß um durchschnittlich 5,2 Prozent gegenüber den Werten von 1990 zu reduzieren. Für Entwicklungs- und Schwellenländer gab es keine entsprechenden Verpflichtungen. 2007 begannen die Verhandlungen für eine Nachfolgeregelung, die fünf Jahre dauerten und sehr schwierig verliefen. Umstritten war neben dem Umfang der künftigen Reduktionsverpflichtungen der Industrieländer vor allem die Ausdehnung dieser Verpflichtungen auf die Entwicklungs- und Schwellenländer. Mehr als ein Minimalkompromiss wurde nicht erzielt. Dieser wurde 2012 in Doha verabschiedet und etablierte eine zweite Verpflichtungsperiode für den Zeitraum von 2013 bis 2020 (»Kyoto II«). Aufgrund des zäh verlaufenden Ratifizierungsprozesses trat das Abkommen von Doha allerdings erst am 31. Dezember 2020 in Kraft, wenige Stunden vor dem Ende der zweiten Verpflichtungsperiode und damit dem Auslaufen des Abkommens.

Beim Kyoto-Protokoll sind die Industrieländer in der Klimapolitik mit gutem Beispiel vorangegangen. Nur sie haben sich zur

Reduktion ihrer Emissionen verpflichtet – und gehofft, dass die Entwicklungs- und Schwellenländer ihrem Beispiel folgen würden. Diese Hoffnung hat sich als trügerisch erwiesen, wie die letztlich erfolglosen Verhandlungen um eine Nachfolgeregelung unter stärkerer Einbeziehung der Entwicklungs- und Schwellenländer gezeigt haben.

Im Kyoto-Protokoll haben die Industrieländer zugesagt, den Entwicklungsländern »neue und zusätzliche finanzielle Mittel« für Forschung, Entwicklung und Technologietransfer zur Verfügung zu stellen (Artikel 11). Diese Unterstützung kann bilateral oder multilateral erfolgen. Damit knüpft das Kyoto-Protokoll an das schon erwähnte UN-Rahmenübereinkommen an, welches die Lastenteilung in der Klimapolitik erstmalig völkerrechtlich regelte.[195] So werden in Artikel 3 dieses Übereinkommens »auf der Grundlage der Gerechtigkeit« die »gemeinsamen, aber unterschiedlichen Verantwortlichkeiten und (…) jeweiligen Fähigkeiten« der verschiedenen Länder betont, weshalb die Industrieländer »bei der Bekämpfung der Klimaänderungen und ihrer nachteiligen Auswirkungen die Führung übernehmen« sollten. Dies wird in Artikel 4, Absätze 3 und 4, insoweit konkretisiert, als sich die Industrieländer zu entsprechenden finanziellen Transfers verpflichten. So wurde von den Vertragsparteien des Kyoto-Protokolls 2001 der Anpassungsfonds gegründet, welcher 2007 seine Arbeit aufnahm. Wie sein Name besagt, dient er zur Finanzierung von Projekten zur Anpassung an den Klimawandel.[196]

Sowohl bei der allgemeinen Zusage von Unterstützung im Kyoto-Protokoll als auch später bei der konkreten Mittelvergabe durch den Anpassungsfonds wird lediglich auf die Bedürftigkeit und die Verletzlichkeit gegenüber dem Klimawandel abgestellt. Von den Empfängerländern wird kein bestimmtes Verhalten als Voraussetzung für diese Leistungen oder als Gegenleistung gefordert oder erwartet – was auch im Einklang mit den Vorgaben des UN-Rahmenübereinkommens steht. Folglich handelt es sich bei diesen Zahlungen *nicht* um positive ökonomische Anreize. Sie stellen keine Belohnung für ein erwünschtes oder erwartetes Verhalten dar.

Dieser Ansatz wurde von der Weltklimakonferenz 2023 in Dubai wieder aufgegriffen. Die Industrieländer etablierten einen Fonds, der die Entwicklungsländer bei der Bewältigung der »Verluste und Schäden« infolge des Klimawandels unterstützen soll.[197] Die Leistungen dieses Fonds, der zunächst von der Weltbank verwaltet werden soll, sind also ebenfalls nicht an ein bestimmtes Verhalten der Empfängerländer geknüpft. Damit stellt der neue Fonds eine Ausnahme von der sonst zu beobachtenden Entwicklung in der Klimaaußenpolitik dar. Denn diese setzt seit dem Scheitern des Kyoto-Protokolls verstärkt auf positive ökonomische Anreize, um vor allem Entwicklungsländer zu einer aktiven Klimapolitik zu bewegen.

Das Übereinkommen von Paris

Das gilt auch für den Nachfolger des Kyoto-Protokolls, das Übereinkommen von Paris. Dieses wurde am 12. Dezember 2015 verabschiedet und trat am 4. November 2016 in Kraft.[198] Es sieht vor, die globale Erwärmung auf höchstens zwei Grad Celsius, wenn möglich auf 1,5 Grad Celsius gegenüber dem vorindustriellen Niveau zu begrenzen (Artikel 2 Absatz 1). Erreicht werden soll dieses Ziel durch »national festgelegte Beiträge« der Vertragsparteien zur Emissionsreduktion (Artikel 3), die im Zeitablauf gesteigert werden sollen, um die »größtmögliche Ambition« der Vertragsparteien zum Ausdruck zu bringen (Artikel 4 Absatz 3). Ihren Beitrag zur Erreichung dieser Ziele will die EU mit dem 2019 vorgestellten »EU Green Deal« leisten, nach dessen Vorgaben die EU bis zum Jahr 2050 klimaneutral werden soll, also die Nettotreibhausgasemissionen auf null reduzieren muss.

Im Rahmen des Pariser Übereinkommens wird die Verpflichtung der Industrieländer zur finanziellen Unterstützung der Entwicklungsländer bekräftigt (Artikel 4 Absatz 5). In den Begleitbeschlüssen zum Pariser Übereinkommen wird dafür eine Gesamtsumme von mindestens 100 Milliarden US-Dollar pro Jahr angestrebt.[199] Damit nehmen die Vertragsparteien Bezug auf einen Beschluss der UN-Klimakonferenz von 2009 in Kopenhagen, in dem diese Summe erstmals zugesagt wurde. Im Unterschied zum Kyoto-Protokoll werden von den Entwicklungsländern aber Gegenleistungen in Form von Anstrengungen zur Emissionsreduktion erwartet. So ist in Artikel 4, Absatz 4, des Pariser Übereinkommens zwar weiterhin die Rede davon, dass die Industrieländer »die Führung übernehmen« sollen, aber auch davon, dass die Entwicklungsländer »ihre Minderungsanstrengungen weiter verstärken« und zu »gesamtwirtschaftlichen Emissionsreduktions- oder -begrenzungszielen übergehen« sollen. In Artikel 4, Absatz 5, wird explizit eine Verbindung hergestellt zwischen »verstärkter Unterstützung« und »höheren Ambitionen«. Die von den Industrieländern bereitgestellten finanziellen Mittel sollen Entwicklungsländer »sowohl bei der Minderung als auch bei der Anpassung« unterstützen (Artikel 9 Absatz 1). In Artikel 11 wird dies noch näher ausgeführt.

Aus diesen Gründen handelt es sich bei den im Rahmen des Pariser Übereinkommens vereinbarten Finanzhilfen zumindest zum Teil um Belohnungen für ein den Erwartungen entsprechendes Verhalten – also um positive ökonomische Anreize, mit denen eine ehrgeizige Klima- bzw. Emissionsreduktionspolitik gefördert werden soll. Ähnlich wie beim Kyoto-Protokoll können die Industrieländer ihre Unterstützung sowohl bilateral als auch multilateral erbringen. Als Hauptkanal für multilaterale Finanztransfers soll der Grüne Klimafonds fungieren, der schon 2010 etabliert wurde; daneben auch der schon erwähnte Anpassungsfonds.[200] Deutschland beteiligt sich an der Klimafinanzierung sowohl auf multilateraler als auch auf bilateraler Ebene. Entsprechend dem Koalitionsvertrag der Ampel-Regierung soll Deutschland seine »internationalen Verpflichtungen im Bereich Entwicklungszusammenarbeit und internationale Klimafinanzierung« erfüllen; zu diesem Zweck ist unter anderem beabsichtigt, »mit Klima- und Entwicklungspartnerschaften (…) Klimaschutz- und Anpassungsmaßnahmen« zu fördern.[201] Dementsprechend »hat die Bundesregierung im Jahr 2022 insgesamt Haushaltsmittel in Höhe von etwa 6,39 Milliarden Euro für Klimaschutz- und Anpassungsmaßnahmen zugesagt.«[202] Davon entfielen 56 Prozent auf Klimaschutz- und 44 Prozent auf Anpassungsmaßnahmen.

An dieser Stelle ist darauf hinzuweisen, dass man besser von Emissionsreduktionsmaßnahmen und nicht von »Klimaschutzmaßnahmen« sprechen sollte. Zum einen ist der Ausdruck »Klimaschutz« an sich unsinnig, da ja nicht das Klima als solches geschützt werden soll, sondern die menschliche Gesellschaft vor den Auswirkungen des Klimawandels. Zum anderen hängt, wenn man »Klimaschutz« als »Klimastabilisierung« interpretiert, der so verstandene Klimaschutzeffekt nicht allein von den jeweils erzielten Emissionsreduktionen ab, sondern auch vom Einfluss natürlicher Faktoren auf den Klimawandel und von der Entwicklung der Gesamtmenge der Treibhausgasemissionen. Unabhängig von der Sinnhaftigkeit bestimmter Formulierungen, die von der Bundesregierung (und von den Medien) gebraucht werden, kann festgehalten werden, dass auch auf nationaler Ebene die Gewährung von Finanztransfers zumindest zum Teil von der Durchführung von Emissionsreduktionsmaßnahmen abhängig gemacht wird.

Das Grenzausgleichssystem der EU

Während die positiven ökonomischen Anreize sich praktisch ausschließlich an Entwicklungsländer richten, sind die Adressaten der neuesten Maßnahme auf dem Gebiet der Klimaaußenpolitik prinzipiell alle Länder weltweit außerhalb der EU. Dabei handelt es sich um das CO_2-Grenzausgleichssystem der EU, welches in Form der Verordnung (EU) 2023/956 am 10. Mai 2023 beschlossen wurde.[203] Es ist zentraler Teil des Maßnahmenpakets »Fit for 55«, das die EU-Kommission vorgeschlagen hat, um das Zwischenziel einer Reduktion der Treibhausgasemissionen um 55 Prozent bis zum Jahr 2030 zu erreichen.

Mit diesem System setzt die EU erstmalig explizit negative ökonomische Anreize zur Beeinflussung der Klimapolitik von Drittstaaten ein. Ausgangspunkt der Überlegungen, die zur Etablierung des Grenzausgleichssystems geführt haben, ist das Phänomen des »Carbon Leakage«. Darunter versteht man die Verlagerung von CO_2-Emissionen, wenn als Folge einer ambitionierten Klimapolitik in der EU Unternehmen ihre Produktion in Drittländer mit weniger strengen Vorschriften verlagern und so Importe aus diesen Ländern gleichwertige, aber weniger emissionsintensive Produkte aus der EU ersetzen. Denn durch eine strengere Klimapolitik erleiden die EU-Produzenten gegenüber ihren Wettbewerbern außerhalb der EU Kostennachteile, sodass es zu Wettbewerbsverzerrungen kommt. Die Gefahr von »Carbon Leakage« wird zunehmen, da sich durch die ehrgeizige Klimapolitik der EU die Kosten für CO_2-Emissionen innerhalb der EU weiter erhöhen. Damit werden sich auch die Kostenvorteile von Emittenten außerhalb der EU, die keiner oder einer weniger strengen CO_2-Bepreisung unterliegen, weiter vergrößern. Mit dem Grenzausgleichssystem soll aber nicht nur »Carbon Leakage« verhindert werden, sondern es soll »auch zur Förderung der Dekarbonisierung in Drittländern« beigetragen werden, da vom

Grenzausgleichssystem »auch Anreize für Hersteller in Drittländern« ausgehen, »Technologien einzusetzen, die bei der Senkung der Treibhausgasemissionen effizienter sind, sodass geringere Emissionen entstehen.«[204] Schließlich sieht sich die EU »in der Pflicht, weiterhin eine führende Rolle im globalen Klimaschutz einzunehmen.«[205]

Wie sollen diese Ziele erreicht werden? Die Grundidee des Grenzausgleichssystems besteht darin, dass Importeure von außerhalb der EU hergestellten Gütern Emissionszertifikate in der Menge kaufen müssen, die bei der Produktion dieser Güter in der EU hätten gekauft werden müssen. Damit wird eine Verbindung zum EU-ETS hergestellt, dem Europäischen Emissionshandelssystem. Dieses wurde 2005 eingeführt, um die Verpflichtungen zur Reduktion der Treibhausgasemissionen, welche die EU im Rahmen des Kyoto-Protokolls eingegangen war, möglichst kostengünstig zu erfüllen. Es betrifft den CO_2-Ausstoß großer Emittenten aus den Bereichen Energieerzeugung und Industrie, die für jede Tonne CO_2, die sie emittieren, ein Zertifikat vorlegen müssen. Da die Menge an Zertifikaten begrenzt ist, ist die Gesamtmenge der CO_2-Emissionen der unter das ETS fallenden Unternehmen ebenfalls begrenzt. Entscheidend dabei ist, dass die Zertifikate handelbar sind. Sie werden von den Emittenten erworben, die eine Emissionsreduktion relativ teuer käme und die deshalb lieber ein Zertifikat erwerben, als die Kosten für die Senkung des CO_2-Ausstoßes in Kauf zu nehmen; dagegen werden diejenigen Emittenten, die ihren Ausstoß zu relativ geringen Kosten senken können, dies tun, anstatt einen höheren Preis für Zertifikate zu zahlen. Auf diese Weise wird der CO_2-Ausstoß zu den geringstmöglichen gesamtwirtschaftlichen Kosten reduziert. Seit 2012 unterliegt auch der Luftverkehr dem ETS, welches heute ca. 45% aller Treibhausgasemissionen der EU abdeckt. Der für die Grenzausgleichszertifikate zu zahlende Preis spiegelt den jeweils aktuellen Preis der Zertifikate des EU-ETS wider (Artikel 21 der Verordnung (EU)

2023/956). Ein im Ursprungsland gezahlter CO_2-Preis kann auf die eigentlich für die Grenzausgleichszertifikate fällige Summe angerechnet werden (Artikel 9). Solange noch im Rahmen des EU-ETS Emissionszertifikate gratis zugeteilt werden, wird die von den Importeuren zu erwerbende Menge der Grenzausgleichszertifikate entsprechend vermindert (Artikel 31). Denn vor der Einführung des Grenzausgleichssystems wurde dem Carbon-Leakage-Risiko durch die teilweise Gratiszuteilung von EU-ETS-Zertifikaten begegnet; auf diese Weise sollten Kostennachteile europäischer Unternehmen auf dem Weltmarkt verhindert werden. Aber da auf dem Weg zur Klimaneutralität die Emissionen immer weiter reduziert werden müssen und deshalb die Gesamtmenge der EU-ETS-Zertifikate immer geringer werden muss, stehen auch für die Gratiszuteilung immer weniger Zertifikate zur Verfügung. Vor allem aus diesem Grund will die EU-Kommission die Menge der gratis zugeteilten Zertifikate sukzessive reduzieren und dieses Instrument schließlich ganz abschaffen und durch das Grenzausgleichssystem ersetzen.

Diesem System sollen (zunächst) nur die in Anhang I der Verordnung gelisteten Waren unterworfen werden, die als besonders emissionsintensiv gelten und bei denen das Risiko von Standortverlagerungen am höchsten erscheint: Zement, Strom, Düngemittel, Eisen und Stahl, Aluminium und Wasserstoff. Grundsätzlich sind sämtliche bei der Herstellung dieser Waren anfallenden Emissionen zu berücksichtigen, also nicht nur die direkten Emissionen, sondern auch die indirekten Emissionen, die bei der Herstellung von Vorprodukten oder Strom entstehen. Für bestimmte, in Anhang II aufgeführte Waren sollen anfangs allerdings nur die direkten Emissionen erfasst werden. In einer Übergangsphase bis zum 31. Dezember 2025 müssen noch keine Grenzausgleichszertifikate erworben werden, sondern es muss nur über die bei der Herstellung verursachten Emissionen Bericht erstattet werden (Artikel 32).

Das Grenzausgleichssystem ist mit vielen Problemen behaftet, von denen hier nur die wichtigsten erwähnt werden sollen: *Erstens* ist das System asymmetrisch, da zwar Importe belastet, aber Exporte nicht entlastet werden. Deshalb werden für den Weltmarkt produzierende Unternehmen weiterhin durch die Kosten der europäischen Klimapolitik belastet; deren Abwanderung kann durch das Grenzausgleichssystem nicht verhindert werden. *Zweitens* werden hohe administrative Kosten durch die Ermittlung und Dokumentation der Emissionen entstehen, vor allem, wenn diese in ihrer tatsächlichen Höhe erfasst werden sollen und keine Standardwerte verwendet werden. *Drittens* kommt es durch diese administrativen Kosten, aber auch durch die Kosten der Grenzausgleichszertifikate zu einer Verteuerung der Importe und damit zu einer Belastung von Konsumenten und Unternehmen. *Viertens* steht die Vereinbarkeit dieses Systems mit den Regeln der Welthandelsorganisation in Frage, sodass umfangreiche Handelskonflikte drohen.

Das letztgenannte Problem ist natürlich auf das zentrale neue Element zurückzuführen, welches mit dem Grenzausgleichssystem Einzug in die europäische Klimapolitik gehalten hat: auf den Einsatz negativer wirtschaftlicher Anreize. Erstmals sollen andere Länder nicht nur dadurch zu einer ehrgeizigen Klimapolitik angehalten werden, dass man ihnen ein gutes Beispiel gibt oder sie finanziell belohnt, sondern auch dadurch, dass man sie bestraft, wenn sie eine weniger ambitionierte Klimapolitik als die EU betreiben. Aus handelspolitischer Sicht wirken die Kosten für die Grenzausgleichszertifikate wie Strafzölle auf Importe, und die Kosten für die Erfassung und Dokumentation der Emissionen sind nichts anderes als nichttarifäre Handelshemmnisse. Damit begibt sich die EU auf ein gefährliches Terrain, denn sie rüttelt an den Grundfesten der Welthandelsordnung und beschwört Handelskonflikte herauf, die weltweit zu erheblichen Wohlstandsverlusten führen können.

Aber die EU-Kommission ist fest entschlossen, den verabschiedeten Grenzausgleichsmechanismus in die Tat umzusetzen – ungeachtet aller Risiken. Dabei wird sie vor allem von der deutschen Bundesregierung unterstützt, welche selbstredend »die Einführung eines europaweit wirksamen CO_2-Grenzausgleichsmechanismus« gefordert hat.[206]

Klimapolitik und politischer Moralismus

Alles andere wäre auch eine große Überraschung gewesen. Denn schließlich ist der sogenannte »Klimaschutz« das goldene Kalb, um das die politischen Moralisten in Deutschland am leidenschaftlichsten herumtanzen. Dieser alttestamentarische Vergleich ist nicht fehl am Platz. Denn die Klimapolitik hat heute den Charakter einer Ersatzreligion angenommen. Das zeigt sich nicht nur an der zunehmend apokalyptischen Sprache: Aus dem Klimawandel wurde die Klimakrise, die ihrerseits zur Klimakatastrophe mutiert ist. Auch der Umgang mit Kritikern der aktuellen Klimapolitik hat inquisitorische Züge: Ihnen wird eine Behandlung zuteil, die an die Verfolgung von Ketzern in früheren Zeiten erinnert. Aber immerhin droht nicht mehr der Scheiterhaufen, sondern »nur« das soziale und berufliche Aus. Die Klimapolitik ist zur Glaubensfrage geworden, bei der Wissenschaft und Vernunft nur noch eine untergeordnete Rolle spielen. Das wird allein schon an der Bezeichnung »Klimaleugner« deutlich, die auf die Kritiker der aktuellen Klimapolitik angewandt wird. Sie ist zwar unsinnig, aber doch insofern vielsagend, als sie an die ehemals gebräuchliche Bezeichnung »Gottesleugner« mehr als nur ein wenig erinnert. Ähnliches gilt auch für den gleichfalls oft und gerne verwendeten Begriff »Klimasünder«.

In der Tat ist die Klimapolitik die Verkörperung des politischen Moralismus. In keinem anderen Politikbereich triumphiert die gute Gesinnung so sehr über die Gesetze des Verstandes. Und in keinem anderen Politikbereich lassen sich die typischen Elemente des politischen Moralismus, wie sie der Philosoph Hermann Lübbe herausgearbeitet hat, so gut nachvollziehen: moralischer Verfall und Böswilligkeit als angebliche Ursache von Problemen; persönliche Angriffe auf Andersdenkende statt sachlicher Auseinandersetzung; die Selbstermächtigung zum Regelverstoß, der als Zeichen höherer Moral gesehen wird; moralische Appelle, Bevormundung und Zwang als Mittel zur Lösung von Problemen – all das findet sich in der deutschen und der europäischen Klimapolitik wieder.[207]

Und so teilt die Klimapolitik auch das typische Schicksal des politischen Moralismus: das Scheitern an der Realität. Nichts anderes ist zu erwarten, wenn Politik vor allem nach Maßgabe von Gefühl und Gesinnung gemacht wird und die Vernunft keine Rolle spielt. Auf die zahllosen Unzulänglichkeiten der deutschen und der europäischen Klimapolitik kann an dieser Stelle nicht ausführlich eingegangen werden. Einige kurze Bemerkungen müssen genügen. Schon der Ansatz der aktuellen Klimapolitik ist verfehlt: Anstatt zuerst die Grundvoraussetzung jeder effektiven und effizienten Klimapolitik herzustellen, nämlich eine internationale Koordination, versuchen Deutschland und die EU, ein globales Problem auf nationaler bzw. regionaler Ebene zu lösen. Außerdem wird das schon an sich fragwürdige Ziel einer international unkoordinierten Reduktion der Treibhausgasemissionen dadurch zu realisieren versucht, dass man eine kleinteilige, sektorale und dirigistische Politik betreibt – anstatt auf die Kräfte von Markt und Wettbewerb zu setzen und zumindest innerhalb der EU einen einheitlichen Emissionspreis zu etablieren. Auf diese Weise werden Milliarden von Euro für eine Politik verschwendet, die nicht nur einen höchst bescheidenen Effekt auf das Klima hat, sondern auch extrem ineffizient ist.

Dieses Urteil gilt auch und insbesondere für die Klimaaußenpolitik. Das Kyoto-Protokoll war der erste und bisher einzige

Versuch einer international koordinierten Klimapolitik. Es ist gescheitert, weil die Entwicklungs- und Schwellenländer nicht dem Vorbild der Industrieländer gefolgt sind und ihrerseits nicht auch zu Reduktionsverpflichtungen bereit waren. Das Übereinkommen von Paris ist so gut wie wertlos, weil es eben *keine* international koordinierte Klimapolitik darstellt. Die Vertragsparteien haben sich nämlich unabhängig voneinander zu den Maßnahmen verpflichtet, die sie für sinnvoll und im eigenen Interesse halten; es überrascht deshalb nicht, dass diese Maßnahmen nicht mit dem 1,5-Grad-Celsius-Ziel, zu dem man sich bekannt hat, vereinbar sind; denn auch bei Einhaltung aller Selbstverpflichtungen würde dieses Ziel nicht erreicht werden. Ganz abgesehen davon gibt es keinerlei Sanktionen bei Nichterreichung des Klimaziels oder bei Nichterfüllung der Selbstverpflichtungen – oder bei einem Ausstieg eines Landes aus dem Übereinkommen von Paris. Letztlich wurde nur das bisherige unkoordinierte Nebeneinander nationaler Klimapolitiken institutionalisiert – und das Versagen der internationalen Staatengemeinschaft in der Klimafrage durch wohlklingende Zielvereinbarungen bemäntelt. Deshalb müssen auch die im Rahmen dieses Abkommens etablierten positiven ökonomischen Anreize ins Leere laufen. Selbst wenn die finanziellen Belohnungen die Entwicklungsländer zur gewünschten Emissionsreduktion veranlassen sollten, wird der Effekt auf das Klima vernachlässigbar und sehr teuer erkauft sein. Dieser hohe Preis bezieht sich nicht nur auf das Ausmaß der Finanztransfers und die damit einhergehende Belastung der Industrieländer, sondern auch auf den Nutzen, der den Entwicklungsländern dadurch entgeht, dass das Geld in Projekte fließt, die den eigentlichen Bedürfnissen dieser Länder überhaupt nicht entsprechen – wenn etwa Solaranlagen und Windräder statt Schulen und Krankenhäusern gebaut werden. Es fällt schwer, in so einem Vorgehen nicht Bevormundung und Besserwisserei zu sehen.

Noch wesentlich problematischer als die Klimaaußenpolitik im Rahmen des Pariser Übereinkommens ist das Grenzausgleichssystem der EU. Dessen negative ökonomische Anreize betreffen zwar unmittelbar nur Drittländer, werden sich aber auch auf die Mitgliedstaaten der EU selbst nachteilig auswirken: direkt durch die steigenden Importpreise und die abnehmende Wettbewerbsfähigkeit europäischer Unternehmen auf den Weltmärkten, indirekt durch die drohenden Handelskonflikte.

Es ist dieser dritte Fall der deutschen und europäischen Klimaaußenpolitik, bei dem die Nachteile und Gefahren des politischen Moralismus besonders deutlich werden. Aber die Klimaaußenpolitik ist nicht nur in diesem Fall, sondern überhaupt verfehlt, weil ihr Ansatz – ebenso wie jener der deutschen und europäischen Klimapolitik im Allgemeinen – ein vollkommen verkehrter ist. Die Klimaaußenpolitik muss, wie gezeigt wurde, die Grundlage jeder sinnvollen Klimapolitik bilden, weil nur durch sie die unverzichtbare internationale Koordination erreicht werden kann. Folglich hätte der Ansatz des Kyoto-Protokolls weiterentwickelt werden müssen. Nur insoweit dieses Bemühen erfolgreich gewesen und eine wirksame internationale Koordination erreicht worden wäre, hätte man eine Emissionsreduktionspolitik betreiben sollen. Solange diese Anstrengungen ohne Erfolg geblieben wären, hätte nur eine Klimapolitik im Sinne der Anpassung an den Klimawandel betrieben werden sollen. Denn, um dies nochmals zu wiederholen, nationale und regionale Maßnahmen zur Emissionsreduktion wären in diesem Fall sinnlos – so wie sie es auch gegenwärtig sind.

Von dieser Einsicht ist die Bundesregierung allerdings noch weit entfernt. Im Gegenteil, ihre im Dezember 2023 vorgestellte »Klimaaußenpolitikstrategie« lässt erkennen, dass die bisherige Klima- und Klimaaußenpolitik unbeirrt fortgesetzt werden soll.[208] Diese Strategie ist durch und durch ein Produkt des politischen Moralismus. Selbstverständlich ist »unsere Klimaaußenpolitik wertegeleitet«;[209] und nicht nur das, sie ist auch »feministisch und inklusiv«.[210] Ebenso selbstverständlich müssen andere Länder von der deutschen Klimapolitik überzeugt werden – mit Hilfe von sowohl Belohnung als auch Strafen. Was die Unterstützung der Entwicklungsländer angeht, so sollen »die Finanzflüsse an unseren Biodiversitäts- und Klimazielen« ausgerichtet werden.[211] Dabei zeigt sich Deutschland sehr spendabel – rühmt sich doch unsere Regierung, »der größte Geber« bei vier verschiedenen klimapolitischen Fonds zu sein.[212] Neben dem Zuckerbrot ist aber auch die Peitsche nötig und so wird der Grenzausgleichsmechanismus der EU nachdrücklich befürwortet und unterstützt.[213]

Das Grundproblem wird damit aber nicht angegangen. Denn tatsächlich zäumen die deutsche und die europäische Klimapolitik das Pferd von hinten auf: Erst wird eine sowohl ineffektive als auch ineffiziente Reduktionspolitik betrieben und dann wird versucht, anderen Ländern diese Politik aufzuzwingen – indem man gefügige Länder belohnt und widerspenstige Länder bestraft.

Wie immer beim politischen Moralismus spielt die Abwägung von Nutzen und Kosten keine Rolle. Es wird – wenn man auf die tatsächlichen Auswirkungen auf das Weltklima abstellt – nur eine Symbolpolitik betrieben, allerdings eine extrem teure Symbolpolitik. Die gute Gesinnung, die man damit an den Tag legen kann, wird um einen sehr hohen Preis erkauft. Je deutlicher die wirtschaftlichen Nachteile einer solchen Politik werden, desto fraglicher erscheint es, ob Deutschland und die EU andere Länder dazu bewegen können, ebenfalls diesen Preis zu zahlen. Deutschland und die EU sind weit davon entfernt, ein Vorbild für die ganze Welt zu sein – sie sind ein abschreckendes Beispiel.

Kapitel 10: Sanktionspolitik

Wir kommen nun zum aktuellsten und umstrittensten Bereich der Werteaußenpolitik, zur Sanktionspolitik. Sanktionen stellen – diesseits der Anwendung militärischer Gewalt – die härteste Form negativer ökonomischer Anreize dar.[214] Der Sanktionspolitik soll bei der Analyse der wertepolitischen Instrumente das Hauptaugenmerk gelten – einerseits, weil die ökonomischen und politischen Konsequenzen wesentlich gravierender als im Fall der anderen Instrumente sein können, andererseits, weil Sanktionen angesichts der aktuellen Ukrainekrise besonders intensiv und kontrovers diskutiert werden. Bevor wir einen Beitrag zu dieser Diskussion leisten können, müssen wir uns etwas mit der Sanktionspolitik im Allgemeinen beschäftigen, um deren Funktionsweise und Erfolgsbedingungen verstehen zu können.

Die »Wirtschaftswaffe«

Unter Sanktionen werden heutzutage vor allem Wirtschaftssanktionen verstanden, und auf diese wollen wir uns im Folgenden ebenfalls beschränken.[215] Dementsprechend kann man Sanktionen als wirtschaftliche Zwangsmaßnahmen definieren, mit denen das Verhalten eines anderen Staates beeinflusst werden soll. Hinsichtlich des *Inhalts* von Sanktionen kann man unterscheiden: Verkehrssanktionen, die den Flug- und Schiffsverkehr betreffen; Handelssanktionen, die Importe und Exporte zum Gegenstand haben; Finanzsanktionen, die sich auf Kapitalanlagen und Geld- bzw. Kapitaltransfers beziehen; und Kommunikationssanktionen, die auf eine Einschränkung oder Unterbrechung von Telekommunikationsverbindungen abzielen. Jede dieser Sanktionsarten kann eine unterschiedliche *Reichweite* haben: von individuellen über partielle bis zu totalen Sanktionen. Beispielsweise können die Vermögen nur von bestimmten Individuen oder Unternehmen »eingefroren« werden oder von Unternehmen einer bestimmten Branche oder von allen Wirtschaftssubjekten aus dem betreffenden Staat.

Aus Sicht des Völkerrechts kann man zwischen völkerrechtswidrigen und völkerrechtskonformen Sanktionen unterscheiden, wobei es allerdings keine allgemein anerkannte Abgrenzung gibt. Eindeutig völkerrechtskonform sind die vom UN-Sicherheitsrat beschlossenen Sanktionen. Alle anderen Sanktionen dürfen nicht gegen das Interventionsverbot in Artikel 2 Ziffer 7 der UN-Charta verstoßen, wonach eine Einmischung in die inneren Angelegenheiten eines anderen Staates unzulässig ist. Strenggenommen wären damit eigentlich alle nicht vom Sicherheitsrat beschlossenen Sanktionen verboten, da ja jede Sanktion eine Verhaltensänderung eines anderen Staates bezweckt und deshalb eine Einmischung in dessen innere Angelegenheiten darstellt. Da heutzutage, wie wir sehen werden, Sanktionen sehr häufig verhängt werden, scheint in der Praxis der Frage der Völkerrechtskonformität keine allzu große Bedeutung beigemessen zu werden.

Je nach Zahl der Länder, die sich an der Verhängung bestimmter Sanktionen beteiligen, ist zwischen unilateralen und multilateralen Sanktionen zu unterscheiden.

Im Fall der vom Sicherheitsrat der Vereinten Nationen beschlossenen Sanktionen bildet Artikel 41 der UN-Charta die Rechtsgrundlage. Die Europäische Union kann ihrerseits *erstens* Finanzsanktionen gemäß Artikel 75 des Vertrags über die Arbeitsweise der Europäischen Union (AEUV) verhängen, allerdings nur »in Bezug auf die Verhütung und Bekämpfung von Terrorismus und damit verbundener Aktivitäten«. *Zweitens* gestattet Artikel 215 Absatz 1 AEUV, der allgemeiner gefasst ist, dem Rat der Europäischen Union, Maßnahmen zur »Aussetzung, Einschränkung oder vollständigen Einstellung der Wirtschafts- und Finanzbeziehungen zu einem oder mehreren Drittländern« zu ergreifen. Gemäß Absatz 2 desselben Artikels können sich diese Maßnahmen auch »gegen natürliche oder juristische Personen sowie Gruppierungen oder nichtstaatliche Einheiten« richten. In jedem Fall ist zur Verhängung von Sanktionen gemäß diesem Artikel ein Beschluss im Rahmen von Titel V Kapitel 2 des Vertrags über die Europäische Union (EUV) erforderlich, also ein Beschluss im Rahmen der Gemeinsamen Außen- und Sicherheitspolitik. Selbstredend geht es der EU bei dieser Politik auch und vor allem darum, ihren Grundsätzen »weltweit zu stärkerer Geltung« zu verhelfen (Artikel 21 Absatz 1 EUV), »ihre Werte (…) zu wahren« (Artikel 21 Absatz 2a EUV) und »ihre Werte auf internationaler Ebene geltend [zu] machen« (Artikel 32 EUV).

Speziell dem weltweiten Schutz der Menschenrechte dient die Verordnung (EU) 2020/1998 vom 7. Dezember 2020.[216] Damit hat sich die EU ermächtigt, nach Maßgabe von Artikel 215 AEUV schwere Menschenrechtsverletzungen und -verstöße durch wirtschaftliche Sanktionen zu ahnden. Diese Verordnung gilt nicht nur für Völkermord und Verbrechen gegen die Menschlichkeit, sondern auch für »andere Menschenrechtsverletzungen oder -verstöße, (…) die (…) in anderer Weise Anlass zu ernster Besorgnis im Hinblick auf die Ziele der Gemeinsamen Außen- und Sicherheitspolitik nach Artikel 21 EUV geben« (Artikel 2 Absatz 1d). Es ist vor allem dieser Passus, welcher der EU einen sehr großen Spielraum bei der Anwendung der Verordnung gibt.

Sanktionen sind keine Erfindung der Neuzeit. Schon im Peloponnesischen Krieg wurden sie eingesetzt. Die ersten modernen Sanktionen lassen sich auf das Jahr 1806 zurückführen, als Napoleon die sogenannte »Kontinentalsperre« gegen Großbritannien verhängte. Mit dieser Wirtschaftsblockade sollten sämtliche britischen Importe nach Kontinentaleuropa unterbunden werden – einerseits, um die französische Wirtschaft zu schützen, andererseits, um Großbritannien durch wirtschaftlichen Druck zu Verhandlungen mit Frankreich zu zwingen. Im Ersten Weltkrieg führten die Alliierten einen zuvor nie dagewesenen Wirtschaftskrieg gegen Deutschland und seine Verbündeten. Auch nach dem Ende des Krieges kehrte man nicht zur liberalen, nicht-interventionistischen Welthandelsordnung zurück. Die »Wirtschaftswaffe«, wie Sanktionen damals genannt wurden, fand vielmehr Eingang in die Satzung des 1919/20 gegründeten Völkerbundes (Artikel 16). In der Zwischenkriegszeit bediente man sich dann auch häufig dieser Waffe, beispielsweise als Reaktion auf das Äthiopienabenteuer von Mussolini. Einen neuen Höhepunkt erreichte der Einsatz von Sanktionen im Zweiten Weltkrieg. Nun wurden Sanktionen nicht nur gegen die Achsenmächte, sondern auch gegen Drittstaaten verhängt, um diese von einem Kriegseintritt auf der Seite von Deutschland abzuhalten. Unter anderem diesem Zweck dienten die Ölembargos gegen Spanien und Japan – wobei sich der gewünschte Erfolg nur im ersten Fall einstellte. Bis zum Ende des Kalten Krieges hatte die Sanktionspolitik des Westens zwei Seiten: *Erstens* gab es die allgemeinen und dauerhaften Exportkontrollen gegenüber der Sowjetunion bzw. dem Warschauer Pakt und gegenüber China, um nicht nur den Zugang dieser Länder zu militärisch nutzbaren Technologien zu verhindern, sondern auch deren wirtschaftliche Entwicklung zu behindern. *Zweitens* wurden Sanktionen darüber hinaus gegen einzelne Länder verhängt, um bestimmte Ziele zu erreichen. Das bekannteste Beispiel hierfür dürften die Wirtschaftssanktionen der USA gegen Kuba sein, die 1960 eingeführt und bis heute fortgesetzt wurden. Im Zusammenhang mit der Nichtweiterverbreitung von Atomwaffen wurden Sanktionen unter anderem gegen Libyen, Südafrika, Indien und Pakistan verhängt, welche nur in den ersten beiden Fällen ihren Zweck erfüllten. Ab Ende der 1970er-Jahre spielten Menschenrechte eine immer größere Rolle in der Sanktionspolitik; in immer mehr Fällen dienten (angebliche oder tatsächliche) Menschenrechtsverletzungen zur Rechtfertigung von Sanktionen.

Menschenrechte bildeten auch nach dem Ende des Kalten Krieges einen Schwerpunkt der Sanktionspolitik des Westens. Daneben wurden die Bekämpfung des Terrorismus und die Bestrafung von Ländern, welche diesen unterstützten, immer wichtiger, vor allem nach den Anschlägen vom 11. September 2001. Die dritte Säule der aktuellen Sanktionspolitik bildet die Verfolgung der traditionellen geopolitischen Ziele, die bei der Sanktionierung beispielsweise von Nordkorea, dem Iran oder Russland die zentrale Rolle spielen – wenngleich auch in diesen Fällen die beiden erstgenannten Motive zur Rechtfertigung mit herangezogen werden. Die Zahl der von Seiten westlicher Länder verhängten Sanktionen ist nach Ende des Kalten Krieges geradezu explodiert.[217] Besonders die USA haben sich dabei hervorgetan. In den 1990er-Jahren war mehr als die Hälfte der Weltbevölkerung von amerikanischen Sanktionen betroffen, und 1998 beklagte der damalige Präsident Bill Clinton, die USA seien »sanktionswütig« geworden. Es würde so aussehen, sagte er, als ob wir jeden mit Sanktionen bestrafen wollten, der anderer Meinung als wir ist, aber niemand helfen würden, der unsere Meinung teilt.[218]

Dieser Trend hat sich seit der Jahrhundertwende nicht nur fortgesetzt, sondern beschleunigt. Die Trump-Administration hat in ihrer vierjährigen Amtszeit über 3900 Individuen und Unternehmen mit Sanktionen belegt, wohingegen es Bush junior in acht Jahren nur auf ungefähr 3500 Fälle brachte. Es sieht so aus, als ob die Biden-Administration den Rekord von Trump brechen würde, vor allem wegen der gegen Russland gerichteten Sanktionen nach dem Angriff auf die Ukraine im Jahr 2022. In den ersten beiden Monaten nach Kriegsbeginn hatten die USA schon über 1000 Strafmaßnahmen verhängt; bis Anfang November 2023 belief sich die Gesamtzahl der Russlandsanktionen der

USA auf 3996.[219] Dieser Sanktionsenthusiasmus der USA kontrastiert in auffälliger Weise mit der amerikanischen Haltung zwischen den Weltkriegen, als die USA dasjenige Land waren, das den Einsatz von Wirtschaftssanktionen am entschiedensten ablehnte.[220]

Die USA haben nicht nur die Quantität der eingesetzten Sanktionen in bisher unerreichte Höhen getrieben, sondern auch deren Qualität verändert – indem sie das Konzept der extraterritorialen bzw. sekundären Sanktionen einführten. Während sich an »normale« Sanktionen nur amerikanische Unternehmen und Personen halten müssen, gelten extraterritoriale und sekundäre Sanktionen im Prinzip weltweit. Bei der extraterritorialen Anwendung von US-Sanktionen ist grundsätzlich ein US-Bezug erforderlich, der gegeben sein kann, wenn Exportgüter eines Drittlandes entweder US-Vorleistungen enthalten oder auf US-Technologie oder US-Software basieren. Sekundärsanktionen setzen dagegen keinen US-Bezug voraus, sondern können dann verhängt werden, wenn in Drittländern »bedeutende Transaktionen« für sanktionierte Personen, Unternehmen oder Organisationen durchgeführt werden. Zwar können die USA rein rechtlich gesehen ausländische Personen oder Unternehmen nicht dazu zwingen, sich an amerikanische Sanktionen zu halten, aber sie können sic mittels wirtschaftlichem Druck dazu bewegen – indem nämlich ausländischen Personen oder Unternehmen, die sich nicht gemäß den amerikanischen Sanktionen verhalten, der Zugang zum US-Markt verwehrt und die Nutzung des US-Dollars untersagt wird. Mit dem Helms-Burton-Gesetz versuchten die USA 1996 erstmals, den Geltungsbereich ihrer Sanktionen – in diesem Fall der Sanktionen gegen Kuba – auf Drittländer auszudehnen. Nach scharfen Protesten vor allem der EU wurde jedoch darauf verzichtet, die entsprechenden Regelungen anzuwenden. Die Idee stand jedoch im Raum und wurde 2010 im Rahmen der Sanktionen gegen den Iran doch noch realisiert.

Seither gab es relativ wenige extraterritoriale bzw. sekundäre Sanktionen, die zudem selten zu tatsächlichen Strafmaßnahmen führten – vor allem wegen deren großen Potentials für Konflikte mit den Verbündeten. Das hat sich bei den Sanktionen im Zusammenhang mit dem Russland-Ukraine-Konflikt geändert, die ganz überwiegend extraterritorial gelten und durch sekundäre Sanktionen ergänzt werden.

Dass Sanktionen heutzutage sehr häufig angewandt und als wichtiges Instrument der Außenpolitik angesehen werden, bedeutet noch nicht, dass sie die in sie gesetzten Hoffnungen auch tatsächlich erfüllen; es bedeutet also nicht, dass sie auch wirksam sind. Welche Erfahrungen hat man bisher mit der Wirkung von Sanktionen gemacht? In einer Hinsicht können alle tatsächlich verhängten Sanktionen als Misserfolge angesehen werden. Denn Sanktionen werden nicht einfach von heute auf morgen verhängt, sondern werden in den allermeisten Fällen erst angedroht, bevor sie beschlossen werden. Mit solchen Drohungen soll erreicht werden, dass das bedrohte Land sein Verhalten gemäß den Vorstellungen des bedrohenden Landes ändert. Erst wenn die Drohung nichts fruchtet und das Verhalten nicht geändert wird, lässt man der Drohung Taten folgen und die angedrohten Sanktionen werden umgesetzt. Von daher sind die erfolgreichsten Sanktionen die, die gar nicht erst verhängt wurden. Umgekehrt impliziert die Verhängung von Sanktionen, dass das erste Ziel der Sanktionspolitik schon verfehlt wurde.

Sieht man von diesem Scheitern im Vorfeld der Sanktionsverhängung ab und betrachtet nur die tatsächlich beschlossenen Sanktionen, so stellt man schnell fest, dass es nicht einfach ist, deren Wirkung und Erfolg zu beurteilen. Das hat zwei Gründe: Zum einen ist es praktisch unmöglich herauszufinden, was passiert wäre, wenn eine bestimmte Sanktion nicht verhängt worden wäre. Aber wenn man Aussagen über die Wirkung einer Sanktion treffen will, muss man zwangsläufig die tatsächlich eingetretenen Ereignisse mit den hypothetischen Ereignissen in Abwesenheit dieser Sanktion vergleichen. Zum anderen sind die Sanktionsziele in vielen Fällen so vage und unscharf formuliert, dass es schwer ist, eindeutig zu sagen, worin diese Ziele konkret bestehen – und dass man deshalb natürlich auch schwer feststellen kann, ob sie erreicht worden sind. Dennoch ist diese zweite Frage im Allgemeinen leichter als die erste Frage zu beantworten, da man sich dazu nicht auf hypothetische Szenarien stützen muss. Offensichtlich folgt aus der Zielerreichung aber nicht die Wirksamkeit der betreffenden Sanktion. Denn es ist möglich, dass das Ziel einer Sanktion unabhängig von deren Einsatz erreicht wurde – wenn nämlich andere Faktoren zu der angestrebten Verhaltensänderung des sanktionierten Landes geführt haben.

Bisher wurde unter dem Ziel von Sanktionen die Verhaltensänderung des sanktionierten Landes verstanden. Dies ist zweifelsohne das Hauptziel. Allerdings kann es auch Nebenziele geben – wenn das sanktionierte Land zwar der Haupt-, aber nicht der einzige Adressat der Sanktionen ist. Darauf weisen Gary Hufbauer und seine Kollegen vom Peterson Institute for International Economics hin:

> »Die Verhängung von Sanktionen sendet ein dreifaches Signal: Dem Zielland sagen sie, dass der Sender der Sanktionen die Handlungen des Ziellandes missbilligt; den Verbündeten sagen sie, dass Worten auch Taten folgen; und der eigenen Bevölkerung sagen sie, dass ihre Regierung bereit ist, die vitalen Interessen der Nation zu verteidigen.«[221]

Sanktionen können also, auch wenn das Zielland sein Verhalten nicht ändert, dergestalt erfolgreich sein, dass andere Länder von der Nachahmung des inkriminierten Verhaltens abgeschreckt werden – was sich natürlich nur schwer nachweisen lässt.

Konzentriert man sich auf das eigentliche Ziel der Sanktionen, so erscheint es sinnvoll, dem Politologen Robert A. Pape zu folgen, der den Sanktionserfolg so definiert:

> »Wirtschaftssanktionen können als Erfolg gewertet werden, wenn drei Bedingungen erfüllt sind: (1) Das Zielland hat die Forderungen des sanktionierenden Landes zu einem wesentlichen Teil erfüllt; (2) Wirtschaftssanktionen wurden entweder angedroht oder tatsächlich verhängt, bevor das Zielland sein Verhalten geändert hat; und (3) es existiert keine andere und glaubwürdigere Erklärung für diese Verhaltensänderung.«[222]

Wie erfolgreich sind also Sanktionen, wenn man sie an diesem Maßstab misst? Die ernüchternde Antwort lautet: nicht sehr erfolgreich. Die Sanktionsexperten des Peterson Institute, die sich seit über 25 Jahren mit der Sanktionspolitik beschäftigen, kommen in einer breit angelegten Studie aus dem Jahr 2007 zu dem Schluss, dass Sanktionen in 34 Prozent der Fälle »zumindest teilweise erfolgreich« waren.[223] Damit wird das Resultat der Vorgängerstudie von 1990 bestätigt, in der ebenfalls eine Erfolgsquote von 34 Prozent ermittelt wurde. Obwohl man schon dieses Resultat nicht gerade als eine glänzende Erfolgsbilanz bezeichnen kann, sind andere Autoren noch wesentlich skeptischer. So kritisiert etwa Pape die vom Peterson Institute angewandte Methode der Erfolgsmessung, die dazu führen würde, dass dem Instrument »Sanktion« auch die Fälle als Erfolge gutgeschrieben wurden, die beispielsweise durch den Einsatz militärischer Gewalt abgeschlossen wurden oder bei denen es unklar war, ob es überhaupt zu einer Verhaltensänderung gekommen ist. Nur in vier bis fünf Prozent der untersuchten Fälle könne man, so Pape, tatsächlich von einem Erfolg sprechen.[224] Pape bezieht sich zwar nur auf die Studie von 1990, aber da die neuere Studie dieselbe

Methode der Erfolgsmessung anwendet, trifft seine Kritik auch auf diese zu und es ist davon auszugehen, dass die tatsächliche Erfolgsquote auch dieser Sanktionen nicht bei 34 Prozent, sondern lediglich im einstelligen Bereich liegt.

Unstrittig ist, dass Sanktionen im Zielland beträchtlichen Schaden anrichten können. Im Durchschnitt geht das Wachstum des Bruttoinlandsprodukts eines Ziellandes um zwei Prozentpunkte pro Jahr zurück, wenn das Land multilateralen UN-Sanktionen unterliegt; im Fall von unilateralen US-Sanktionen beträgt der Rückgang durchschnittlich einen Prozentpunkt pro Jahr. In den meisten Fällen nimmt nicht nur das Wachstum des Bruttoinlandsprodukts ab, sondern dieses schrumpft absolut.[225] Diese wirtschaftlichen Kosten sind die Voraussetzung dafür, dass Sanktionen überhaupt Erfolg im obengenannten Sinn haben können. Aber sie stellen *nicht* den eigentlichen Erfolg dar, welcher schließlich in der gewünschten Verhaltensänderung besteht.

Auch wenn die verschiedenen Untersuchungen zur Effektivität von Sanktionen zu teilweise unterschiedlichen Ergebnissen gelangen, was hauptsächlich an den unterschiedlichen Methoden liegt, ist es möglich, folgenden vorsichtigen Schluss zu ziehen: Eindeutig erfolgreich sind Sanktionen nur in wenigen Fällen gewesen, nämlich höchstens in einem Zehntel aller Fälle. Allerdings gibt es durchaus Gründe, die dafürsprechen, dass Sanktionen in einem weiteren Viertel aller Fälle zumindest zur Unterstützung bzw. Absicherung anderer Maßnahmen beigetragen haben und in diesem eingeschränkten Sinn erfolgreich gewesen sind.[226] Das bedeutet andererseits, dass ungefähr zwei Drittel aller Sanktionen vollkommen erfolglos gewesen sind. Hier stellt sich die Frage, was die Gründe für dieses Scheitern gewesen sind. Sie werden von Fall zu Fall unterschiedlich gewesen sein, aber dennoch können aufgrund der bisherigen Erfahrungen Probleme identifiziert werden, die im Allgemeinen verantwortlich sein können.

Erstens kann es sein, dass die Sanktion prinzipiell nicht geeignet ist, das Ziel zu erreichen, das man sich gesetzt hat. Das kann einerseits daran liegen, dass das Ziel zu ehrgeizig ist, etwa weil die angestrebte Verhaltensänderung einer Selbstaufgabe des Ziellandes gleichkommen würde. Das wäre beispielsweise der Fall, wenn man China zur Anerkennung der Unabhängigkeit Taiwans bewegen wollte. Andererseits können auch die eingesetzten Mittel zu schwach sein, etwa wenn man Handelssanktionen gegen ein Land verhängt, mit dem man kaum Handel treibt. *Zweitens* können die Gegenreaktionen des sanktionierten Landes die Wirkung auch prinzipiell adäquater Sanktionen abschwächen und diese so letztlich scheitern lassen. In dem Maße, in dem es dem Zielland gelingt, der Sanktion auszuweichen, verliert diese an Wirkung. Wenn einem Zielland der Import bestimmter Güter verweigert wird, könnte es diese selbst produzieren oder sich alternativ andere Lieferanten suchen. Um andere Abnehmer könnte es sich bemühen, wenn man die Exporte des betreffenden Landes boykottiert. Je weniger Länder sich an den Sanktionen beteiligen, desto leichter wird es dem Zielland fallen, andere Lieferanten bzw. Abnehmer zu finden. Im Übrigen ist davon auszugehen, dass diese Strategien mit zunehmender Länge der Sanktionsdauer immer erfolgreicher werden. *Drittens* können Rivalen oder Gegner des sanktionierenden Landes dem sanktionierten Land zu Hilfe kommen und dieses beispielsweise finanziell oder durch Technologietransfers unterstützen. Vor allem während des Kalten Krieges sind deswegen viele Sanktionen ins Leere gelaufen, wofür das bekannteste Beispiel die Kuba-Sanktionen der USA sein dürften. *Viertens* können Sanktionen dergestalt nach hinten losgehen, dass sie zu einem Solidarisierungseffekt innerhalb des Ziellands führen und dessen Regierung nicht nur nicht geschwächt, sondern sogar gestärkt wird. *Fünftens* können die Verbündeten des sanktionierenden Landes Druck auf dasselbiges ausüben und es zu einer Abschwächung oder sogar Aufhebung der Sanktionen bewegen. Dies ist denkbar, wenn unter den Sanktionen auch die Verbündeten leiden, was vor allem bei extraterritorialen bzw. sekundären Sanktionen der Fall sein wird, oder wenn die »Kollateralschäden« im Zielland als inakzeptabel angesehen werden, also wenn beispielweise die Ernährung oder die medizinische Versorgung breiter Bevölkerungsschichten gefährdet wird. *Sechstens* kann auch zunehmender innenpolitischer Druck dazu führen, dass die Sanktionen nicht länger aufrechterhalten werden können. Neben den bereits erwähnten Kollateralschäden können hierfür auch die im Inland entstehenden wirtschaftlichen Kosten verantwortlich sein – etwa wenn aufgrund von Exportverboten Produktionsausfälle und Arbeitslosigkeit drohen oder wenn es wegen Importverboten zu Preiserhöhungen oder Lieferkettenunterbrechungen und Arbeitslosigkeit kommt. *Siebtens* und letztens wird eine Sanktion auch dann erfolglos sein, wenn sie gar nicht erfolgreich sein soll, wenn sie also nur einen symbolischen Zweck erfüllen soll. Insbesondere die Präsidenten der USA scheinen dazu zu neigen, ihrer Opposition gegen das (angebliche oder tatsächliche) Fehlverhalten ausländischer Regierungen dadurch Ausdruck zu verleihen, dass sie Sanktionen verhängen – auch wenn die Wahrscheinlichkeit, dass diese Erfolg haben werden, extrem niedrig ist.[227]

Das ist auch der Grund, warum Sanktionen so häufig verhängt werden – und warum ihre Erfolgsquote so bescheiden ist. Die Öffentlichkeit im Inland und im Ausland erwartet, dass auf bestimmte Missstände oder auf bestimmtes Fehlverhalten reagiert wird. Vor allem wird dies von der einzigen Supermacht, den USA, erwartet. Und vor die Wahl zwischen Nichtstun, militärischer Intervention und Wirtschaftssanktionen gestellt, erscheint der Einsatz der »Wirtschaftswaffe« in vielen Fällen als das geringste Übel – auch wenn (oder gerade weil) sie unwirksam ist. Selbstverständlich eignen sich Sanktionen auch für eine ganz spezielle Art der Symbolpolitik – nämlich zur Demonstration der eigenen moralischen Überlegenheit und zum Oktroyieren der eigenen moralischen Werte.

Bevor wir darauf näher zu sprechen kommen, wollen wir uns noch kurz mit den erfolgreichen Sanktionen und mit den Gründen für deren Erfolg beschäftigen. Denn wenngleich die große Mehrheit der Sanktionen nicht von Erfolg gekrönt ist, so kann doch nicht geleugnet werden, dass es Sanktionen gibt, die den gewünschten Zweck erreicht haben. Aus der Analyse dieser Sanktionen lassen sich die Bedingungen ableiten, die den Erfolg einer Sanktion zwar nicht garantieren, aber doch wahrscheinlich machen können.[228] Allgemein gilt natürlich, dass die oben geschilderten Probleme der erfolglosen Sanktionen vermieden werden müssen. Konkret bedeutet das Folgendes: *Erstens* sollten Sanktionen konkrete und moderate Ziele haben. Eine Sanktion, die auf die Freilassung politischer Gefangener gerichtet ist, wird eher Erfolg haben als eine, die einen Regimewechsel bezweckt. *Zweitens* sollten Sanktionen so gestaltet sein, dass die Kosten für das sanktionierte Land möglichst hoch, die für das sanktionierende Land möglichst niedrig sind.[229] Ersteres ist umso eher der Fall, je wichtiger die Wirtschaftsbeziehungen zwischen den beiden Ländern für das sanktionierte Land sind; Letzteres, je weniger wichtig diese Beziehungen für das sanktionierende Land sind. Insbesondere sollte darauf geachtet werden, keine politisch einflussreichen Interessengruppen im eigenen Land gegen die Sanktionen aufzubringen. Zwischen Sanktionsziel und Sanktionsausgestaltung besteht ein enger Zusammenhang: Je ehrgeiziger das verfolgte Ziel ist, desto härter müssen die Sanktionen sein. *Drittens* sollten Sanktionen möglichst multilateral verhängt werden – einerseits, um einen möglichst geringen Spielraum für Ausweich- und Umgehungsmanöver zu bieten, andererseits, um die eigenen Verbündeten nicht durch Alleingänge vor den Kopf zu stoßen. *Viertens* sollten Sanktionen nicht länger aufrechterhalten werden, als das sinnvoll ist. Denn Sanktionen wirken – bis auf ganz wenige Ausnahmen – entweder sofort oder gar nicht. Mit zunehmender Dauer der Sanktionen sinkt deren Erfolgswahrscheinlichkeit, weil sich das sanktionierte Land an die Sanktionen gewöhnt oder aber gelernt hat, diese zu umgehen. *Fünftens* sollte glaubhaft gemacht werden, dass die Sanktionen bei der gewünschten Änderung des Verhaltens des sanktionierten Landes auch tatsächlich aufgehoben werden. Sonst wird die gewünschte Verhaltensänderung nicht eintreten. Dass Sanktionen aufgehoben werden, wird umso eher glaubhaft sein, je mehr die erstgenannte Bedingung erfüllt ist, also je konkreter und moderater das Sanktionsziel ist. Selbstverständlich muss *sechstens* und letztens der Sanktionserfolg auch ernsthaft gewollt sein. Soll nur Symbolpolitik betrieben werden, spielen die fünf vorgenannten Bedingungen ohnehin keine Rolle. Im Übrigen hängt der Erfolg von Sanktionen nicht nur von der Ausgestaltung derselben, sondern auch von den Verhältnissen im sanktionierten Land ab. Insbesondere dessen politische Verfassung ist wichtig: Ein demokratisches Land wird tendenziell eher auf den Druck von Sanktionen reagieren als ein autokratisches.

Unabhängig von dem konkreten Ziel, den konkreten Inhalten und der konkreten Ausgestaltung von Sanktionen muss eine ökonomisch rationale Sanktionspolitik natürlich dieselben Grundvoraussetzungen erfüllen, die für jede ökonomisch rationale Politik gelten: Auf der Grundlage der Definition eines möglichst konkreten Ziels sind die Maßnahmen zur Erreichung dieses Ziels so auszuwählen, dass das Ziel mit möglichst geringem Aufwand an Zeit und Kosten erreicht wird. Nach der Umsetzung dieser Maßnahmen ist deren Wirkung zu überprüfen. Stellt sich der erwartete Erfolg nicht ein, so sind die Gründe hierfür zu analysieren und die Politik ist entsprechend zu revidieren – indem entweder das Ziel abgeschwächt oder ganz aufgegeben wird oder die Maßnahmen geändert werden.

Die Notwendigkeit einer sorgfältigen Planung wird auch von den Sanktionsexperten des Peterson Institute betont:

> »Regierungen, die Sanktionen verhängen wollen, sollten die ihnen zur Verfügung stehenden Mittel und die von ihnen angestrebten Ziele gründlich durchdenken, *bevor* sie sich dazu entschließen, Sanktionen tatsächlich zu verhängen.«[230]

Es ist zwar durchaus möglich, dass auch eine nicht ökonomisch rationale Sanktionspolitik Erfolg haben kann. Aber dies ist eher unwahrscheinlich und außerdem würde jeder derartige Erfolg mit unnötig hohen Kosten erkauft werden.

Nach diesen langen, aber für das Verständnis der Sanktionspolitik unabdingbaren Vorbemerkungen können wir uns nunmehr der konkreten Sanktionspolitik Deutschlands und der EU zuwenden. Konkret sollen die Iran- und die Russlandsanktionen betrachtet werden, die aktuell und höchstwahrscheinlich auch auf absehbare Zeit am wichtigsten sind. Dabei soll nicht nur gefragt werden, ob und inwieweit sie erfolgreich waren bzw. sind, sondern es sollen auch die Gründe für ihren Erfolg bzw. Misserfolg sowie die Motive der Sanktionspolitik in diesen beiden Fällen diskutiert werden.

Die Iransanktionen

Der Iran ist seit der Geiselkrise von Teheran im Jahr 1979 das Ziel von Sanktionen, vor allem von Seiten der USA, aber auch der internationalen Gemeinschaft. Im Mittelpunkt der Sanktionspolitik gegen den Iran steht seit 2006 das Atomprogramm dieses Landes. Auf der Grundlage der Resolution 1696 des UN-Sicherheitsrats vom 31. Juli 2006 wurden im Dezember desselben Jahres umfassende Sanktionen gegen den Iran verhängt (gemäß der Resolution 1737). Das Ziel bestand darin, den Iran zur

Einhaltung seiner Verpflichtungen aus dem Atomwaffensperrvertrag und gegenüber der Internationalen Atomenergie-Organisation zu bewegen. Zu diesem Zweck wurden ein Waffen- und ein Kerntechnikembargo sowie bestimmte Finanzsanktionen verhängt. Die Sanktionen wurden im Lauf der folgenden Jahre ständig verschärft und erweitert, betrafen aber nicht die Öl- und Gasexporte des Iran. 2015 begannen Verhandlungen zwischen dem Iran auf der einen Seite und den fünf Vetomächten des UN-Sicherheitsrats sowie Deutschland auf der anderen Seite. Diese führten am 14. Juli 2015 zum Abschluss des »Gemeinsamen umfassenden Aktionsplans«, welcher am 16. Januar 2016 in Kraft trat. Der Plan begrenzt die Kapazitäten des Iran zur Urananreicherung; im Gegenzug wurden gemäß der Sicherheitsratsresolution 2231 vom 20. Juli 2015 die UN-Sanktionen aufgehoben. Dieses Abkommen stieß in Israel und in Teilen der US-Politik auf Kritik, da dem Iran zu viele Zugeständnisse gemacht worden seien. Im Mai 2018 verkündete Präsident Trump den Ausstieg der USA aus dem Atomabkommen. Nachdem Versuche der USA, im Sicherheitsrat eine Wiederaufnahme der UN-Sanktionen zu erreichen, gescheitert waren, verhängte Trump noch im selben Jahr weitreichende unilaterale Sanktionen gegen den Iran, die unter anderem Waffengeschäfte, Technologieexporte und den Finanzsektor betrafen. Diese Sanktionen waren nicht nur extraterritorial gültig, sondern wurden auch durch die Androhung sekundärer Sanktionen abgesichert. Unternehmen aus anderen Ländern, die weiterhin Geschäfte mit dem Iran machten, riskierten damit, den Zugang zum US-Markt und zum US-Dollar zu verlieren. Obwohl bislang nur wenige Unternehmen aus Drittstaaten tatsächlich sanktioniert wurden, reicht allein die Möglichkeit solcher Sanktionen schon aus, dass die meisten Unternehmen »freiwillig« auf Geschäfte mit dem Iran verzichten – auch deswegen, weil die entsprechenden US-Vorschriften bewusst vage formuliert sind, sodass sich ein Unternehmen nie sicher sein kann, nicht sanktioniert zu werden.

Die EU wollte dagegen an dem Atomabkommen mit dem Iran festhalten, weil der Iran schließlich alle seine Verpflichtungen eingehalten habe. Sie hat sowohl gegen den einseitigen Ausstieg der USA als auch gegen die Verhängung von Sanktionen, vor allem soweit es sich um extraterritoriale bzw. sekundäre Sanktionen handelte, scharf protestiert – allerdings ohne Erfolg. Um sich zur Wehr zu setzen, hat die EU die sogenannte »Blocking-Verordnung« (EG 2271/96) aus dem Jahr 1996 reaktiviert und aktualisiert.[231] Diese Verordnung wurde als Reaktion auf das Helms-Burton-Gesetz aus demselben Jahr erlassen, welches auch ausländische Unternehmen zur Teilnahme an den amerikanischen Sanktionen gegen Kuba bewegen sollte. Mit der Blocking-Verordnung wird europäischen Unternehmen gegen Androhung von Geldstrafe verboten, sich an US-Sanktionen zu halten. Die Verordnung hat sich allerdings nicht bewährt: Im Fall der Kubasanktionen machte die damalige US-Regierung einen Rückzieher, sodass die Verordnung nicht zur Anwendung kam. Und im Fall der Iransanktionen sind die angedrohten Geldstrafen im Verhältnis zum wirtschaftlichen Schaden durch einen Ausschluss vom US-Markt und vom US-Dollar viel zu gering, um Unternehmen zur Nichteinhaltung der US-Sanktionen veranlassen zu können. Abgesehen davon kann die Befolgung von extraterritorialen bzw. sekundären Sanktionen gemäß Artikel 5 der Blocking-Verordnung genehmigt werden, wenn deren Nichtbefolgung dazu führen würde, dass die Interessen der betreffenden Unternehmen »schwer geschädigt würden«. Um von US-Sanktionen betroffene europäische Unternehmen nicht nur mit Strafen zu bedrohen, sondern auch zu unterstützen, gründete die EU 2019 die Handelsplattform INSTEX (»Instrument in Support of Trade Exchange«), über die Transaktionen für Geschäfte mit dem Iran abgewickelt werden sollen – und zwar ohne Benutzung des US-Dollars und ohne die Einschaltung des Finanztelekommunikationsdienstes SWIFT. Aber auch dieses Projekt hatte nicht den gewünschten Erfolg, da Unternehmen, die INSTEX benutzen, Gefahr laufen, von den USA wegen Geldwäsche oder Terrorfinanzierung sanktioniert zu werden.

2021 hat die EU-Kommission ihren Standpunkt bekräftigt, dass sie extraterritoriale bzw. sekundäre Sanktionen grundsätzlich für unrechtmäßig hält:

> »Die EU ist der Auffassung, dass die extraterritoriale Anwendung von Maßnahmen eines Drittlands gegen EU-Wirtschaftsbeteiligte einen völkerrechtlichen Verstoß darstellt. Solche Maßnahmen gefährden die Integrität des Binnenmarkts und der EU-Finanzsysteme, sie beeinträchtigen die Wirksamkeit der EU-Außenpolitik, belasten den rechtmäßigen Handel und rechtmäßige Investitionen und verstoßen gegen Grundsätze des Völkerrechts.«[232]

In Bezug auf die Iransanktionen ist es allerdings in letzter Zeit zu einer Annäherung zwischen den USA und der EU gekommen. Da das Festhalten an dem Atomabkommen dem Iran nicht die erhofften wirtschaftlichen Vorteile brachte, weil sich auch die europäischen Unternehmen auf Druck der USA zurückzogen, hat der Iran seinerseits seine Verpflichtungen immer weniger eingehalten. Aus diesem Grund hat die EU am 17. Oktober 2023 beschlossen, Sanktionen mit Bezug auf Geschäfte mit Raketen und Waffen, welche am nächsten Tag auslaufen sollten, auf unbestimmte Zeit zu verlängern.[233] Diese Maßnahme war allerdings weniger durch Verstöße gegen das Atomabkommen, sondern hauptsächlich durch die Lieferung von Drohnen an Russland motiviert. Im Zusammenhang mit dem Ukrainekrieg und dem Waffenembargo der EU gegen Russland wurden seit Juli 2022 außerdem weitere, neue Sanktionen gegen den Iran verhängt.

Auch die Menschenrechte spielen eine große Rolle bei der Sanktionspolitik der EU: Schon 2011 wurden Sanktionen gegen Personen und Organisationen verhängt, die für Menschenrechtsverstöße im Iran verantwortlich sind. Diese Sanktionen wurden seitdem immer verlängert. Im Zusammenhang mit den jüngsten Unruhen im Iran und der gewaltsamen Niederschlagung von Protesten gegen die Regierung wurden diese Sanktionen seit Oktober 2022 in mehreren Schritten verschärft und ausgeweitet. Grundlage hierfür ist die erwähnte Verordnung aus dem Jahr 2020 zur Sanktionierung von Verstößen gegen die Menschenrechte.

Die Sanktionspolitik gegenüber dem Iran hat sich im Zeitablauf gleich in mehrerlei Hinsicht gewandelt. Dementsprechend fällt auch die Beurteilung dieser Politik unterschiedlich aus. Die 2006 verhängten Sanktionen wegen des iranischen Atomprogramms haben die Anforderungen erfüllt, die an wirksame Sanktionen zu stellen sind: Das Ziel der Sanktionen war klar definiert, nämlich den Iran zur Einhaltung seiner Verpflichtungen aus dem Atomwaffensperrvertrag zu bewegen. Die Sanktionen waren multilateral, ja mehr noch: Sie wurden vom UN-Sicherheitsrat beschlossen und von der weit überwiegenden Mehrheit aller Länder mitgetragen. Aus diesem Grund konnten sie auch kaum umgangen werden und verursachten für den Iran sehr hohe Kosten. Gleichzeitig waren die Kosten auf Seiten jedes einzelnen der sanktionierenden Länder gering, da der Außenhandel mit dem Iran bei den meisten Ländern nur eine untergeordnete Rolle spielte. Im Fall Deutschlands machte er im Jahr 2006 nur 0,2 Prozent des Bruttoinlandsprodukts aus.[234] Der nach der Verhängung der Sanktionen zu beobachtende deutliche Rückgang der Exporte in den Iran war deshalb für Deutschland ohne Weiteres zu verschmerzen. Trotzdem dauerte es relativ lange, nämlich bis 2015, bis der Iran zu ernsthaften Verhandlungen bereit war. Verantwortlich dafür war vor allem die autokratische Regierungsform, welche es der Regierung erlaubte, die Wünsche und den Unwillen der Bevölkerung lange Zeit zu ignorieren. Das Anfang 2016 abgeschlossene Atomabkommen war insofern erfolgreich, als der Iran seine damit eingegangenen Verpflichtungen eingehalten hat und durch die Aufhebung der Sanktionen »belohnt« wurde. Die Geschäfte zwischen Deutschland und dem Iran belebten sich in der Folge wieder, blieben aber auf einem niedrigen Niveau. Tatsächlich stieg das deutsche Bruttoinlandsprodukt deutlich stärker als das deutsch-iranische Außenhandelsvolumen, sodass dieses in den Jahren 2017 und 2018 nur noch 0,1 Prozent des deutschen Bruttoinlandsprodukts ausmachte.[235] Man kann darüber streiten, ob das Abkommen tatsächlich auf Dauer die nuklearen Ambitionen des Iran hätte verhindern können, aber dass es ein großer Schritt in die richtige Richtung war, ist unbestritten. Aus der Sicht Deutschlands war die Beteiligung an den Iransanktionen vollkommen gerechtfertigt: Mit ihnen wurden legitime und wichtige sicherheitspolitische Ziele verfolgt, die auch im Interesse Deutschlands liegen, und der dafür zu zahlende Preis war relativ gering. Insofern war die deutsche Beteiligung nicht Ausdruck von Werte-, sondern von Interessenpolitik.

Die einseitige Aufkündigung des Abkommens durch die USA im Jahr 2018 und die darauffolgende Verhängung unilateraler Sanktionen änderte die Situation völlig. Die Welt wurde nicht nur auf den Stand vor Abschluss des Abkommens zurückgeworfen, da der Iran nach anfänglichem Zögern und nach der Enttäuschung seiner in Europa gesetzten Hoffnungen seine Verpflichtungen seinerseits nicht mehr einhielt und sein Atomprogramm wieder forcierte. Der Schritt der USA machte vielmehr auch den Abschluss eines neuen Abkommens praktisch unmöglich, da der Iran keinerlei Anreize hat, seinen Kritikern entgegenzukommen und ein neues Abkommen zu verhandeln. Schließlich muss er damit rechnen, dass ein solches Abkommen jederzeit gekündigt und eine Aufhebung der Sanktionen jederzeit rückgängig gemacht werden kann. Erschwerend kommt hinzu, dass sich aufgrund dieser Möglichkeit ausländische Unternehmen kaum wieder im Iran engagieren würden.[236] Es scheint so (und der Iran muss dies so wahrnehmen), als ob das eigentliche Ziel der USA nicht die Verhinderung der atomaren Bewaffnung des Iran, sondern ein Regimewechsel ist. Unter diesen Umständen werden alle aktuellen und möglichen künftigen Sanktionen in dem Sinn erfolglos sein, dass sie den Iran nicht wieder an den Verhandlungstisch zurückbringen. Tatsächlich sind sie auch in Hinsicht auf das weitergesteckte Ziel eines Regimewechsels kontraproduktiv, da sie letztlich den Einfluss der Hardliner und der Revolutionsgarden auf Wirtschaft und Gesellschaft stärken.[237]

Es gibt zwei Lehren, die Deutschland und die EU aus der Entwicklung der Sanktionspolitik gegen den Iran ziehen können: *Erstens* nehmen die USA keine Rücksicht auf ihre Verbündeten, wenn es darum geht, ihre eigenen Ziele durchzusetzen und ihre eigenen Interessen zu verfolgen. Wenn dies im Einklang mit den Verbündeten möglich ist, dann wird gerne Harmonie demonstriert. Wenn dies aber nicht möglich ist, wie im Fall der Iransanktionen, dann scheuen sich die USA nicht, ihre Verbündeten zu brüskieren und sie als das zu behandeln, als was sie sie sehen – und was sie auch sind: nämlich als Vasallenstaaten. *Zweitens* ist die EU nicht in der Lage, sich gegen die USA zu behaupten und ihre eigenen Interessen durchzusetzen. Das wirtschaftliche Übergewicht der USA – die Bedeutung des US-Markts für Unternehmen weltweit, die Rolle des US-Dollars für die Weltwirtschaft und die globale Dominanz amerikanischer Technologiekonzerne – ist so erdrückend, dass die von der EU ergriffenen Gegenmaßnahmen nicht nur hilflos wirkten, sondern sich auch als vollkommen unwirksam erwiesen.

Die einseitige und rücksichtslose Vorgehensweise der USA ist für Deutschland und die EU nicht so sehr wegen der damit im jeweiligen Einzelfall verbundenen Kosten ein Problem. So gab es zwar einige europäische Unternehmen, die große Hoffnungen in den Ausbau der Geschäftsbeziehungen mit dem Iran gesetzt hatten und deren durch die US-Sanktionen erzwungener Rückzug aus dem Iran sie viel Geld kostete. Beispielsweise hatte der französische Energiekonzern Total große Summen in die Erschließung des Erdgasfeldes Süd-Pars investiert, die nun verloren waren.[238] Aber insgesamt befanden sich die Wirtschaftsbeziehungen zwischen der EU und dem Iran auch vor der Kehrtwende der USA (noch?) auf einem so niedrigen Niveau, dass die weitere Abschwächung dieser Beziehungen unschwer zu verschmerzen war. Im Fall Deutschlands sank das betroffene Außenhandelsvolumen 2019, im Jahr nach der erneuten Verhängung von Sanktionen durch die USA, auf 0,04 Prozent vom Bruttoinlandsprodukt und 2022 betrug der entsprechende Wert 0,05 Prozent; dieser ging im Folgejahr wieder auf 0,04 Prozent zurück.[239] Vielmehr besteht das Hauptproblem für die EU und Deutschland in der politischen und wirtschaftlichen Abhängigkeit von den USA, die eine eigenständige Politik sehr erschwert oder, wie im Fall der Iransanktionen, sogar ganz unmöglich macht. Da nicht auszuschließen ist, dass es auch Fälle geben kann, in denen die Durchsetzung der US-Interessen mit wesentlich höheren Kosten für Deutschland und die EU verbunden ist, ist die Befreiung aus dieser Abhängigkeit, soweit sie überhaupt möglich ist, von sehr großer Bedeutung. Einen ersten Ansatz dazu kann man in der Gründung von INSTEX erblicken. Dieser Handelsplattform war zwar letztendlich kein Erfolg beschieden, doch zeigte sich damit die EU zum ersten Mal entschlossen, Instrumente zu schaffen, mit denen US-Sanktionen unter aktiver Beteiligung der EU und ihrer Mitgliedstaaten umgangen werden sollten. Dadurch wurde deutlich der politische Wille signalisiert, den USA Paroli zu bieten. Es bleibt abzuwarten, ob Deutschland und die EU diesem ersten Schritt weitere Schritte in die gleiche Richtung folgen lassen werden. Im Moment sieht es freilich nicht danach aus – ganz im Gegenteil.

Denn während man die Teilnahme an den multilateralen UN-Sanktionen als ökonomisch rational und realpolitisch motiviert bezeichnen kann, ist dies im Fall der aktuellen Sanktionspolitik gegen den Iran mitnichten möglich. Diese scheint vorwiegend werteorientiert zu sein. Das gilt zum einen für die Sanktionierung von Verstößen gegen Menschenrechte. Obwohl Deutschland und die anderen EU-Staaten damit ihre – vollkommen berechtigte – Empörung zum Ausdruck bringen wollen, ist es fraglich, ob diese Sanktionen wirklich im Interesse Europas liegen. Schließlich können sie zu einer weiteren Verhärtung im Atomstreit beitragen und die Verständigung mit einflussreichen Vertretern des Regimes in Teheran erschweren. Abgesehen davon sind die Sanktionen ohnehin größtenteils symbolischer Natur, da aufgrund der schon bestehenden Sanktionen im Atomstreit (vor allem der von den USA verhängten Sanktionen) kaum noch ein Spielraum für weitere, wirksame Sanktionen besteht. Praktisch alle schmerzhaften Sanktionen sind schon in Kraft. Aus demselben Grund kosten diese Menschenrechtssanktionen die EU auch nichts; ihr Einfluss auf die Wirtschaftsbeziehungen zwischen Europa und dem Iran ist vernachlässigbar. Diese Symbolpolitik ist aber trotzdem nicht ungefährlich: So kann es sein, dass der Ruf nach weiteren Sanktionen laut wird, die, selbst wenn sie ebenfalls kaum Kosten verursachen, weitere politische Nachteile mit sich bringen können. Schon heute wird etwa von Seiten der Stiftung Wissenschaft und Politik gefordert, dass Deutschland »an regelmäßigen Sanktionspaketen festhalten« sollte, und zwar »ungeachtet bestehender oder künftiger sicherheitspolitischer Vereinbarungen«.[240] So inakzeptabel die Unterdrückung der Frauen im Iran auch sein mag, so offensichtlich ist (oder sollte es doch sein), dass das Hauptinteresse Europas der Verhinderung der nuklearen Bewaffnung des Iran gelten muss und nicht der Abschaffung des Kopftuchzwangs.

Außerdem besteht folgende Gefahr: Wenn man sich erst einmal so moralbewusst und werteorientiert positioniert und entsprechende Erwartungen in der Öffentlichkeit geweckt hat, kann es sein, dass in Zukunft bei Menschenrechtsverletzungen anderer Staaten der politische Druck so hoch ist, dass man nicht umhinkommt, ebenfalls Sanktionen zu verhängen – und zwar auch dann, wenn diese mit erheblichen Kosten verbunden sind.

Zum anderen sind auch die verlängerten bzw. neu verhängten Sanktionen wegen der Lieferung von Drohnen an Russland kritisch zu sehen. Denn bei ihnen handelt es sich um nichts anderes als um sekundäre Sanktionen. Die EU hat wegen des Ukrainekriegs ein Waffenembargo gegen Russland verhängt und will Drittstaaten – in diesem Fall den Iran – durch Sanktionen dazu bewegen, sich ebenfalls an diesem Waffenembargo zu beteiligen. Damit gibt die EU ihre bisher so klar und eindeutig vertretene Ablehnung extraterritorialer bzw. sekundärer Sanktionen auf. Die Abkehr von dieser Position wird es ihr in Zukunft erschweren, gegen solche Sanktionen der USA oder anderer Länder vorzugehen. Zumindest wird es kaum glaubwürdig sein, sich weiter auf deren Völkerrechtswidrigkeit zu berufen. Auch im Fall dieser Sanktionen scheinen Werte im Vordergrund zu stehen – nicht Interessen. Diese Einschätzung gilt nicht nur für die gegen den Iran gerichteten Sanktionen, sondern auch für den Großteil der im Zusammenhang mit dem Ukrainekrieg gegen Russland verhängten Sanktionen. Damit wären wir bei den Sanktionen, die heute am intensivsten und am kontroversesten diskutiert werden.

Die Russlandsanktionen

Nach der Intervention Russlands in der Ostukraine und der Annexion der Halbinsel Krim begann die EU im März 2014 mit der Verhängung von Sanktionen gegen Russland.[241] Diese betrafen zunächst russische Amtsträger und deren Vermögen, wurden aber bald auf die Einfuhr von Waren von der Krim ausgedehnt. Es folgten die Einschränkung der wirtschaftlichen Zusammenarbeit und weitere Wirtschaftssanktionen, die sich auf den Zugang Russlands zum europäischen Kapitalmarkt und auf den Export von Waffen, Hochtechnologie und Ölförderausrüstung nach Russland beziehen. In der Folgezeit wurden diese Sanktionen verlängert und teilweise ausgeweitet. Zu einer wesentlichen Verschärfung der Sanktionspolitik kam es im Februar 2022, als Russland die Unabhängigkeit der »Volksrepubliken« Donezk und Luhansk anerkannte und in die Ukraine einmarschierte. Es wurden bis Ende Februar 2024 insgesamt 13 Sanktionspakete verabschiedet: Die bisherigen Exportverbote wurden erweitert und umfassen nun auch Ausrüstungen für die Luftfahrtindustrie. Insgesamt sind von den Verboten 49 Prozent der bisherigen Exporte der EU nach Russland betroffen. Neu sind Importverbote, welche sich unter anderem auf Diamanten, Kohle, Stahl und nicht über Pipelines geliefertes Erdöl beziehen. Damit sind 58 Prozent der bisherigen Exporte Russlands in die EU untersagt. Zusätzlich hat die EU Preisobergrenzen festgesetzt für Erdöl (60 US-Dollar pro Barrel) und für Erdölerzeugnisse, die ihren Ursprung in Russland haben (45 bzw. 100 US-Dollar pro Barrel, je nach Qualität). Russische Flugzeuge und Schiffe unterliegen Überflug- bzw. Einlaufverboten. Der russische Finanzsektor hat praktisch keinen Zugang mehr zu den Kapitalmärkten der EU; die meisten russischen Banken sind vom Interbanken-Telekommunikationsnetz SWIFT ausgeschlossen; die Mitgliedschaft der Russischen Zentralbank bei der Bank für Internationalen Zahlungsausgleich ist suspendiert; ein Großteil der Devisenreserven der Russischen Zentralbank (ca. 300 Milliarden Euro) ist »eingefroren«.[242] Des Weiteren wurden Sanktionen gegen Einzelpersonen (unter anderem Präsident Putin und Außenminister Lawrow) und gegen Organisationen verhängt, in deren Rahmen die EU Vermögenswerte in Höhe von 21,5 Milliarden Euro »eingefroren« hat. Schließlich wurde verschiedenen russischen Medien, wie beispielsweise Russia Today, die Sendetätigkeit in der EU untersagt.

Neben der EU haben auch die USA und mit den USA verbündete Länder seit Beginn der Ukrainekrise im Jahr 2014 Sanktionen gegen Russland verhängt, die seit 2022 massiv verschärft worden sind. Dabei haben sich besonders die USA hervorgetan.[243] Das hat dazu geführt, dass Russland heute das am meisten sanktionierte Land ist. Insgesamt existierten Anfang November 2023 mehr als 14 500 (!) Sanktionen, von denen 70 Prozent Einzelpersonen und 28 Prozent Unternehmen bzw. Organisationen betreffen.[244] Die diesbezügliche Führungsrolle der USA zeigt sich darin, dass auf ihr Konto 27,5 Prozent aller verhängten Sanktionen gehen – und dass 49 Prozent der sanktionierten Unternehmen bzw. Organisationen allein von den USA sanktioniert werden und nur die restlichen 51 Prozent multilateralen Sanktionen unterliegen. Die USA wenden ihre Russlandsanktionen nicht nur extraterritorial an, sondern sie behalten sich auch die Verhängung von Sekundärsanktionen vor.

Trotz ihrer bisherigen entschiedenen Ablehnung von extraterritorialen bzw. sekundären Sanktionen ist die EU damit einverstanden und wendet ihre Blocking-Verordnung ausdrücklich *nicht* auf die Russlandsanktionen der USA an. Mehr noch, die EU hat, wie erwähnt, gegen den Iran wegen dessen Drohnenlieferungen an Russland ebenfalls selbst Sanktionen verhängt, die den Charakter von Sekundärsanktionen haben. Außerdem hat der Europäische Rat am 23. Juni 2023 Drittländern mit Sekundärsanktionen gedroht, wenn jene sich den EU-Sanktionen nicht anschließen bzw. diese zu umgehen helfen.[245] Diese Drohung wurde am 23. Februar 2024 wahrgemacht, als Sanktionen gegen Unternehmen in China, Indien, der Türkei und anderen Drittländern verhängt wurden.[246]

Welche Ziele sollen mit den Sanktionen erreicht werden? Oberstes Ziel ist natürlich die Beendigung des Krieges und die Wiederherstellung der territorialen Integrität der Ukraine. Dieses Ziel will die EU dadurch erreichen, dass die Sanktionen

> »die wirtschaftliche Basis Russlands schwächen, ihm den Zugang zu kritischen Technologien und Märkten versperren und somit seine Fähigkeit zur Kriegsführung erheblich einschränken.«[247]

Neben diesen »offiziellen« Zielen wurden von führenden europäischen Politikern auch wesentlich weiter gehende Ziele genannt. So will die deutsche Außenministerin Annalena Baerbock »Russland ruinieren«; EU-Kommissionspräsidentin Ursula von der Leyen hat vor, »Stück für Stück die industrielle Basis Russlands abzutragen«; und der französische Finanzminister Bruno Le Maire beabsichtigt, »den Kollaps der russischen Wirtschaft zu provozieren«. US-Präsident Joe Biden liegt auch auf dieser Linie, wenn er davon spricht, »die russische Wirtschaft zu zerschmettern«.[248] Dass sich mit alledem die unausgesprochene Hoffnung auf einen Regimewechsel in Russland verbindet, ist zumindest naheliegend. In jedem Fall soll die Sanktionspolitik bis zum »Endsieg« der Ukraine, zu dem auch die »Befreiung« der Krim gehört, fortgesetzt werden. Von Kompromissen oder Verhandlungen ist nicht die Rede und die deutsche Außenministerin Annalena Baerbock ist nicht die Einzige, die bei jeder Gelegenheit betont, dass »die Ukraine diesen Krieg gewinnen muss« und dass »wir an der Seite der Ukraine stehen, so lange es dauert«.[249] Zu diesem Zweck wird die Sanktionspolitik von Waffenlieferungen an die Ukraine in sehr großem Umfang flankiert – von Seiten der EU, vor allem aber der USA sowie auch anderer G7-Staaten. So haben zwischen dem 24. Januar 2022 und dem 15. Januar 2024 die Vereinigten Staaten 42,2 Milliarden Euro, Deutschland 17,7 Milliarden Euro, Großbritannien 9,1 Milliarden Euro und EU-Institutionen 5,6 Milliarden Euro an Militärhilfe geleistet – zusätzlich zu den Waffenlieferungen, welche die Ukraine, insbesondere aus den USA, schon vorher erhalten hat.[250] Als unsere Außenministerin am 24. Januar 2023 im Europäischen Rat sagte, dass »wir einen Krieg gegen Russland führen«, lag sie zwar völkerrechtlich gesehen daneben, aber in der Sache richtig.[251]

Im Gegensatz zu den ursprünglichen Iransanktionen der UN ist die Erfolgswahrscheinlichkeit der Russlandsanktionen eher gering. Das hat mehrere Gründe. *Erstens* ist das Hauptziel der Sanktionspolitik sehr ehrgeizig. Insbesondere die Aufgabe der Krim stellt eine Zumutung für Russland dar, die nie akzeptiert werden wird. Gleichzeitig sind die Zwischenziele wenig konkret, sodass eine Überprüfung der Effektivität der Sanktionen nicht einfach ist. *Zweitens* werden nicht nur Russland, sondern auch den sanktionsverhängenden Staaten erhebliche wirtschaftliche Schäden zugefügt, von denen vor allem Deutschland betroffen ist. *Drittens* werden die Sanktionen zwar multilateral, aber eben nur von einer Minderheit der internationalen Gemeinschaft verhängt, zu der im Wesentlichen die USA, die EU, Kanada, Australien und Japan gehören. Nicht zuletzt deshalb waren *viertens* die Sanktionen nicht sofort erfolgreich und werden sich in dem Maß abnutzen, in dem sich Russland an sie gewöhnt und lernt, sie zu umgehen, also für seine Exporte andere Abnehmer und für seine Importe andere Lieferanten zu finden oder die ausbleibenden Importe selbst zu produzieren. *Fünftens* ist aus ökonomischer Sicht der Sinn der Sanktionierung von Rohstoffexporten ohnehin zu bezweifeln. Denn ein westliches Embargo bedeutet ja nur, dass die Handelsströme umgeleitet werden. Beispielsweise haben Indien und China ihre Einfuhren von russischem Öl und Gas deutlich gesteigert. Der Schaden für Russland ist deshalb auf die Kosten durch die Schaffung neuer Transportwege und durch etwaige Preisnachlässe begrenzt.[252] *Sechstens* fehlt eine Exitstrategie, mit der man Verhaltensänderungen Russlands an konkrete Sanktionserleichterungen knüpfen und so Russland Anreize zu diesen Verhaltensänderungen geben könnte. Angesichts dessen überrascht es nicht nur nicht, dass die Sanktionen bisher ihren Zweck nicht (oder allenfalls zu einem kleinen Teil) erfüllt haben, sondern es ist auch davon auszugehen, dass sich daran kaum etwas ändern wird.

Aus Sicht des Internationalen Währungsfonds stellt sich die wirtschaftliche Lage Russlands wie folgt dar:[253] Das Bruttoinlandsprodukt ist 2022 zwar um 2,1 Prozent geschrumpft, aber für 2023 wird ein Wachstum von 2,2 Prozent erwartet und für 2024 wird das Wachstum auf 2,6 Prozent geschätzt; die Inflationsrate wird nach einem Anstieg auf 13,8 Prozent im Jahr 2022 auf 5,3 Prozent im Folgejahr zurückgehen; die Arbeitslosenrate wird nach 3,9 Prozent im Jahr 2022 voraussichtlich auf 3,3 Prozent im Jahr 2023 sinken. Für 2023 werden eine positive Handelsbilanz (mit einem Überschuss in Höhe von 3,4 Prozent vom Bruttoinlandsprodukt), ein tragbares Haushaltsdefizit (3,7 Prozent vom Bruttoinlandsprodukt) und ein weiterhin niedriger Grad der Staatsverschuldung (21,2 Prozent vom Bruttoinlandsprodukt) erwartet. Insofern diese Einschätzung des IWF auf den Angaben russischer Behörden beruht, ist natürlich Vorsicht geboten, da geschönte Darstellungen nicht auszuschließen sind. Dies dürfte vor allem für die Arbeitslosenquote zutreffen, weil es in Russland in großem Umfang Unterbeschäftigung gibt, die sich nicht in den offiziellen Zahlen zur Arbeitslosigkeit niederschlägt. Obwohl die kurzfristige Konjunkturlage Russlands durchaus positiv zu sein scheint, sind die langfristigen Aussichten deutlich trüber – vor allem wegen des Krieges an sich, weniger wegen der Sanktionen. Denn zum einen haben viele junge und gut ausgebildete Russen ihr Land verlassen und zum anderen haben viele ausländische Unternehmen, auch wenn sie nicht von den Regierungen ihrer Heimatländer dazu gezwungen worden sind, ihre Tochterunternehmen in Russland aufgegeben und die dortige Produktion eingestellt. Unter dem Verlust an Fachkräften und dem stark beeinträchtigten Technologietransfer aus dem Westen wird die wirtschaftliche Entwicklung Russlands langfristig leiden.[254] Dennoch kann keine Rede davon sein, dass Russland »ruiniert« oder die russische Wirtschaft »zerschmettert« ist. Auch die Fähigkeit zur Kriegsführung wurde zwar durch die Verbote von Waffen- und Hochtechnologieexporten beeinträchtigt, aber nicht ausgeschaltet. Zum Teil werden andere Lieferanten (wie der Iran oder Nordkorea) gefunden, zum Teil wird die eigene Produktion ausgeweitet und zum Teil wird auf die enormen Waffenbestände aus Sowjetzeiten zurückgegriffen. Dabei handelt es sich zwar um veraltetes Material, das aber immer noch effektiv eingesetzt werden kann.

Insgesamt sind sowohl die bisherigen als auch die wahrscheinlichen künftigen Wirkungen der Sanktionen skeptisch zu beurteilen: Das politische Hauptziel, die Beendigung des Krieges, wurde nicht erreicht und die wirtschaftlichen Zwischenziele wurden allenfalls zum Teil erreicht. Der russischen Wirtschaft wurde zwar Schaden zugefügt, aber nicht in dem Maß, dass die Fähigkeit zur Kriegsführung entscheidend geschwächt wurde. Es ist nicht abzusehen, dass sich daran etwas ändern wird. Das hat selbst Annalena Baerbock erkannt, die sich von der Wirkung der Sanktionen gegen Russland »enttäuscht gezeigt hat«.[255] Diese Einsicht ist freilich noch nicht zu einem Überdenken und gegebenenfalls zu einer Änderung der eigenen Position gereift.

Eine kritische Überprüfung der Sanktionspolitik gegenüber Russland wird jedoch nur stattfinden, wenn endlich anerkannt wird, dass Sanktionen, wenn sie ein sinnvolles Mittel der Politik sein sollen, nicht nur berechtigt, sondern vor allem effektiv sein müssen. Dass die Russlandsanktionen berechtigt sind, kann nicht bezweifelt werden: Putin hat unter völliger Missachtung des Völkerrechts ein anderes Land angegriffen, ohne dazu eine völkerrechtlich auch nur halbwegs akzeptable Rechtfertigung zu haben, und damit große Zerstörungen in der Ukraine angerichtet und viel Leid über die ukrainische Bevölkerung, aber auch über seine eigenen Landsleute gebracht. Deshalb sind sowohl die Sanktionen gegen Russland als auch die Unterstützung der Ukraine berechtigt. Eine vollkommen andere Frage ist aber, ob diese Sanktionen auch effektiv sind, also ob die mit ihnen verfolgten Ziele auch mit hinreichend großer Wahrscheinlichkeit erreicht werden können. Wie wir gesehen haben, bestehen daran nicht unerhebliche Zweifel. Sicher wird mit den Sanktionen Russland Schaden zugefügt, aber das ist *nicht* deren eigentliches Ziel. Sanktionen zu verhängen und beizubehalten, die nicht – oder nicht im notwendigen Maß – wirksam sind, stellt nichts anderes dar als Symbolpolitik. Auch dafür mag es Gründe geben – etwa wenn man seine Verurteilung des Verhaltens anderer Länder unmissverständlich zum Ausdruck bringen und eventuelle »Nachahmungstäter« damit abschrecken will. Aber solche Gründe können eine Symbolpolitik nur rechtfertigen, sofern diese mit keinen oder allenfalls geringen Kosten verbunden ist. Genau dies ist aber für viele EU-Mitgliedstaaten und insbesondere für Deutschland nicht der Fall. Gerade Deutschland kommt die weitestgehend symbolische Sanktionspolitik sehr teuer zu stehen, wie wir gleich sehen werden. Deshalb hätte gerade Deutschland ein großes Interesse daran, die aktuelle Sanktionspolitik zu hinterfragen und deren Kosten und Nutzen sorgfältig gegeneinander abzuwägen. Dies ist allerdings nicht der Fall, sondern die deutsche Regierung gefällt sich in Durchhalteparolen und demonstriert ihre moralische Entrüstung, indem sie verbissen an der bisherigen Politik festhält und sich weigert, Alternativen überhaupt nur zur Kenntnis zu nehmen, geschweige denn ernsthaft zu diskutieren.

Das beste Beispiel für den moralistischen, die eigenen Interessen vollkommen ignorierenden Ansatz Deutschlands liefert wohl der Umgang mit den russischen Erdöllieferungen durch die »Druschba«-Pipeline an die PCK-Raffinerie in Schwedt an der Oder (Brandenburg).[256] In dieser Raffinerie wird schon seit DDR-Zeiten fast ausschließlich russisches Erdöl verarbeitet – in Anlagen, die speziell an diese Ölsorten angepasst sind. Sie hat bis Ende 2022 Deutschland mit elf Prozent der benötigten Kraftstoffe (Benzin, Diesel, Kerosin) versorgt, wobei der entsprechende Marktanteil in der Region Berlin-Brandenburg sogar bei 95 Prozent lag. In der Raffinerie selbst waren ca. 1200 Beschäftigte tätig und ihre Zulieferbetriebe hatten weitere ca. 2000 Mitarbeiter. In der strukturschwachen Uckermark ist die Raffinerie mit großem Abstand der wichtigste Arbeitgeber und eine der wenigen Industrieanlagen Ostdeutschlands von überregionaler Bedeutung. Die EU hatte mit ihren Sanktionen schon bald die russischen Energieexporte aufs Korn genommen. Man wollte sowohl die Abhängigkeit von russischen Energielieferungen beenden als auch Russland wichtige Deviseneinnahmen entziehen. Ein Totalboykott russischen Erdöls war nicht durchsetzbar, da Ungarn dagegen sein Veto einlegte. Dieses Land bezieht ungefähr 80 Prozent seiner Rohölimporte aus Russland, und zwar ausschließlich per Pipeline, da es als Binnenstaat über keine Seehäfen verfügt. Folglich einigte man sich darauf, ab dem 1. Januar 2023 nur die Einfuhr russischen Erdöls auf dem Seeweg zu verbieten; der Bezug von per Pipeline geliefertem Öl war und ist weiterhin erlaubt (genau wie der Import von russischem Gas). Dennoch hat die Bundesregierung einseitig die Einfuhr russischen Erdöls über die

»Druschba«-Pipeline am 1. Januar 2023 gestoppt. Das hatte zur Folge, dass die Raffinerie nur noch ungefähr zur Hälfte ausgelastet war, weil nicht so schnell und nicht im erforderlichen Umfang Ersatz gefunden werden konnte; dass ein Teil der Beschäftigten in Kurzarbeit ist; dass für den Ersatz, der gefunden werden konnte, deutlich höhere Preise bezahlt werden mussten; dass die Raffinerie auf die Verarbeitung anderer Erdölsorten umgerüstet werden musste, was mit erheblichen Kosten verbunden war; und dass die Preise für Mineralölprodukte aufgrund des verknappten Angebots, der höheren Beschaffungspreise und der höheren Herstellungskosten gestiegen sind. Statt russischen Öls über die »Druschba«-Pipeline wird zum Teil von Schiffen an die Ostseeküste geliefertes und von Rostock und Danzig über Pipelines weitergeleitetes Öl, vor allem aus Norwegen, verarbeitet. Auch ist die »Druschba«-Pipeline noch in Betrieb, nur wird sie heute zum Transport kasachischen Öls eingesetzt. Dafür zahlt Deutschland Durchleitungsgebühren an Russland. In letzter Zeit mehren sich allerdings die Anzeichen, dass ein Teil des angeblich kasachischen Öls wohl doch aus Russland stammt.[257]

Ohne Sinn für die Konsequenzen, ohne Abwägung von Kosten und Nutzen und ohne Not wurde der Bezug russischen Pipelineöls gestoppt und so großer wirtschaftlicher Schaden angerichtet. Es ging der Bundesregierung nur darum, ein Zeichen zu setzen und die eigene moralische Gesinnung zu demonstrieren. Dass die Kosten, die man dem eigenen Land auferlegt, größer als der Schaden für Russland sind, spielte dabei keine Rolle. Auf EU-Länder, die nicht so weit gehen und eben nicht Moral (oder das, was man dafür hält) höher bewerten als die eigenen nationalen Interessen, schaut man im Bewusstsein der eigenen moralischen Überlegenheit herab. Das betrifft vor allem (aber nicht nur) Ungarn.

Der Fall der PCK-Raffinerie Schwedt ist symptomatisch für die hohen Kosten, die Deutschland mit der aktuell betriebenen

Sanktionspolitik gegenüber Russland entstehen. Mit den Sanktionen hat die EU unter maßgeblicher Mitwirkung Deutschlands einen Wirtschaftskrieg gegen Russland eröffnet, wie er in der Zeit nach dem Zweiten Weltkrieg noch nie dagewesen ist. Dass Russland dies nicht einfach hinnehmen, sondern zurückschlagen würde, war zu erwarten. Die wichtigste Vergeltungsmaßnahme bestand in der Drosselung der Gaslieferungen durch die Pipeline Nord Stream 1, die zum 31. August 2022 endgültig eingestellt wurden. Dies und die Sanktionen der EU haben sich in einem starken Rückgang des deutsch-russischen Außenhandelsvolumens niedergeschlagen.[258] Die Exportverbote führten zu einem Rückgang der deutschen Ausfuhren nach Russland von 26,631 Milliarden Euro im Jahr 2021 auf 14,545 Milliarden Euro im Jahr 2022 und nur noch 8,907 Milliarden Euro im Jahr 2023. Die Importverbote und die Liefereinschränkungen von russischer Seite hatten paradoxerweise zunächst wertmäßig einen Anstieg der deutschen Einfuhren aus Russland von 33,116 Milliarden Euro im Jahr 2021 auf 36,352 Milliarden Euro im Jahr 2022 zur Folge, bevor diese dann im Jahr 2023 massiv auf 3,653 Milliarden Euro einbrachen. Der Grund für diese Entwicklung liegt darin, dass die gesunkenen Mengen der Öl- und Gasimporte durch die infolge der Angebotsverknappung gestiegenen Preise kompensiert worden sind. 2023 wurde nochmals deutlich weniger Öl und Gas aus Russland als im Vorjahr bezogen und außerdem gingen die Preise wieder ein Stück zurück, sodass der Wert der Einfuhren stark gesunken ist. 2021 wurden für 19,475 Milliarden Euro Öl und Gas aus Russland bezogen; der entsprechende Wert für 2022 lag bei 19,113 Milliarden Euro, und im Jahr 2023 wurde gar kein Gas mehr und Öl nur noch im Wert von 0,047 Milliarden Euro importiert.

Rein quantitativ betrachtet spielten die Geschäftsbeziehungen zu Russland für Deutschland nie eine bedeutende Rolle. Das gesamte Außenhandelsvolumen machte 2021 nur 1,7 Prozent vom

Bruttoinlandsprodukt aus; dieser Anteil ging im Folgejahr auf 1,3 Prozent zurück; im Jahr 2023 kam es zu einem weiteren starken Rückgang auf nur noch 0,3 Prozent.

Aber diese Zahlen spiegeln die Schäden für die deutsche Wirtschaft nicht einmal ansatzweise wider. Dabei sind es nicht die Rückgänge der Exporte nach Russland, die das Problem darstellen, sondern die Rückgänge der Importe – und zwar insbesondere die der Öl- und Gasimporte. Diese stellten einen zentralen Bestandteil der deutschen Energieversorgung dar. Russisches Gas, und daneben auch russisches Erdöl, wurde zuverlässig, in großen Mengen und zu verhältnismäßig günstigen Preisen geliefert. Gerade das Gas wurde als wichtige »Brückentechnologie« auf dem Weg in die Schöne Neue Welt der erneuerbaren Energien angesehen. Plötzlich war die bisherige Energiewendestrategie Deutschlands Makulatur. Und plötzlich sahen sich Industrie, Haushalte und Stromversorger mit ausbleibenden Lieferungen und in die Höhe schießenden Preisen konfrontiert. Diese Entwicklung war mit verantwortlich dafür, dass der Verbraucherpreisindex, mit dem die Inflation gemessen wird und der im Jahr 2021 einen Anstieg von »nur« 3,1 Prozent zu verzeichnen hatte, 2022 um 6,9 Prozent stieg. 2023 betrug die Inflationsrate 5,9 Prozent, und erst 2024 soll die Inflation sich mit 2,3 Prozent wieder dem Zielwert der Europäischen Zentralbank annähern.[259]

Es ist klar, dass diese Entwicklung nicht ohne Konsequenzen für das Wirtschaftswachstum bleiben konnte. Die Produktion musste aufgrund der Lieferengpässe und Preissteigerungen bei Energie eingeschränkt werden, vor allem in den energieintensiven Branchen. Darunter litt das Wirtschaftswachstum, welches außerdem durch die Verunsicherung der Haushalte und Unternehmen infolge der Inflation und der abnehmenden Energieversorgungssicherheit gebremst wurde. So blieb der für 2022 nach dem Ende der Coronakrise erwartete starke Wirtschaftsaufschwung aus; das Wachstum betrug lediglich 1,8 Prozent. 2023 rutschte Deutschland in die Rezession; die Wirtschaft ist um 0,3 Prozent geschrumpft. Und für 2024 ist nur mit einem Miniwachstum von 0,1 Prozent zu rechnen – wobei die Abwärtsrisiken die Aufwärtschancen deutlich überwiegen.[260]

Diese Zahlen bilden die tatsächliche Lage allerdings nur unvollständig ab. Denn die Entwicklung des realen Bruttoinlandsprodukts, die durch die genannten Wachstumsraten beschrieben wird, überschätzt die Veränderung des tatsächlichen Wohlstands im Jahr 2022 beträchtlich. Durch den starken Anstieg der Energieimportpreise ist es nämlich in diesem Jahr zu einer deutlichen Verschlechterung der »Terms of Trade« gekommen, d. h. des Verhältnisses, mit dem Export- gegen Importgüter getauscht werden. Konkret bedeutet das, dass Deutschland für eine bestimmte Menge an Importgütern (beispielsweise ein Barrel Rohöl oder ein Kubikmeter Erdgas) eine größere Menge an Exportgütern liefern muss. Bei unverändertem inländischem Produktionsvolumen können deshalb weniger inländische oder andere ausländische Güter nachgefragt werden. Dieser Effekt kommt im realen Bruttoinlandsprodukt nicht zum Ausdruck, wohl aber in dem weniger bekannten (und ähnlich lautenden) Indikator »Realwert des Bruttoinlandsprodukts«. Gemäß diesem Indikator kam es 2022 nicht etwa zu einer Wohlstandssteigerung um 1,8 Prozent, wie es die Zahlen zum realen Bruttoinlandsprodukt vermuten lassen, sondern zu einer Abnahme des Wohlstands um 0,4 Prozent. Infolge der wieder gesunkenen Energiepreise haben sich die Terms of Trade 2023 wieder verbessert. Dem Rückgang des realen Bruttoinlandsprodukts um 0,3 Prozent steht deshalb ein Anstieg des Realwerts der Bruttoinlandsprodukts um 1,4 Prozent gegenüber.[261] Damit seien, so der Ökonom Wolfgang Nierhaus, »die Realeinkommensverluste aus den Jahren 2021 und 2022 im Gefolge der damaligen drastischen Verschlechterungen der Terms of Trade aber bei weitem noch nicht wettgemacht.«[262]

Orientiert man sich nicht an der tatsächlichen Wohlstandsentwicklung, sondern an dem unter normalen Umständen zu erwartenden Wirtschaftswachstum, so kosten der Ukrainekrieg und die Russlandsanktionen die deutsche Volkswirtschaft im Jahr 2022 ca. 120 Milliarden Euro und im Jahr 2023 ca. 175 Milliarden Euro an entgangener Wertschöpfung.[263]

Obwohl die Energiepreise seit ihren Höchstständen im Sommer 2022 wieder gefallen sind, bleiben sie auf deutlich erhöhtem Niveau, was vor allem für Gas und Strom gilt: Der Börsenstrompreis (ohne Steuern und sonstige Abgaben) ist Anfang 2024 mehr als doppelt so hoch wie 2020; der Gaspreis ist ungefähr drei Mal so hoch wie 2020.[264] Russisches Gas konnte zwar (zumindest zum Teil) durch Lieferungen über andere Pipelines (wobei nicht auszuschließen ist, dass auch dieses Gas teilweise aus Russland stammt) und durch Flüssiggaslieferungen per Schiff ersetzt werden – aber zu deutlich höheren Preisen. Flüssiggas hat außerdem den Nachteil, dass es im Vergleich zu Pipelinegas umweltschädlicher ist: Aufgrund des Energieaufwands für Verflüssigung, Transport und Regasifizierung ist sein »CO_2-Fußabdruck« (und damit seine Klimawirkung) größer und die benötigten Flüssiggasterminals verursachen lokale Umweltprobleme an den deutschen Nord- und Ostseeküsten. Durch die hohen Energiepreise und die weiterhin bestehende Bedrohung der Versorgungssicherheit haben sich die Standortbedingungen in und damit die Wettbewerbsfähigkeit von Deutschland massiv verschlechtert. Die Deindustrialisierung, von der heute so häufig die Rede ist, droht nicht nur – sie ist bereits im Gange. Bei den energieintensiven Unternehmen (wie etwa der chemischen Industrie, der Metallerzeugung, der Papierindustrie oder der Baustoffindustrie) zeichnet sich dies deutlich ab: Die seit 2000 zu beobachtende Tendenz zur Abnahme des in Deutschland investierten Kapitalstocks dieser Unternehmen dürfte sich nicht nur fortsetzen, sondern beschleunigen.[265] Eine Umfrage des Instituts der deutschen

Wirtschaft zeigt, »dass rund drei Viertel der energieintensiven Unternehmen in den genannten Branchen aufgrund der hohen Energiepreise ihre Produktion im Inland drosseln oder dies zumindest in Erwägung ziehen«.[266]

Aber nicht nur die energieintensiven Unternehmen sind betroffen – das gesamte verarbeitende Gewerbe steckt in der Krise. So konstatiert das Institut der deutschen Wirtschaft »hartnäckige Produktionslücken« auch im Maschinenbau und in der Automobilindustrie.[267] Zu diesem Bild passt, dass anhaltend und in großem Umfang Kapital aus Deutschland abfließt. Im Jahr 2022 wurde mit 125 Milliarden Euro der bisher höchste Nettoabfluss von Direktinvestitionen verzeichnet; unter den betrachteten 46 Ländern nahm Deutschland damit den traurigen Spitzenplatz ein.[268]

Diese Entwicklung ist höchst beunruhigend, erwirtschaftete doch das verarbeitende Gewerbe im Jahr 2019 21,2 Prozent der Wertschöpfung direkt und war für weitere 8,5 Prozent der Wertschöpfung im Dienstleistungssektor (die sogenannte Verbundwertschöpfung) verantwortlich.[269] Zudem handelt es sich um hoch produktive und innovative Unternehmen, die mit ungefähr acht Millionen Arbeitnehmern 18 Prozent aller Erwerbstätigen in Deutschland beschäftigen. Von daher ist Michael Hüther, dem Direktor des Instituts der deutschen Wirtschaft, zuzustimmen, wenn er auf »die Gefahr eines massiven Wohlstandsabflusses ins Ausland infolge eines Verlustes industriebasierter Wertschöpfung« hinweist.[270]

Sowohl Energiekrise und Inflation als auch die generell abnehmende Wettbewerbsfähigkeit der deutschen Wirtschaft sind nicht nur, ja nicht einmal hauptsächlich, auf die Ukrainekrise und die Russlandsanktionen zurückzuführen. An der Inflation trägt die expansive Geldpolitik der Europäischen Zentralbank seit 2010 die Hauptschuld. In dem Bemühen, hochverschuldete Euroländer durch niedrige Zinsen zu entlasten, hat die EZB die Geldmenge in unverantwortlicher Weise aufgebläht, indem sie

Staatsanleihen im Wert von Hunderten von Milliarden Euro gekauft und mit frisch gedrucktem Geld bezahlt hat. Damit hat die EZB nicht nur das ihr auferlegte Verbot der monetären Staatsfinanzierung gebrochen (zumindest aber umgangen), sondern auch die Grundlage für die seit 2021 zu beobachtende Inflation gelegt.[271] Der Ukrainekrieg und die Lieferkettenprobleme im Gefolge der Coronakrise waren nur der Auslöser, nicht die Ursache der Inflation. Denn, wie der amerikanische Ökonom Milton Friedman schon 1962 festgestellt hat, die Inflation ist »immer und überall ein monetäres Phänomen«.[272] Mit anderen Worten: Eine Zunahme der Geldmenge, die größer als das Wachstum des realen Bruttoinlandsprodukts ist, wird früher oder später zu Inflation führen. Nicht Putin ist schuld an der Inflation, sondern Mario Draghi und Christine Lagarde.

Auch die Energiekrise wurde durch den Wirtschaftskrieg der EU gegen Russland nicht verursacht, sondern nur ausgelöst. Diese Krise ist – genau wie die Inflation – im Wesentlichen hausgemacht. Jahre und Jahrzehnte wurde eine Energiepolitik betrieben, die sich auf den »Klimaschutz« fokussiert und darüber Wirtschaftlichkeit und Versorgungssicherheit vernachlässigt hat. Außerdem hat man sich, was die Importe von Energie angeht, in Abhängigkeit von Russland begeben. Auf diese Weise hat man selbst die Voraussetzungen dafür geschaffen, dass Unterbrechungen der Gas- und Öllieferungen aus Russland sehr schnell eine große Krise auslösen können – was im Lauf des Jahres 2022 gut zu beobachten war. Dass man in dieser Situation den Ausstieg aus der Kernenergie durchsetzte und weiter am geplanten Kohleausstieg festhält, verschärft und verlängert nicht nur die Energiekrise, sondern zeigt auch überdeutlich, dass eine Abkehr von der bisherigen Politik nicht ernsthaft in Erwägung gezogen wird.

Aus diesen Gründen trägt die deutsche Politik auch die Hauptverantwortung für die abnehmende Wettbewerbsfähigkeit Deutschlands. Nicht nur die Probleme mit der Energieversorgung sind nicht vom Himmel gefallen, sondern unmittelbare Folge der deutschen Energie- und Klimapolitik, wurden also zumindest billigend in Kauf genommen;[273] auch die anderen Probleme, die den Wirtschaftsstandort Deutschland belasten – wie etwa die hohen Steuern oder die immer mehr überhandnehmende Regulierung –, sind zum Teil mittelbare Folgen dieser Energie- und Klimapolitik, in jedem Fall aber Konsequenzen bewusster politischer Entscheidungen.

Die Tatsache, dass die Sanktionspolitik gegenüber Russland nicht die eigentliche Ursache der gegenwärtigen Probleme ist, soll dieselbe keineswegs rechtfertigen. Ganz im Gegenteil: Gerade weil Deutschland in den letzten Jahren eine Politik betrieben hat, die die Energieversorgung und die Wettbewerbsfähigkeit des Landes gefährdet hat und noch weiter gefährdet, kann sich Deutschland die gegenwärtige Sanktionspolitik nicht leisten. Wenn man dafür gesorgt hat, dass die Sanktionskosten, die man selbst tragen muss, sehr hoch sind, dann sollte man bei der Verhängung von Sanktionen besonders vorsichtig sein.

Nicht direkt auf die Sanktionspolitik zurückzuführen, aber mit der gegenüber Russland betriebenen kompromisslosen Politik in engem Zusammenhang stehend sind die hohen Belastungen des Bundeshaushalts durch die Unterstützung der Ukraine. Zum 15. Januar 2024 beliefen sich die direkten Hilfen an die Ukraine auf 22,0 Milliarden Euro (davon 17,7 Milliarden Euro für militärische, 2,9 Milliarden Euro für humanitäre und 1,4 Milliarden Euro für allgemeine finanzielle Hilfen); der deutsche Anteil von 24 Prozent am EU-Haushalt entspricht einem Anteil von 20,4 Milliarden Euro an den EU-Hilfen für die Ukraine in Höhe von 85,0 Milliarden Euro. Für die Versorgung der Kriegsflüchtlinge hat Deutschland bisher 21,4 Milliarden Euro aufgewendet.[274] Damit ergibt sich in der Summe ein Betrag von 63,8 Milliarden Euro – Geld, das an anderer Stelle nicht mehr zur Verfügung steht.

Neben ökonomischen Kosten verursacht die aktuelle Russlandpolitik auch ganz erhebliche politische Kosten für Deutschland – Kosten in Form eines abnehmenden außenpolitischen Handlungsspielraums und einer zunehmenden Abhängigkeit von den USA. Die deutsche Regierung hat sich bedingungslos auf die amerikanische Position einschwören lassen und damit auf jeden Ansatz einer selbständigen Politik gegenüber Russland verzichtet. Eine Vermittlerrolle Deutschlands im gegenwärtigen Konflikt ist undenkbar geworden, da sich Deutschland auf die kompromisslose Haltung der USA festgelegt hat, Verhandlungen ablehnt und auf den Sieg der Ukraine über Russland setzt. Auf Jahre hinaus erscheint damit eine russisch-deutsche Kooperation, sei es auf wirtschaftlichem oder auf politischem Gebiet, ausgeschlossen. Unabhängig von oder gar im Widerspruch zu den Interessen der USA wird es keine deutsche Außenpolitik geben. Dies gilt nicht nur im Verhältnis zu Russland, sondern auch im Verhältnis zu China und zu den zwischen den USA und diesem Land drohenden Konflikten. Im Gegensatz etwa zu Frankreich, dessen Präsident Macron »die strategische Autonomie« Europas betont und fordert, dass sich Europa »nicht zum Vasallen der USA« machen lassen dürfe, hat Deutschland seine Rolle als Juniorpartner bereitwillig akzeptiert und seine Interessen der »Wertegemeinschaft« mit den USA, also eigentlich den Interessen der USA, untergeordnet – und zwar sowohl im Fall Russlands als auch, wie es aussieht, im Fall Chinas.[275] Ganz genau wie die globale Führungsrolle der USA wird auch deren Führungsrolle in der NATO anerkannt, und amerikanischen Forderungen nach stärkerem finanziellem Engagement wird bereitwillig Folge geleistet.[276]

Die Ursache für all dies beruht in der Werteorientierung der deutschen und der europäischen Außenpolitik: Aufgrund der »Wertegemeinschaft« mit den USA ordnet man sich bereitwillig unter und betreibt eine Politik gegenüber Russland, die vielleicht diesen gemeinsamen Werten und den eigenen moralischen Ansprüchen genügt, aber sicher nicht den nationalen Interessen dient. Dies gilt vor allem, aber nicht nur, für die Sanktionspolitik.

Dagegen ist es offensichtlich, dass die Russlandpolitik im Allgemeinen und die Sanktionspolitik im Besonderen vielleicht den Werten der USA entspricht – aber auf jeden Fall deren Interessen. So profitieren die USA in ökonomischer Hinsicht ganz erheblich vom Ukrainekrieg und von den Russlandsanktionen – zumindest in der kurzen und der mittleren Frist. *Erstens* ist die Nachfrage nach amerikanischem Flüssiggas gestiegen, welches die USA nur zu bereitwillig zu hohen Preisen an ihre europäischen Verbündeten verkaufen. *Zweitens* sind die USA als Wirtschaftsstandort im Vergleich zu den europäischen Ländern attraktiver geworden, da die Energiepreise niedriger sind und die Versorgungssicherheit besser ist. Dieser Standortvorteil ist natürlich umso größer, je höher die Energiepreise und je unsicherer die Energieversorgung in anderen Ländern sind. Davon ist vor allem Deutschland betroffen, wo Gas und Strom deutlich teurer als in den USA sind. Damit sind die USA als Ziel europäischer und insbesondere deutscher Direktinvestitionen sehr attraktiv, sodass den schon zu beobachtenden Produktions- und Standortverlagerungen weitere folgen werden. *Drittens* profitiert die amerikanische Rüstungsindustrie enorm vom Ukrainekrieg – direkt durch die steigende Nachfrage nach Waffen von Seiten verbündeter Länder und der eigenen Regierung, indirekt durch die Schwächung ihrer russischen Konkurrenz infolge der Sanktionen und Embargos. *Viertens* verursachen die Russlandsanktionen für die USA praktisch keine Kosten, da deren Handelsbeziehungen mit Russland nur einen sehr geringen Umfang hatten.

Längerfristig ist es allerdings möglich, dass die Sanktionen sich auch negativ auf die USA auswirken werden: Nicht nur das sanktionierte Russland, sondern auch andere Länder, die potentielle Sanktionsziele der Amerikaner sind (also insbesondere China), bemühen sich nach Kräften darum, autarker und unabhängiger von den USA, dem US-Dollar und dem von den USA dominierten Finanzsystem zu werden. Neben der Diversifizierung von Lieferketten sind in diesem Zusammenhang die zunehmende Nutzung von Alternativen zum sanktionsgefährdeten Finanztelekommunikationsdienst SWIFT (nämlich das russische »System for Transfers for Financial Messages« SPFS und das chinesische »Cross-Border Interbank Payments System« CIPS), die Fakturierung von Importen und Exporten in anderen Währungen als dem US-Dollar und die Umschichtung von Zentralbankreserven weg vom US-Dollar und hin zu Gold und anderen Währungen zu nennen. Langfristig kann es dadurch zu einer »De-Dollarisierung« und so zum Verlust der dominierenden Rolle der USA in der Weltwirtschaft kommen – eine Entwicklung, die sich gerade erst abzeichnet und die Position der USA noch nicht akut bedroht.[277] Für die USA vielleicht noch wichtiger als die genannten ökonomischen Vorteile sind die politischen Vorteile, die sie aus dem Krieg ziehen: Auch wenn die Sanktionen ihr eigentliches Ziel nicht erreichen, so schädigen sie doch auf jeden Fall die russische Wirtschaft und schwächen so Russland. Gleichzeitig ist es den USA gelungen, ihre Führungsrolle in der NATO noch weiter auszubauen und ihren Einfluss in Europa zu stärken. Eine auch nur ansatzweise eigenständige europäische Außenpolitik ist gegenwärtig kaum vorstellbar – und eine deutsche noch viel weniger. Allenfalls Frankreich unternimmt zaghafte Versuche der Selbstbehauptung. Auf diese Weise wird die amerikanische Hegemonie auf dem europäischen Kontinent – und damit auf der ganzen Welt – verteidigt und noch weiter gestärkt. In den USA wird dies auch offen eingeräumt. So schreiben die amerikanischen Politologen Robert Blackwill und Jennifer Harris, dass es zu den lebenswichtigen nationalen Interessen der USA gehöre, »das Aufkommen eines hegemonialen Rivalen auf dem eurasischen Kontinent zu verhindern«.[278] Auch in politischer Hinsicht sind längerfristig negative Konsequenzen für die USA denkbar: Die aktuelle Politik treibt Russland geradezu in die Arme Chinas, was für dieses Land durch den verbesserten Zugang zu russischen Rohstoffen und durch den politischen Schulterschluss mit dem Kreml in der Weltpolitik von großem Vorteil ist. Auf diese Weise schwächt die Russlandpolitik des Westens zwar Russland, stärkt aber China – also das Land, das der eigentliche Hauptkonkurrent der USA und Europas in wirtschaftlicher und politischer Hinsicht ist.

Es ist vollkommen legitim, dass die USA ihre nationalen Interessen definieren und auch versuchen, diese durchzusetzen. Es mag moralisch fragwürdig sein, diese Interessen mit Werten zu bemänteln, aber in der Weltpolitik ist es nun einmal so, dass der Zweck die Mittel heiligt. Und erfolgreich sind die USA mit dieser Strategie auf jeden Fall gewesen: Sie haben nicht nur, wie schon so häufig (siehe Kapitel 2), ihre Interessen unter dem Deckmantel der Werte befördert, sondern ihnen ist es sogar gelungen, viele Verbündete auf die angebliche Wertegemeinschaft einzuschwören und jene so dazu zu bringen, ihre eigenen Interessen hintanzustellen und eine Politik im Interesse der USA zu betreiben. Unter diesen Verbündeten ist an erster Stelle Deutschland zu nennen, das, wie in Kapitel 3 gezeigt, besonders werteorientiert und deshalb besonders anfällig für Appelle an die »Wertegemeinschaft« ist. Dass sich die USA diese Selbstaufgabe Deutschlands im Besonderen und Europas im Allgemeinen nur zu gerne zunutze machen, versteht sich von selbst. So stellt Klaus von Dohnanyi ernüchtert fest:

> »Wir Europäer sind Objekte US-amerikanischen geopolitischen Interesses und waren niemals wirklich Verbündete, denn wir hatten nie ein Recht auf Mitsprache.«[279]

Das sei aus Sicht der Weltmacht USA auch nicht verwerflich. Aber, so fährt er fort: »Wir müssen es in unserer Politik bedenken.«[280] Denn, so der Politikwissenschaftler Michael Lüders, die Amerikaner sind keine »Wertepartner«. »Sie verfolgen vor allem und in der Regel rücksichtslos ihre eigenen Interessen.«[281]

Die Haltung der USA gegenüber ihrem Verbündeten Deutschland hat sich in der Ukrainekrise vor allem beim Umgang mit den beiden Nord Stream-Pipelines gezeigt.[282] Diese waren den USA schon immer ein Dorn im Auge, weil sie in der deutsch-russischen Energiepartnerschaft eine Bedrohung der eigenen wirtschaftlichen und politischen Interessen sahen. Das galt schon für Nord Stream 1 und erst recht für Nord Stream 2, mit der sich Deutschland endgültig von Gaslieferungen anderer Länder unabhängig gemacht, mögliche Durchleitungsblockaden russischen Gases von Seiten anderer Länder ausgeschlossen und die Wirtschaftsbeziehungen mit Russland weiter vertieft hätte. Folglich versuchten die USA, den Bau von Nord Stream 2, teils durch politischen Druck, teils durch Sanktionen, zu verhindern. Dies misslang zwar, doch konnten sie die Fertigstellung erheblich verzögern. Im Vorfeld des Ukrainekriegs wurden dann unmissverständliche Drohungen von hoher und höchster Seite geäußert. Schließlich wurden drei der vier Leitungen am 26. September 2022 gesprengt und so der direkte Zugang Deutschlands zu russischem Gas auf lange Zeit vielleicht nicht ganz verhindert, aber doch sehr erschwert. Es besteht wohl kein ernsthafter Zweifel daran, dass eine Operation von solcher Tragweite – es handelt sich schließlich um »den größten Terroranschlag aller Zeiten auf die europäische Infrastruktur«[283] – entweder von den USA selbst oder zumindest auf Anordnung der USA durchgeführt wurde. Der renommierte Enthüllungsjournalist Seymour Hersh hat am 8. Februar 2023 einen Aufsatz veröffentlicht, in dem er die Hintergründe und die Durchführung dieses Anschlags detailliert beschreibt.[284] Es gibt zwar noch keine endgültige Gewissheit, aber die Darstellung Hershs überzeugt durch ihre Plausibilität und Nachvollziehbarkeit – und nicht zuletzt aufgrund des Rufs von Hersh als, so die Süddeutsche Zeitung, »des besten investigativen Reporters der Welt«.[285] Die von den etablierten Medien und den Regierungen der USA, Deutschlands und anderer Länder angebotenen Erklärungen haben dagegen, so Michael Lüders vollkommen zu Recht, den Charakter »propagandistischer Räuberpistolen«.[286] Ins Bild passt auch, dass die deutsche Regierung weder den Anschlag nachdrücklich verurteilte noch an dessen Aufklärung besonders großes Interesse zeigte sowie Auskünfte über etwaige eigene Erkenntnisse mit Verweis auf das »Staatswohl« verweigerte. Nicht wirklich überraschend war auch die Äußerung des amerikanischen Außenministers, der die Sprengung der Pipelines »als großartige Chance für die amerikanische Wirtschaft«, nämlich für die amerikanischen Anbieter von Flüssiggas, bezeichnete.[287]

Die Verfolgung nationaler Interessen und das Hegemonialstreben der USA auf dem eurasischen Kontinent haben eine lange Geschichte, die bis weit vor den Ausbruch des gegenwärtigen Kriegs zurückreicht. Nur vor dem Hintergrund dieser Geschichte lässt sich verstehen, wie es zum Ukrainekrieg kam und welche Interessengegensätze zwischen den USA auf der einen und Europa bzw. Deutschland auf der anderen Seite bestehen.[288] Nach dem Ende des Kalten Krieges waren die USA bestrebt, ihren mit dem Untergang der Sowjetunion errungenen Status als einzige Supermacht zu verteidigen. Das ist der Kern der sogenannten »Wolfowitz-Doktrin«, benannt nach dem Hauptverantwortlichen für die 1992 erstellte Verteidigungsplanung der USA. Diese Position kommt auch deutlich in dem 1997 von Zbigniew Brzeziński veröffentlichten Buch zum Ausdruck, welches in Deutschland bezeichnenderweise unter dem Titel »Die einzige Weltmacht« erschien.[289] Dabei handelt es sich zwar um kein offizielles Dokument der US-Regierung, doch kann man davon ausgehen, dass Brzeziński aufgrund seiner Stellung als »graue Eminenz« der amerikanischen Außen- und Sicherheitspolitik die strategische Ausrichtung der USA, die er ja selbst lange Zeit wesentlich mitbestimmt hat, korrekt wiedergibt. Um ihre hegemoniale Stellung zu verteidigen, müssten die USA Russland niederhalten und eine zu enge Zusammenarbeit zwischen Russland und der EU, insbesondere Deutschland, verhindern. Dabei komme der Ukraine eine zentrale Rolle zu.

> »Die Ukraine, ein neuer und wichtiger Raum auf dem europäischen Schachbrett, ist ein geopolitischer Dreh- und Angelpunkt, weil ihre bloße Existenz als unabhängiger Staat zur Umwandlung Russlands beiträgt. Ohne die Ukraine ist Russland kein eurasisches Reich mehr. (…) Wenn Moskau allerdings die Herrschaft über die Ukraine mit ihren 52 Millionen Menschen, bedeutenden Bodenschätzen und dem Zugang zum Schwarzen Meer wiedergewinnen sollte, erlangte Russland automatisch die Mittel, ein mächtiges Europa und Asien umspannendes Reich zu werden.«[290]

Der Sicherung der amerikanischen Hegemonialstellung diente die NATO-Osterweiterung in fünf Etappen: 1999, 2004, 2009, 2017 und 2020. Ein weiterer zentraler Baustein dieser Strategie bestand darin, die Ukraine aus dem russischen Einflussbereich zu lösen und auf die Seite des Westens zu ziehen. Diesem Ziel diente die finanzielle und logistische Unterstützung der westlich orientierten »Zivilgesellschaft« und der westlich orientierten Parteien in der Ukraine sowie vor allem die Inaussichtstellung einer Mitgliedschaft dieses Landes in EU und NATO.

Ein erstes konkretes Ergebnis dieser Politik zeigte sich in der »orangenen Revolution« des Jahres 2004 in der Ukraine, in deren Verlauf die moskautreue durch eine eher am Westen orientierte Regierung abgelöst wurde. Diese hatte aufgrund interner Streitigkeiten nicht lange Bestand, sodass das Pendel wieder zurück in Richtung Osten schwang. Das Tauziehen um die Ukraine eskalierte schließlich in der »Euromaidan«-Revolution des Winters 2013/2014, durch die der gewählte, russlandfreundliche Präsident Janukowytsch unter Bruch der ukrainischen Verfassung seines Amtes enthoben und durch einen Übergangspräsidenten ersetzt wurde, der eine Übergangsregierung ernannte und vorgezogene Präsidentschaftswahlen ansetzte. Die revolutionäre Bewegung wurde tatkräftig – und zwar sowohl politisch als auch wirtschaftlich – vom Westen unterstützt. Russland sah sich durch diese Entwicklung veranlasst, die Halbinsel Krim zu annektieren und Truppen in die östlichen, von russischstämmigen und russischsprachigen Ukrainern bewohnten Landesteile der Ukraine zu schicken, um diese in ihrem Streben nach Unabhängigkeit und in ihrem Kampf gegen die neue ukrainische Regierung zu unterstützen. Seitdem herrscht in der Ukraine ein Bürgerkrieg, der zeitweise vor sich hin schwelte, zeitweise in Form von militärischen Auseinandersetzungen offen ausbrach. Die Versuche, diesen Bürgerkrieg durch eine Föderalisierung der Ukraine zu beenden, wie sie die unter Vermittlung von Frankreich und Deutschland zwischen Russland und der Ukraine ausgehandelten Abkommen Minsk I und Minsk II vorsahen, scheiterten – nicht zuletzt, weil die Ukraine nicht bereit war, mit den Separatisten ernsthaft zu verhandeln und die Föderalisierung tatsächlich umzusetzen. Ob der Westen diese überhaupt gewollt hat, ist zumindest fraglich. Äußerungen der ehemaligen Bundeskanzlerin Angela Merkel nach Ausbruch des Krieges lassen darauf schließen, dass es dem Westen in Wirklichkeit um etwas anderes ging.

> »Das Minsker Abkommen 2014 war der Versuch, der Ukraine Zeit zu geben. Sie hat diese Zeit auch genutzt, um stärker zu werden, wie man heute sieht.«[291]

Als trotz der ungelösten Konflikte die USA und ihre Verbündeten das Projekt eines NATO-Beitritts der Ukraine weiter vorantrieben, erkannte Russland die abtrünnigen Provinzen der Ukraine, Donezk und Luhansk, offiziell an und marschierte unter dem Vorwand, diesen zu Hilfe kommen zu müssen, am 24. Februar 2022 in die Ukraine ein. Der Krieg war da. Im März 2022 fanden erste Verhandlungen zwischen der Ukraine und Russland statt, die kurz vor einem erfolgreichen Abschluss standen und auf eine dauerhafte Neutralität der Ukraine sowie auf die Anerkennung der russischen Krimannexion hinausgelaufen wären. Dies war offensichtlich nicht im Interesse der USA und der NATO, welche diese Verhandlungen hintertrieben und auf eine Fortsetzung des Krieges bis zum Sieg über Russland drängten.[292] Die Washington Post berichtete über die Meinungsbildung innerhalb der NATO wie folgt:

> »Auch nur die Verpflichtung der Ukraine, nicht in die NATO einzutreten – eine Idee, die Selenskyj in der Öffentlichkeit zur Diskussion gestellt hatte –, wird von einigen Nachbarländern der Ukraine mit Besorgnis gesehen. Es ist misslich, aber nun einmal die Realität, dass einige NATO-Mitglieder es lieber sähen, die Ukrainer würden weiter kämpfen und weiter sterben, als einen Frieden abzuschließen, der zu früh und der Kiew und Europa zu teuer zu stehen kommt.«[293]

Bekanntlich hat sich die Kriegspartei in der NATO durchgesetzt, und seither finden erbitterte Kämpfe zwischen Russland und der Ukraine statt, seither eskaliert der Wirtschaftskrieg gegen Russland und seither verhärten sich die diplomatischen Fronten immer mehr. Ein solches Szenario wurde in einer vom amerikanischen Verteidigungsministerium in Auftrag gegebenen Studie der RAND Corporation schon 2019 beschrieben.

> »Härtere Sanktionen werden wahrscheinlich der russischen Wirtschaft schaden – und zwar mehr und schneller als niedrige Ölpreise, vorausgesetzt, die Sanktionen sind umfassend und multilateral. Diese Politik wird also nur funktionieren, wenn andere Länder dabei mitmachen. (…) Das ukrainische und das russische Militär fügen sich im Donbass schon gegenseitig Verluste zu. Wenn wir die Ukraine mit mehr Waffen und Ausbildern unterstützen, könnte das dazu führen, dass Russland stärker direkt in den Konflikt eingreift und dafür dann einen hohen Preis zahlen muss. Russland könnte eine neue Offensive starten und zusätzliches ukrainisches Territorium besetzen.«[294]

Damit keine Missverständnisse entstehen: Putin ist der Angreifer und der völkerrechtlich Alleinschuldige an diesem Krieg. Allerdings können die USA und die NATO eine gewisse Mitverantwortung nicht abstreiten: Die Möglichkeit eines Krieges zwischen der Ukraine und Russland wurde in Betracht gezogen – und in Kauf genommen. Es war wichtiger, Russland zu schwächen, als den Krieg zu verhindern; und es ist immer noch wichtiger, Russland weiter zu schwächen, als den Krieg zu beenden. Auch in den USA gibt es Beobachter, die dies so sehen. Der Politikwissenschaftler John J. Mearsheimer von der Universität Chicago schrieb schon 2014 über die sich verschärfende Krise:

> »Die USA und ihre europäischen Verbündeten sind die Hauptverantwortlichen der Krise. Die eigentliche Ursache der Probleme ist die NATO-Osterweiterung, der Kernbaustein einer umfassenderen Strategie, die darauf abzielt, die Ukraine aus dem Einflussbereich Russlands zu lösen und in den Westen zu integrieren.«[295]

Die Reaktion Russlands sollte für die USA nicht schwer zu verstehen gewesen sein.

> »Es ist nur elementare Geopolitik: Großmächte reagieren immer empfindlich auf mögliche Bedrohungen nahe ihren Grenzen.«[296]

Dabei spiele es keine Rolle, dass die Ukraine aus Sicht des Völkerrechts in die NATO oder die EU eintreten darf – und auch nicht, ob die Ukraine das tun will.

> »Denn es gibt keinen Grund, warum der Westen die Wünsche der Ukraine erfüllen soll, wenn diese eine gefährliche Politik verfolgt, insbesondere da die Verteidigung der Ukraine kein vitales Interesse des Westens darstellt.«[297]

Diese Einschätzung aus dem Jahr 2014 hat bis heute weder an Aktualität noch an Gültigkeit verloren – ganz im Gegenteil.

Der Krieg hat nämlich zwei Seiten: Einerseits ist er der Abwehrkampf der Ukraine gegen die russische Aggression und andererseits ist er ein Stellvertreterkrieg zwischen den USA und Russland. In diesem Krieg geht es den USA und der von ihnen geführten NATO nicht um Freiheit, Demokratie und westliche Werte – sondern um die Aufrechterhaltung der amerikanischen Hegemonie in Europa und auf der ganzen Welt.

Es ist nichts weniger als fatal, dass sich gerade in dieser kritischen Situation Deutschland (und der Großteil Europas) zum Vasallen der USA hat machen lassen und deren Strategie bedingungslos folgt und unterstützt. Denn die Interessen Deutschlands und der EU unterscheiden sich durchaus von denen der USA – und auch von denen der Ukraine. Darauf weist beispielsweise der Historiker Peter Brandt hin, der eine Realpolitik, wie sie Egon Bahr vertreten hat, heute schmerzlich vermisst:

»Aber in der Tat ist zu fragen: Was sind unsere Interessen? Egon Bahr hat gesagt: Staaten haben erstens Interessen, zweitens Interessen und drittens Interessen.«[298]

Auch für Michael Lüders ist die Politik von Egon Bahr vorbildhaft. Aus dieser realpolitischen Sicht hätte Deutschland nach dem Ende des Kalten Krieges darauf hinwirken müssen, »eine neue Sicherheitsarchitektur« zu schaffen, »die Russland mit einbezieht und parallel die eigene Verteidigungsfähigkeit organisiert – ohne US-Dominanz. Dieses Versäumnis, das an Versagen grenzt, verdankt sich wesentlich deutscher Amerikahörigkeit.«[299] Denn, so auch Klaus von Dohnanyi, »Europas Interesse ist Kooperation mit Russland, nicht Feindschaft.«[300]

Dieses Interesse wird von der deutschen Politik in ihrem moralistischen Wahn entweder nicht gesehen oder sträflich vernachlässigt. Michael Lüders kritisiert das – vollkommen zu Recht – sehr scharf:

»Die Selbstzerstörung der eigenen Volkswirtschaft willentlich und wissentlich in Kauf zu nehmen, im Namen hochfliegender Phraseologie, zeugt von sträflicher Dummheit und Verantwortungslosigkeit. Hiesige Volksvertreter sind in erster Linie der eigenen Bevölkerung Rechenschaft schuldig. Nicht den Amerikanern und auch nicht, bei aller Wertschätzung, den Ukrainern. Den eigenen Wohlstand auf dem Altar des Moralismus zu opfern, ist keine Politik, sondern ein Offenbarungseid.«[301]

Soll das nun heißen, dass man Putin gewähren lassen soll, dass Russland ohne jegliche Konsequenzen Teile anderer Länder annektieren, Truppen in andere Länder schicken und offen Krieg gegen andere Länder führen darf? Mitnichten. Selbstverständlich kann und darf die Aggression Russlands nicht ohne Konsequenzen bleiben. Allerdings darf man bei der Gegenreaktion zweierlei nicht außer Acht lassen: inwieweit dadurch die eigenen Interessen tangiert werden und wie in der Vergangenheit auf ähnliche Völkerrechtsverstöße anderer Länder – und damit sind natürlich vor allem die USA gemeint – reagiert wurde. Schließlich schadet dem Ansehen und der Glaubwürdigkeit des Westens und der Sache des Völkerrechts nichts so sehr, wie wenn mit zweierlei Maß gemessen und Verstößen Russlands gegen das Völkerrecht mit aller Härte begegnet wird, aber ähnliche Verstöße der USA, von denen es in der Vergangenheit ja mehr als genug gab, einfach hingenommen oder sogar begrüßt werden. Schließlich bleibt ein Verstoß gegen das Völkerrecht ein Verstoß gegen das Völkerrecht, ob er nun von einem demokratischen Staat wie den USA oder von einer Autokratie wie Russland begangen wird.

Aus beiden Gründen – der Rücksicht auf eigene Interessen und der bisher gezeigten Toleranz gegenüber amerikanischen Völkerrechtsverstößen – ist es für Deutschland und Europa geboten, gegenüber Russland mit Augenmaß und Vernunft vorzugehen. Konkret würde das bedeuten, dass man zwar den Export von Waffen und Hochtechnologie nach Russland verbietet, aber auf den selbstschädigenden Boykott russischer Rohstofflieferungen verzichtet; dass man an die Ukraine zwar Waffen liefert, aber nur solche Waffen, die vorwiegend zur Verteidigung und weniger zum Angriff dienen – also etwa Panzerfäuste und Flugabwehrgeschütze, aber keine Kampfpanzer und Marschflugkörper; und vor allem würde es bedeuten, dass man immer auch auf Verhandlungen drängt. Es darf nicht sein, dass man die Wünsche der Ukraine nach immer mehr Geld, immer mehr logistischer Unterstützung und immer mehr und immer wirkungsvolleren Waffen sofort oder nach kurzem Zögern erfüllt, ohne gleichzeitig darauf hinzuwirken, dass die Ukraine Verhandlungen mit Russland aufnimmt. Es ist für die europäische Diplomatie ein

Armutszeugnis, dass Länder wie China Friedenspläne vorlegen, aber in Deutschland und den meisten europäischen Staaten nur Durchhalteparolen und Endsiegfantasien zu hören sind. Allein Ungarn setzt auf eine verantwortungsvolle Realpolitik, welche von Bence Bauer so beschrieben wird:

> »Ungarns politische Führung ist überzeugt, dass es kaum möglich ist, eine Atommacht zu schlagen. Eine weitere Eskalation des Konflikts könnte stattdessen uns Europäer in den Abgrund stürzen. Aus diesem Grund appelliert man an die Kriegsparteien, möglichst bald Waffenstillstandsverhandlungen aufzunehmen. Ungarn hat sich verschiedentlich als neutraler Ort für Friedensverhandlungen ins Spiel gebracht.«[302]

Es ist erschreckend, wenngleich nicht wirklich überraschend, dass Ungarn dafür nicht etwa Anerkennung, sondern scharfe Kritik von Seiten der EU und der NATO erfährt.

An dieser Stelle sei angemerkt, dass das Verhalten der EU-Kommission in der Ukrainekrise (anders als das der meisten EU-Mitgliedstaaten) realpolitisch durchaus nachvollziehbar ist. Denn der Ukrainekrieg wird von Brüssel bewusst dazu instrumentalisiert, die eigene Macht und die eigenen Kompetenzen auf Kosten der Mitgliedstaaten und auf Kosten der Freiheitsrechte der Bürger auszudehnen. Das geschieht vor allem durch die Bemühungen, die Ukraine so schnell wie möglich in die EU aufzunehmen – ungeachtet des Kriegs und der wirtschaftlichen und politischen Probleme, unter denen dieses Land auch im Übrigen leidet. Es ist klar, dass die Ukraine nach einem Beitritt auf Jahrzehnte am Tropf Brüssels hängen würde, was mit einem entsprechenden Wachstum des Budgets und damit des Einflusses der Kommission verbunden wäre. Zweitens haben der Wirtschaftskrieg gegen Russland und die im Zuge desselben verhängten

Sanktionen Brüssel die Gelegenheit zu einer Ausweitung seiner Kompetenzen geboten: Die Pläne für ein europaweites Vermögensregister wurden vorangetrieben; die Einrichtung einer Anti-Geldwäsche-Behörde wurde gefordert; das Binnenmarkt-Notfallinstrument, mit dem die EU-Kommission im Krisenfall Unternehmen in der EU zur Produktion der von ihr gewünschten Güter verpflichten kann, wurde vorgestellt. Alle diese Maßnahmen werden – zumindest zum Teil – mit der Notwendigkeit begründet, die Einhaltung von Sanktionen zu überwachen und auf mögliche Gegensanktionen reagieren zu können. Aber alle diese Maßnahmen führen zu einem erheblichen Machtzuwachs für die EU-Kommission und zu einer ebenso erheblichen Einschränkung der Rechte und Freiheiten der EU-Bürger.[303] Mit dieser Instrumentalisierung setzt Brüssel eine Strategie fort, die seine Krisenpolitik schon seit über einem Jahrzehnt kennzeichnet. Sie ist insofern weder neu noch überraschend.[304]

Wenig überraschend ist nach den bisher angestellten Überlegungen auch das Urteil, das insgesamt über den Wirtschaftskrieg gegen Russland und über die verhängten Sanktionen gefällt werden muss. Die Russlandsanktionen haben nicht nur eine geringe Aussicht auf Erfolg, sondern sie sind aus deutscher Sicht aufgrund der mit ihnen verbundenen hohen Kosten für das eigene Land ökonomisch nicht rational. Selbst vom Standpunkt der weltweiten Propagierung westlicher Werte und Prinzipien haben sie versagt. Haben doch die USA und ihre Verbündeten mit der Zeit im globalen Süden nicht etwa an Zustimmung und Unterstützung gewonnen, sondern vielmehr eingebüßt – wahrscheinlich nicht zuletzt deshalb, weil die USA nur allzu gerne und allzu oft von anderen Ländern die Einhaltung moralischer Prinzipien fordern, die sie selbst missachten.

Neben Russland und der Ukraine selbst gibt es einen großen Verlierer bei der gegenwärtigen Politik: Deutschland. Unser Land hat nicht nur unter seiner desaströsen Klima- und Energiepolitik zu leiden, sondern deren Probleme und Nachteile werden durch eine Sanktionspolitik noch weiter verschärft, die keine Rücksichten auf die dem eigenen Land entstehenden Kosten nimmt. Ja mehr noch, bei der Verhängung dieser Sanktionen tut sich Deutschland als einer der Hauptantreiber hervor. Und es gibt einen Hauptgewinner: die Vereinigten Staaten, die von der gegenwärtigen Krise wirtschaftlich und politisch ganz erheblich profitieren – wenngleich, wie gezeigt, nicht auszuschließen ist, dass längerfristig durch die Russlandpolitik auch Probleme für die USA entstehen.

Es ist kein Zufall, dass die USA der Hauptgewinner der aktuellen Krise sind, sondern der Tatsache geschuldet, dass einerseits die USA ihre Interessen sehr konsequent und sehr entschieden verfolgen und dabei zwar ein Lippenbekenntnis zur »Wertegemeinschaft« ablegen, aber auf die Interessen ihrer Verbündeten im Zweifelsfall keine Rücksicht nehmen; und dass andererseits Brüssel und die Mehrheit der EU-Mitgliedstaaten den USA bereitwillig Gefolgschaft leisten und die so oft beschworene Wertegemeinschaft zum Leitmotiv ihrer Politik machen. Dabei tut sich Deutschland besonders hervor, das sich bemüht, wenn möglich, noch moralischer und werteorientierter als die USA aufzutreten und zu agieren – und dem es mit der Wertegemeinschaft, anders als den USA, tatsächlich ernst ist. Man denke nur an den oben erwähnten Fall der PCK-Raffinerie Schwedt.

Selbstverständlich haben die USA aufgrund ihrer militärischen Macht die Führungsrolle in der NATO und selbstverständlich müssen die Verbündeten eine gemeinsame Linie verfolgen. Das heißt aber noch lange nicht, dass Deutschland und die anderen europäischen Staaten der Führungsmacht USA blinden Gehorsam leisten und über den Interessen der USA ihre eigenen Interessen vernachlässigen müssen.

Es ist allerhöchste Zeit für eine selbstbewusste Politik gegenüber den USA, eine Politik, die auf einen Interessenausgleich innerhalb der NATO anstelle der bisherigen Alleingeltung amerikanischer Interessen abzielt. Voraussetzung dafür ist, dass die Europäer und insbesondere die Deutschen die Augen nicht länger vor der Realität verschließen und sich nicht länger von der Fata Morgana der Wertegemeinschaft in die Irre führen lassen. Eine Abkehr von der Wertepolitik und eine Hinwendung zur Realpolitik ist vonnöten – ein Schritt, der Deutschland mit seiner vom Moralismus geprägten Politik besonders schwerfällt. Wenn jedoch dieser Schritt nicht gegangen wird, drohen in Zukunft noch weit größere Nachteile – dann nämlich, wenn man in dem sich abzeichnenden Konflikt zwischen den USA und China weiterhin als amerikanischer Vasall agiert und um der Wertegemeinschaft willen sich weiterhin in den Dienst der amerikanischen Interessen stellt.

Teil 3: Heilsweg oder Irrweg?

Kapitel 11: Die Moralisierungsspirale

Das Hauptkennzeichen der moralistischen Außenpolitik Deutschlands ist ihre Erfolglosigkeit. Dies dürfte nach der Analyse verschiedener Politikbeispiele in Teil 2 offensichtlich sein. Ob es sich nun um die Migrationspolitik, die feministische Außenpolitik, die restriktive Außenwirtschaftspolitik, die Lieferkettengesetze, die Klimaaußenpolitik oder die Sanktionspolitik handelt – die selbst gesteckten Ziele wurden und werden entweder nicht erreicht oder allenfalls zu einem kleinen Teil. Das gilt zum einen für die unmittelbaren Ziele: also die weltweite Erleichterung und Förderung der Migration; den Schutz und die Förderung aller möglichen Minderheiten und »marginalisierten Gruppen« auf der ganzen Welt; die weltweite Durchsetzung deutscher bzw. europäischer Umwelt- und Sozialstandards; die radikale Reduktion der Treibhausgasemissionen in allen Ländern; und die wirtschaftliche Niederwerfung Russlands. Das gilt zum anderen aber auch für die mittelbaren Ziele, welche darin bestehen, dass die Werte, die von der jeweiligen Politik verkörpert werden, auch in anderen Ländern, und zwar möglichst weltweit, durchgesetzt werden. Es sieht nämlich nicht so aus, als ob alle Unterzeichner des UN-Migrationspakts wirklich vom Multikulturalismus und vom Konzept der offenen Grenzen überzeugt sind. Auch die feministische Außenpolitik wird international eher belächelt als bewundert und nachgeahmt. Andere Industriestaaten außerhalb Europas denken gar nicht daran, ihre Wirtschaft mit ähnlichen Regelungen zu belasten, wie sie die restriktive Außenwirtschaftspolitik beinhaltet und wie es vor allem die Lieferkettengesetze sind. Was die Klimapolitik angeht, so versuchen zwar viele Länder, Förder- bzw. Ausgleichszahlungen von den Industrieländern zu erhalten, priorisieren aber weiterhin ihre wirtschaftliche Entwicklung vor dem sogenannten »Klimaschutz«. Und im Fall der Russlandsanktionen nimmt die Unterstützung der Position von USA und NATO immer mehr ab, je länger der Krieg dauert.

Die Ursache für dieses Scheitern liegt auf der Hand: Eine Politik, die auf Werte und Moral fixiert ist – Werte und Moral, die zudem verabsolutiert werden –, der es vor allem oder ausschließlich auf gute Gesinnung und hehre Prinzipien ankommt, kann unmöglich rational in dem Sinn sein, dass die Konsequenzen der Politik bedacht werden, dass zwischen Kosten und Nutzen derselben nüchtern abgewogen wird und dass versucht wird, Ziele möglichst effektiv und möglichst effizient zu erreichen. Eine solche Politik ist nicht nur blind für die tatsächlichen Interessen des eigenen Landes, sondern auch für die möglichen und wahrscheinlichen Probleme bei der Erreichung der selbst gesteckten Ziele. Verschärft wird dieses Unvermögen noch dadurch, dass der politische Moralismus – eben aufgrund seines Absolutheitsanspruchs – dazu tendiert, sich sehr ehrgeizige und meist unrealistische Ziele zu setzen.

Aus genau diesen Gründen besteht die typische Reaktion der politischen Moralisten auf das Verfehlen ihrer Ziele nicht etwa in einem Umdenken oder gar in einer Umkehr. Vielmehr wird an diesen Zielen hartnäckig und verbissen festgehalten und versucht, die Ziele dadurch doch noch zu erreichen, dass man die bisherige Politik konsequenter und eifriger betreibt. Denn die Ziele oder gar den diesen zugrunde liegenden moralistischen Ansatz selbst in Frage zu stellen, ist ausgeschlossen. Das wäre nicht nur unmoralisch, weil es auf ein Aufgeben oder zumindest eine Relativierung bisher hochgehaltener Werte und Prinzipien hinauslaufen würde, sondern auch mit dem eigenen Selbstverständnis, ja mit der eigenen Selbstachtung unvereinbar – ganz abgesehen davon, dass auch machtpolitische Gründe dagegensprechen: Politiker, die solche Sünden begehen würden, würden sehr schnell die Unterstützung ihrer Partei und ihrer Wählerschaft verlieren, sofern diese den Moralismus verinnerlicht haben. Von daher sind mangelnde Einsicht in die Ursachen von Zielverfehlungen und das Festhalten an der bisherigen Politik, selbst wenn diese Einsicht doch ansatzweise vorliegen sollte, fast zwangsläufige Begleiterscheinungen der Gesinnungsethik.

Auf diese Art und Weise kommt es zu dem, was ich »Moralisierungsspirale« nennen möchte. Die Instrumente, die zur Bekehrung anderer Länder und zur Durchsetzung der eigenen Werte und Prinzipien angewandt werden, werden im Zeitablauf immer schärfer. Diese Eskalation kann man sehr schön in der Klimaaußenpolitik und in der Sanktionspolitik gegenüber Russland beobachten. Was Erstere angeht, so haben wir gesehen, dass im Zeitablauf erst auf die Vorbildfunktion gesetzt wurde, später aber auf wirtschaftliche Anreize und schließlich auf wirtschaftliche Strafmaßnahmen zurückgegriffen wurde. Im Fall der Russlandpolitik wurden zum einen die Sanktionen permanent ausgeweitet und verschärft. Zum anderen ist die EU offensichtlich auch bereit, die bisherige Position der strikten Ablehnung sekundärer Sanktionen als völkerrechtswidrig aufzugeben und solche Sanktionen nicht nur von Seiten der USA zu tolerieren, sondern auch selbst zu verhängen. Flankiert wird die Sanktionspolitik von der Lieferung von immer mehr, immer teureren und immer effektiveren Waffen an die Ukraine.

Die Eskalation der eingesetzten Mittel zur Erreichung bestimmter Ziele stellt gewissermaßen die vertikale Dimension der Moralisierungsspirale dar: Sie schraubt sich im Zeitablauf immer weiter nach oben – von anfänglich milden zu immer rigoroseren Maßnahmen. Die Moralisierungsspirale hat aber auch eine horizontale Dimension: Sie wird mit der Zeit immer weiter. Dadurch soll veranschaulicht werden, dass der politische Moralismus insofern immer weiter um sich greift, als er sich immer neue Ziele setzt und so immer mehr Felder der Außenpolitik (und nicht nur dieser) moralisiert werden. Man denke nur an die feministische

Außenpolitik oder an die Lieferkettengesetze, die es nicht nur früher nicht gegeben hat, sondern die früher auch undenkbar gewesen wären. Verfolgt man die Entwicklung der Werteaußenpolitik in der Bundesrepublik, so wird man feststellen, dass diese eine erstaunliche Karriere gemacht hat: War früher nur die Rüstungsexportpolitik moralisch geprägt, so ist es heute kaum mehr möglich, ein Feld der Außenpolitik zu finden, auf dem dies nicht der Fall ist.

Auch diese Tendenz ergibt sich zwangsläufig aus dem Charakter des politischen Moralismus. Wie in Kapitel 3 gezeigt, kann es nämlich keine Grenzen für den politischen Moralismus geben. Dieser ist schon von seiner Logik her expansiv: Wenn bestimmte Werte oder moralische Prinzipien als »wahr« erkannt werden, dann ist es aus Sicht des Gesinnungsethikers nicht nur erlaubt, sondern moralisch geboten, diesen so weit als möglich Geltung zu verschaffen – nicht nur im In-, sondern auch im Ausland; nicht nur auf einem Gebiet der Außenpolitik, sondern auf allen Gebieten.

Es ist daher zu erwarten, dass die Wertepolitik nicht etwa aufgrund ihres bisherigen Scheiterns überdacht oder vielleicht sogar aufgegeben wird, sondern dass sie vielmehr intensiviert und ausgeweitet wird – und dass damit die Kosten und Schäden, die eine solche Politik anrichtet, immer höher werden. Das Ende der Moralisierungsspirale wird erst dann erreicht werden, wenn diese Kosten und Schäden ein solches Ausmaß annehmen, dass die eigene Bevölkerung nicht länger bereit ist, sie um eines Gefühls der moralischen Überlegenheit willen in Kauf zu nehmen.

Kapitel 12: Der schwindende Einfluss Deutschlands in der Weltpolitik

Deutschland spielt eine immer geringere Rolle in der Weltpolitik. Unser Land hat nicht nur immer weniger Einfluss, sondern es genießt auch immer weniger Achtung und seinen Repräsentanten wird immer weniger Respekt entgegengebracht.

Diese Entwicklung hängt eng mit dem Erstarken des politischen Moralismus in Deutschland und mit dessen Übergreifen auf die Außenpolitik zusammen. Es ist nur auf den ersten Blick widersprüchlich, dass der weltpolitische Bedeutungsverlust in dem Maße zunimmt, in dem Deutschland andere Länder bekehren und diese von den eigenen Werten und Moralprinzipien überzeugen will. Denn eben diese Werte und Moralprinzipien werden weltweit nur von einer Minderheit der Länder und der Menschen geteilt.[305] Wenn man, wie Deutschland, vor dieser Tatsache die Augen verschließt und Außenpolitik auf der Grundlage der Moral betreibt, gerät man zwangsläufig in eine Selbstisolation. Diese wird aber nicht nur in Kauf genommen, damit man sich die Hände beim Umgang mit Ländern, die »unsere Werte« nicht teilen, nicht schmutzig machen muss, sondern sie wird mitunter absichtlich vorangetrieben. So ist im Koalitionsvertrag der Ampel-Regierung die Rede vom »Ziel der Kooperation, insbesondere mit denjenigen Staaten, die unsere demokratischen Werte teilen«.[306] Aber sollte und müsste Deutschland nicht mit allen Staaten sprechen und zusammenarbeiten? Wie kann man globale Probleme – wie den Klimawandel, den internationalen Terrorismus oder die unkontrollierte Migration – lösen, wenn man sich der Zusammenarbeit mit Ländern, die »unsere Werte« nicht teilen, entweder ganz verweigert oder aber diesen Ländern nur mit erhobenem Zeigefinger begegnet?

Ein konkretes Beispiel für die bewusste Selbstisolierung Deutschlands ist die »feministische Außenpolitik« (siehe Kapitel 6). In deren Rahmen soll unter anderem auf die Teilnahme an Veranstaltungen im Ausland verzichtet werden, die nicht paritätisch besetzt sind. Man verzichtet damit natürlich auch auf Möglichkeiten, die eigene Politik zu vertreten und an der internationalen Willensbildung mitzuwirken. Es dürfte offensichtlich sein, dass dies *nicht* im Interesse Deutschlands ist. So schreibt der Ökonom Lukas Menkhoff:

> »Gleichzeitig liegt es aber im deutschen Interesse, gleichgültig, ob man an die außenwirtschaftlichen Interessen denkt oder an die Sicherung globaler Güter (die breite internationale Kooperation erfordert) denkt, mit den weitaus meisten Ländern Übereinkommen zu finden, trotz aller Konkurrenz (...). Solche Übereinkommen werden im Allgemeinen nicht auf dem Maßstab geteilter Werte basieren können.«[307]

Deswegen sei es hilfreich, so Menkhoff, »zu akzeptieren, dass Menschen in anderen Ländern meist andere Vorstellungen von einer guten Gesellschaft haben als die in Deutschland.«[308]

Leider fehlt diese Einsicht heute den politischen Moralisten, welche die deutsche Außenpolitik betreiben. Sie täten gut daran, sich ein Beispiel an dem zweifelsohne bedeutendsten deutschen Außenpolitiker, Otto von Bismarck, zu nehmen, für den »Nüchternheit und Klarheit« an erster Stelle kamen und dessen Maximen lauteten: »kein Pathos, kein übertriebener Eifer, keine sentimentalen Anwandlungen«.[309] Dieser Tradition folgte im 20. Jahrhundert ein anderer Großer der Außenpolitik: der deutschstämmige und wegen seiner Realpolitik von Seiten der politischen Moralisten vielgeschmähte Henry Kissinger, für den »die eigentliche Rolle des Staatsmannes darin [besteht], innerhalb einer Reihe von Möglichkeiten flexibel zu handeln, um die Interessen des Staates (...) zu fördern«. Er lehnte es entschieden ab, »auf der Grundlage vorgefasster moralischer oder ideologischer Gebote vorzugehen«.[310]

Diese Attitüde führt nämlich, wie wir am Beispiel des heutigen Deutschlands sehen, nicht nur direkt in die Selbstisolation, sondern auch dazu, dass man von anderen Ländern mehr und mehr gemieden und so noch weiter isoliert wird. Im Wesentlichen gibt es hierfür drei Gründe: *Erstens* wird die dem politischen Moralismus eigene Belehrung und Bevormundung zumindest als unangemessen, vielleicht sogar als Affront empfunden. Schulmeister und Besserwisser sind selten beliebt und das ist auch auf der Bühne der Weltpolitik nicht anders. *Zweitens* setzt sich im Ausland immer mehr die Erkenntnis durch, dass es ohnehin zu nichts führt, wenn man mit Deutschland spricht – außer vielleicht zu gegenseitigen Vorwürfen und Konflikten. Angesichts der unterschiedlichen Wertvorstellungen auf der Welt muss der politische Moralismus aufgrund seiner expansiven Logik zwangsläufig zu Konflikten führen (siehe Kapitel 2). Diese werden umso schwerer sein, je mehr die verschiedenen Werte und deren Interpretation voneinander differieren und je mehr deren Vertreter von ihnen überzeugt sind. Wenn man nicht dieselbe Sprache spricht, ist eine Verständigung nicht möglich. *Drittens* hat Deutschland seinen außenpolitischen Handlungsspielraum durch die unbedingte Gefolgschaft, die man den USA seit einiger Zeit leistet, so stark selbst eingeschränkt, dass es für andere Länder schwer einzusehen ist, warum sie überhaupt mit einem Deutschland sprechen sollten, das mehr oder weniger nur als Sprachrohr der USA fungiert. Das gilt vor allem seit Beginn der Ukrainekrise, durch welche die deutsche Außenpolitik, wie der Journalist Thomas Fasbender feststellt, »um ihr allerletztes Eigenständigkeitsmerkmal gebracht« wurde: »die bewährte Substanz der deutsch-russischen Beziehungen«.[311]

Die Vorgänge um die Nord Stream-Pipelines haben dies mehr als deutlich gemacht (siehe Kapitel 10). Bezeichnend für das Verhältnis zwischen den Vereinigten Staaten und Deutschland war die Pressekonferenz von Kanzler Scholz und Präsident Biden am 7. Februar 2022 in Washington. Auf die Frage eines Journalisten nach der Zukunft von Nord Stream 2 bei einem Einmarsch Russlands in die Ukraine sagte Biden: »Wenn Russland zum Beispiel mit Panzern und Truppen die Grenze zur Ukraine überquert, wird es Nord Stream 2 nicht mehr geben.« Auf die Nachfrage, wie er das denn zustande bringen wolle, da das Projekt doch »unter Kontrolle Deutschlands« stehe, antwortete Biden nur: »Ich verspreche Ihnen: Das werden wir schaffen.«[312] Scholz stand daneben und nahm diese offenkundige Drohung kommentarlos und demütig hin. Ist es da ein Wunder, wenn andere Länder lieber gleich mit dem Koch als mit dem Kellner reden?

Das Beispiel der USA hat Schule gemacht. Auch andere Länder sehen zunehmend auf Deutschland herab und halten es nicht mehr länger für notwendig, deutschen Wünschen zu entsprechen oder deutschen Vorstellungen auch nur zuzuhören, geschweige denn, sich diese zu eigen zu machen. Mehr noch, ihre Geringschätzung äußert sich auch darin, dass diplomatische Gepflogenheiten, ja selbst die Gebote der Höflichkeit nicht länger beachtet werden. So wurde Bundeskanzler Scholz auf einer Südamerikareise im Jahr 2023, bei der er um Unterstützung für die westliche Position im Ukrainekonflikt und insbesondere für Waffenlieferungen an die Ukraine warb, von Argentinien, Chile und Brasilien nicht nur die kalte Schulter gezeigt, sondern der Präsident Brasiliens, Lula da Silva, machte unserem Bundeskanzler in einer Pressekonferenz am 30. Januar 2023 unmissverständlich und mit wenig diplomatischen Worten klar, was er von der Ukrainepolitik Deutschlands und der USA hält: nämlich nichts.[313]

Peinlich für Deutschland war auch die Reise von Bundespräsident Frank-Walter Steinmeier am 30. November 2023 nach Katar. Bei seiner Ankunft ließ man ihn fast eine Stunde im Flugzeug auf dem Rollfeld warten, bevor man so gnädig war, ihn durch einen Minister zu begrüßen.[314] In diesem speziellen Fall liegt die Ursache für den Affront wahrscheinlich nicht nur darin, dass man Deutschland im Allgemeinen immer weniger Wertschätzung entgegenbringt, sondern auch darin, dass man sich für das Verhalten von Innenministerin Nancy Faeser revanchieren wollte, die sich 2022 während der Fußballweltmeisterschaft in Katar wie der sprichwörtliche Elefant im Porzellanladen aufgeführt hatte.[315]

Der russische Präsident Wladimir Putin hat nicht ganz unrecht, wenn er sagt, dass »die ganze Welt über deutsche Politiker lachen« würde.[316] Aber man kann das der Welt nicht verdenken – angesichts von Politikern, welche die außenpolitische Position Deutschlands vorsätzlich oder fahrlässig ruinieren, indem sie gegenüber den USA im Namen der »Wertegemeinschaft« auf jede selbständige Politik verzichten und sich gegenüber anderen Ländern als Moralweltmeister aufspielen.

Kapitel 13: Wohlstand ade?

Der politische Moralismus richtet erhebliche wirtschaftliche Schäden an. In Teil 2 wurde auf die Kosten und Folgeschäden zentraler Bereiche der Werteaußenpolitik eingegangen. Diese Kosten machen sich mehr oder weniger direkt bemerkbar, lassen sich mehr oder weniger genau in Euro und Cent angeben, sind aber in keinem Fall zu unterschätzen.

Lassen Sie uns kurz rekapitulieren: Der UN-Migrationspakt (siehe Kapitel 5) an sich führt kaum zu nennenswerten Kosten. Aber er muss im Zusammenhang mit der nationalen Migrationspolitik gesehen werden, die ganz erhebliche Kosten verursacht: Denn durch die praktizierte Politik der Willkommenskultur und durch den unkontrollierten Zustrom von Wirtschaftsflüchtlingen entstehen nicht nur hohe Kosten für die Versorgung der »Flüchtlinge«, sondern auch enorme Folgekosten durch die Überlastung des Systems der sozialen Sicherung und durch die infolge der gestiegenen Diversität auftretenden wirtschaftlichen und gesellschaftlichen Reibungsverluste. Und der UN-Migrationspakt ist ganz darauf ausgelegt, diese Politik der Willkommenskultur weiter zu befördern – und damit auch die mit ihr verbundenen Kosten weiter zu erhöhen. Die feministische Außenpolitik (siehe Kapitel 6) führt einerseits zu tendenziell höheren Ausgaben für Entwicklungshilfe, da ja »marginalisierte« Gruppen weltweit gefördert und unterstützt werden müssen. Andererseits kann die wirtschaftliche Position Deutschlands langfristig dadurch geschwächt werden, dass man nicht länger an nicht paritätisch besetzten Veranstaltungen teilnehmen und sich aus nicht paritätisch besetzten Gremien zurückziehen will. Es könnte sein, dass dadurch die Stimme Deutschlands kein Gehör mehr findet, wenn auf solchen Veranstaltungen bzw. in solchen Gremien internationale Normen und Standards diskutiert und festgelegt werden. Mit seiner restriktiven Außenwirtschaftspolitik schadet Deutschland seiner Exportwirtschaft und stellt sich selbst ins handelspolitische Abseits (siehe Kapitel 7). Die Lieferkettengesetze (siehe Kapitel 8) führen zu einem enormen bürokratischen Aufwand bei deutschen und europäischen Unternehmen, aber auch bei deren Lieferanten im Ausland. Dadurch wird es zum Abbruch von Geschäftsbeziehungen und zum Rückzug aus bestimmten Märkten kommen. Darunter werden nicht nur die betroffenen ausländischen Volkswirtschaften leiden, sondern es wird auch zu einer Abnahme der Wettbewerbsfähigkeit deutscher und europäischer Unternehmen führen. Die Klimaaußenpolitik (siehe Kapitel 9), die in engem Zusammenhang mit der Klimapolitik im Allgemeinen steht, hat einerseits hohe Ausgaben für klimapolitisch motivierte Zahlungen an Entwicklungsländer zur Folge, deren Effektivität und Effizienz mehr als fragwürdig erscheinen. Andererseits bringt der CO_2-Grenzausgleichsmechanismus hohe Bürokratiekosten mit sich und gefährdet durch die Erhöhung der Preise importierter Vorleistungen die Wettbewerbsfähigkeit der europäischen Wirtschaft auf den Weltmärkten. Darüber hinaus ist er eine Bedrohung für die Welthandelsordnung, kann er doch Anlass zu gefährlichen Handelskonflikten geben. Mit der Sanktionspolitik gegenüber Russland (siehe Kapitel 10) schneidet sich Europa ins eigene Fleisch, da man sich dadurch des Zugangs zu Energie und anderen Rohstoffen beraubt und die eigene wirtschaftliche Position, vor allem gegenüber den USA, erheblich schwächt. Dies gilt vor allem für Deutschland, welches infolge seiner Energie- und Klimapolitik besonders verwundbar ist.

Die Werteaußenpolitik kann jedoch nicht isoliert gesehen werden. Sie ist Folge von und steht in engem Zusammenhang mit der Werteinnenpolitik. Tatsächlich bilden Werteinnen- und Werteaußenpolitik im Fall Deutschlands ein untrennbares Ganzes, da sich der politische Moralismus auf alle Bereiche der deutschen Politik erstreckt (siehe Kapital 3). Deshalb ist es auch nicht möglich, die ökonomischen Konsequenzen der Werteaußenpolitik zu isolieren und getrennt von den Konsequenzen der Wertepolitik insgesamt zu betrachten. Dies gilt, wie oben ausgeführt, im besonderen Maße für die internationale Migrationspolitik, die Klimaaußenpolitik und die Sanktionspolitik gegenüber Russland. So ist für die hohen Kosten der beiden letztgenannten Bereiche der Werteaußenpolitik hauptsächlich die deutsche und europäische Klima- und Energiepolitik verantwortlich – ohne die es weder die Klimaaußenpolitik in ihrer jetzigen Form geben würde noch die Folgekosten der Sanktionen im Fall Deutschlands so enorm hoch wären. Und diese Klima- und Energiepolitik ist, vor allem was Deutschland angeht, letztlich das Produkt des politischen Moralismus.[317]

Daraus ergeben sich zwei Schlussfolgerungen: *Erstens* hängt die Höhe der Kosten der Werteaußenpolitik auch davon ab, welche Werteinnenpolitik betrieben wird. *Zweitens* sind die Gesamtkosten des politischen Moralismus wesentlich höher als die bisher genannten Kosten der Werteaußenpolitik. Aus diesen Gründen soll im Folgenden auf die wirtschaftlichen Schäden und Folgekosten des politischen Moralismus im Allgemeinen eingegangen werden.

Der Niedergang der Sozialen Marktwirtschaft

Am unmittelbar bedrohlichsten für die deutsche Volkswirtschaft ist die einseitige, gesinnungsethisch motivierte und betriebene Klima- und Energiepolitik. Bei ihr handelt es sich gewissermaßen um das Paradepferd des politischen Moralismus in Deutschland. Ihre ökonomischen Konsequenzen sind mit weitem Abstand die gravierendsten. Denn die Fixierung auf den »Klimaschutz« führt nicht nur dazu, dass die Sicherheit und die

Wirtschaftlichkeit der Energieversorgung beeinträchtigt wird, sondern auch dazu, dass die Regulierung immer mehr um sich greift und die mit ihr verbundenen Bürokratiekosten immer mehr steigen. Auf die Folgen für die deutsche Volkswirtschaft im Allgemeinen und auf das verarbeitende Gewerbe im Besonderen wurde in Kapitel 10 eingegangen: Die Wettbewerbsfähigkeit Deutschlands nimmt ab und die Deindustrialisierung schreitet fort. Henry Morgenthau wäre begeistert von dieser Politik, mit der Deutschland das industrielle Fundament seine Volkswirtschaft selbst zerstört.

Als ob das allein nicht schon schlimm genug wäre, gehen von der Energie- und Klimapolitik auch Wirkungen aus, die langfristig noch zerstörerischer sind, weil sie die ordnungspolitische Grundlage des deutschen Systems der Sozialen Marktwirtschaft untergraben.[318] Denn in dieser Politik spielen ordnungspolitische Grundsätze und die Prinzipien von Markt und Wettbewerb keine Rolle mehr; Haushalte und Unternehmen werden nicht nur durch immer höhere Steuern und Abgaben belastet – was, wenn dieselben eine gewisse Höhe nicht übersteigen, immerhin marktsystemkonform ist. Zunehmend werden aber nicht nur marktwirtschaftliche Instrumente, sondern auch und vor allem dirigistische Preissetzungsmechanismen und ordnungsrechtliche Vorgaben eingesetzt. Immer mehr Vorschriften, Gebote und Verbote schränken den Handlungs- und Entscheidungsspielraum von Unternehmen und Haushalten immer stärker ein. Um die privaten Wirtschaftssubjekte mit diesem Dirigismus zu versöhnen (oder um sie zumindest ruhigzustellen), werden einerseits die Sozialausgaben immer mehr erhöht und andererseits milliardenschwere Subventionen gezahlt – beispielsweise im Rahmen der Energiepreisbremse oder für den Einbau der vom Gebäudeenergiegesetz erzwungenen Wärmepumpen. In die gleiche Richtung geht das Vorhaben, den Industriestrompreis herunterzusubventionieren. Auf diese Weise macht der Staat Haushalte und Unternehmen systematisch von sich abhängig; er nimmt ihnen nicht nur die wirtschaftliche Freiheit, sondern gewöhnt sie auch daran, sich immer stärker auf ihn zu verlassen. Mit der Zerstörung der ordnungspolitischen Grundlagen geht also die Zerstörung des psychischen Fundaments unserer Wirtschaftsordnung einher. Denn in einer Marktwirtschaft spielen Eigeninitiative, Eigenverantwortung und die freie Entscheidung von Haushalten und Unternehmen eine zentrale Rolle. Diese Entwicklung wird zu einer Wirtschaftsordnung führen, die allerhöchstens dem Namen nach eine Marktwirtschaft, in Wirklichkeit aber in weiten Teilen eine Planwirtschaft ist. Denn alle wesentlichen Entscheidungen werden vom Staat und von seinen Bürokraten getroffen werden – ähnlich wie in der Kriegswirtschaft des Dritten Reiches, die auch nur noch *de iure* eine Marktwirtschaft war.

Dieser ordnungspolitische Sündenfall hat konkrete und gefährliche Konsequenzen für die Struktur unserer Volkswirtschaft – Konsequenzen, die über das, was man allgemein mit dem Begriff »Deindustrialisierung« verbindet, noch hinausgehen. Die zentral geplante und gesteuerte »grüne Transformation« der deutschen Wirtschaft stellt nämlich ein klassisches Beispiel für »Anmaßung von Wissen« dar, die der österreichische Ökonom Friedrich August von Hayek so nachdrücklich anprangerte. Staatliche Planer und Bürokraten, bei denen es sich heutzutage zudem nur noch in den seltensten Fällen um Fachleute handelt, maßen sich an zu wissen, welchen Technologien die Zukunft gehören wird, und versuchen, diese durch Gebote und Verbote durchzusetzen – anstatt den Markt durch einen ergebnisoffenen Wettbewerb der Technologien entscheiden zu lassen. Es stimmt zwar, dass schon immer ältere durch neuere Technologien verdrängt worden sind und dass es dadurch zu Anpassungsproblemen und Strukturwandel gekommen ist. Aber in der Vergangenheit haben Technologien, die sich am Markt als überlegen erwiesen haben, Technologien verdrängt, die unterlegen waren – etwa als die Pferdekutsche durch das Automobil abgelöst wurde. In diesen Fällen kann man mit dem Ökonomen Joseph Schumpeter von einem Prozess der »schöpferischen Zerstörung« sprechen. Das ist heute anders: Heute werden Technologien, die sich bewährt haben, von Seiten des Staates durch andere Technologien ersetzt, deren Eignung, geschweige denn deren Überlegenheit, sehr in Frage steht. Die Propagierung der Elektromobilität und das Verbot des Verbrennungsmotors bilden nur ein Beispiel von vielen. Man ist geneigt, diese Politik mit dem Pleonasmus »destruktive Zerstörung« zu bezeichnen.

Dass dadurch industrielle Strukturen vernichtet werden und viele Arbeitsplätze verloren gehen, nimmt man bewusst in Kauf – in der Hoffnung, dass sich ein »grünes Wirtschaftswunder« einstellen werde. Von diesem »grünen Wirtschaftswunder« weiß aber niemand, ob es jemals wahr werden wird und ob es die Grundlage für dauerhaften Wohlstand sein kann. In Anlehnung an ein altes Sprichwort könnte man sagen, dass man die Taube in der Hand für den Spatz auf dem Dach aufgibt. Was die Rolle der Ideologie und des Prinzips Hoffnung angeht, erinnert die »grüne Transformation« nicht wenig an den »Großen Sprung nach vorne« von Mao. Dieser erwies sich als ein Sprung in den Abgrund. Dass die »grüne Transformation« sich als ein ebensolcher Sprung in den Abgrund des wirtschaftlichen Niedergangs und des Wohlstandsverlusts herausstellen wird, ist zumindest nicht ausgeschlossen. Ludwig Erhard würde sich im Grab umdrehen.

Der Neosozialismus und die kommende Planwirtschaft

Nun ist die Energie- und Klimapolitik nur eine Erscheinungsform des politischen Moralismus – wenngleich eine besonders prominente und besonders gefährliche. Als solche ist sie untrennbar mit der vorherrschenden Ideologie des egalitären Universalismus verbunden (siehe Kapitel 3).[319] Dieser Ideologie gemäß postuliert man eine umfassende Gleichheit aller Menschen und sieht etwaige realweltliche Ungleichheiten nur als Resultat äußerer Umstände, die entsprechend geändert werden müssten. Gleichheit ist Ideal, moralisches Gebot und Glaubensgrundsatz – und damit das Leitprinzip einer neu-sozialistischen Politik. Sie gilt es umfassend und konsequent durchzusetzen, unabhängig von den Folgen einer solchen Politik.

Dieser egalitäre politische Moralismus ist ein gutes Beispiel für die schon erwähnte Affinität zwischen linker Politik und politischem Moralismus (siehe Kapitel 3). Die Fixierung auf Gleichheit in jeglicher Hinsicht zeigt sich auch bei der von uns diskutierten Werteaußenpolitik deutlich: Die Willkommenskultur gilt für alle Menschen weltweit und in gleicher Weise (UN-Migrationspakt); nirgends auf der Welt dürfen Menschen »marginalisiert« werden (feministische Außenpolitik); alle Länder müssen deutsche bzw. europäische Umwelt- und Sozialstandards einhalten (Lieferkettengesetze); weltweit müssen die Treibhausgasemissionen gleichermaßen radikal reduziert werden (Klimaaußenpolitik); und alle Länder müssen sich der Haltung des Westens im Ukrainekrieg anschließen (Sanktionspolitik). Oder kurzgefasst: Die ganze Welt muss »unsere Werte« teilen – und zwar in jeglicher Hinsicht.

Dieser egalitäre Charakter macht sich aber auch unmittelbar bemerkbar, also nicht nur bei den Zielen der Politik, sondern auch bei den Maßnahmen, mit denen diese Politik umgesetzt werden soll. Dies gilt im besonderen Maße für die Energie- und Klimapolitik:[320] Hier steht der Egalitarismus der Orientierung an Effizienz und Kostenoptimierung entgegen. Eine ökonomisch rationale Politik würde sich Anreizen (in Form von Bepreisung der Treibhausgasemissionen) bedienen und nicht Geboten oder Verboten. Aber aus gleichheitsideologischer Sicht darf es nur eine direkte Verhaltenssteuerung durch Gebote und Verbote geben. Denn eine wie auch immer geartete Preislösung würde ja dem Gleichheitspostulat widersprechen, da nicht alle Bürger Fahrrad oder Elektroauto fahren, eine Photovoltaikanlage installieren oder auf bestimmte Flugreisen verzichten müssten, sondern es zwar teurer, aber grundsätzlich weiter möglich wäre, einen hubraumstarken Achtzylinder zu fahren, sein Haus mit Öl zu beheizen und von München nach Hamburg zu fliegen.

Staatlicher Interventionismus, zunehmende Regulierung und Bevormundung und der schleichende Übergang zur Planwirtschaft gehen deshalb Hand in Hand mit dem politischen Moralismus und sind eine unvermeidliche Begleiterscheinung desselben. Das zeigt sich nicht nur bei der Energie- und Klimapolitik, sondern auch (und vielleicht in noch stärkerem Maße) bei der Sozialpolitik: In dem Bemühen um immer mehr Gleichheit werden immer mehr Anspruchstatbestände geschaffen, wird die Sozialbürokratie immer stärker aufgebläht und der Sozialstaat immer mehr ausgeweitet. Das führt nicht nur zu einer immer größeren Belastung der Staatsfinanzen und damit auch der Steuerzahler, sondern auch zu einer immer stärkeren Lähmung der Eigeninitiative der Bürger. Das ist nicht ungewollt, lassen sich die ideologischen Ziele und Ideale doch nur dann in die Tat umsetzen, wenn die Bürger den Vorgaben der staatlichen Bürokratie ohne größere Widerstände folgen.

Der politische Moralismus richtet also enorme wirtschaftliche Schäden an. Langfristig wird es zu einer Abnahme der Wettbewerbsfähigkeit der deutschen Volkswirtschaft, zu einem Verlust der Position als führende Wirtschaftsmacht und zu einer Verminderung unseres Wohlstands kommen. Gerade in der heutigen Zeit können wir uns eine solche Politik am wenigsten leisten – in einer Zeit, in der andere Länder und andere Regionen immer wettbewerbsfähiger werden und immer mehr aufholen. Diese Tendenz lässt sich an der Entwicklung der Anteile verschiedener Länder bzw. Regionen am weltweiten Bruttoinlandsprodukt für die Vergangenheit nachvollziehen – und für die Zukunft voraussehen.

	1980	2023	2028
Deutschland	6,4%	3,2%	2,9%
Europäische Union	25,9%	14,6%	13,7%
USA	21,3%	15,4%	14,6%
China	2,3%	18,8%	19,6%
Rest der Welt	50,5%	51,2%	52,1%

Entwicklung des Anteils am weltweiten Bruttoinlandsprodukt (kaufkraftbereinigt) von 1980 bis 2028[321]

Hatte die EU 1980 noch einen Anteil von 25,9 Prozent am weltweiten Bruttoinlandsprodukt, so betrug dieser Anteil 2023 nur noch 14,6 Prozent und wird bis 2028 weiter auf 13,7 Prozent sinken. Von 1980 bis 2023 sank der entsprechende Anteil Deutschlands von 6,4 Prozent auf 3,2 Prozent und soll 2028 nur noch 2,9 Prozent betragen. Auch der Anteil der USA ist seit 1980 im Abnehmen begriffen, wenngleich deutlich weniger stark. Vergleicht man demgegenüber die Zahlen für China, so zeigt sich überdeutlich, in welche Richtung sich die Gewichte in der Weltwirtschaft verschieben: 2,3 Prozent (1980), 18,8 Prozent (2023) und 19,6 Prozent (2028).

Angesichts dessen ist es das Gebot der Stunde, die Wettbewerbsfähigkeit Deutschlands zu verbessern und die Wirtschaftskraft unseres Landes zu stärken – und nicht, diese dem politischen Moralismus und utopischen Ideologien zum Opfer zu bringen.

Kapitel 14: Selbstbewusstsein statt Sendungsbewusstsein!

Der politische Moralismus im Allgemeinen und die werteorientierte Außenpolitik im Besonderen haben Deutschland schweren Schaden zugefügt – sowohl in wirtschaftlicher als auch in politischer Hinsicht. Damit muss nun endlich Schluss sein. Die nationalen Interessen Deutschlands dürfen nicht länger ignoriert und vernachlässigt werden. Das Wohl der eigenen Bürger und des eigenen Landes muss wieder im Mittelpunkt der Politik stehen.

Bedeutet das, dass alle Werte über Bord geworfen und alle moralischen Prinzipien aufgegeben werden sollen? Mitnichten. Die Kritik am deutschen politischen Moralismus und an der deutschen moralisierenden Außenpolitik ist keine Kritik an Moral und Werten überhaupt. Denn, und darauf muss an dieser Stelle nachdrücklich hingewiesen werden, Moral ist wichtig, ja unverzichtbar. Auch ein entschiedener Kritiker der Gesinnungsethik wie Max Weber hat betont, dass sich Gesinnung und Verantwortung nicht gegenseitig ausschließen. Denn jedes politische Handeln beruht auf bestimmten Werten und Zielen, bedarf also einer gesinnungsethischen Motivation.[322] Und auch Hermann Lübbe, der den in Deutschland mit dem politischen Moralismus einhergehenden »Triumph der Gesinnung über die Urteilskraft« beklagt, hält die Moral keineswegs für entbehrlich. Schließlich sei sie es, »die uns an elementare Lebenszwecke und Lebensführungsregeln erinnert«.[323] Für den Philosophen Vittorio Hösle ist eine Politik ohne Moral gar nicht vorstellbar, da »die Frage, welche Staatsziele und welche Mittel zu ihrer Durchsetzung moralisch legitim seien«, unabweisbar sei.[324] Hösle geht allerdings deutlich weiter als Weber oder Lübbe, die beide einen Werterelativismus vertreten. Dagegen behauptet Hösle die objektive Geltung idealer Werte.[325] Ihm zufolge gibt es zwar verschiedene Wertesysteme und Sittlichkeiten, aber nur eine Moral, deren Entdeckung die vornehmste Aufgabe der Ethik und deren Verwirklichung die vornehmste Aufgabe der Politik sei.

Auf die Frage nach Werteabsolutismus versus Werterelativismus, also danach, ob es die eine objektiv »richtige« Moral oder verschiedene, prinzipiell gleichberechtigte Moralsysteme gibt, kann und soll hier nicht näher eingegangen werden. In jedem Fall gilt aber, dass *die* Moral – oder dass *eine* Moral – sittliche Ideale und Wertvorstellungen vermittelt, Halt und Orientierung im und für das Leben gibt und insofern eine Verbindung zur Sphäre des idealen Seins herstellt. Dadurch wird die dem Menschen eigene Sehnsucht nach Transzendenz gestillt, das Bestreben, dem eigenen Leben einen höheren Sinn dadurch zu geben, dass man an einem großen Ganzen teilhat und mitwirkt.

Moral erfüllt aber auch höchst prosaische Zwecke: Wenn bestimmte moralische Prinzipien allgemein verbreitet und allgemein akzeptiert sind, ist das Verhalten der Mitmenschen in einem gewissen Maß vorhersehbar und berechenbar. Die Moral trägt so zur Stabilisierung der gegenseitigen Verhaltenserwartungen bei und senkt, wie Ökonomen sagen würden, die Transaktionskosten. Auf diese Weise werden Konflikte im wirtschaftlichen und im politischen Leben vermieden und Reibungsverluste vermindert.

Das gilt selbstverständlich nicht nur für das Leben der Menschen innerhalb eines Staates, sondern auch für die Beziehungen zwischen verschiedenen Staaten. Wenn bekannt ist, dass ein Staat bestimmte Werte vertritt und bestimmte Prinzipien verfolgt, ist seine Politik wesentlich berechenbarer als wenn dies nicht der Fall wäre. Das kann für den betreffenden Staat zwar aus machtpolitischer Sicht ein Nachteil sein, weil er so seine Handlungsoptionen selbst einengt; es reduziert aber auf jeden Fall die Unsicherheit in der Außenpolitik und ist damit für die Staatengemeinschaft als solche von Vorteil.

Moral statt Moralismus

Moral und Moralität sind also von großem Wert – sowohl aus idealistischer als auch aus pragmatischer Sicht. Wenn es Moral nicht gäbe, müsste man sie erfinden. Die Tatsache, dass Moral schon immer zur Verfolgung egoistischer Ziele missbraucht worden ist, steht dazu nicht im Widerspruch, sondern bestätigt vielmehr den hohen Stellenwert der Moral.

Mit anderen Worten: Was zu kritisieren ist, ist nicht die Moral, sondern der Moralismus. Zugegebenermaßen ist die Unterscheidung zwischen beiden nicht ganz einfach. Wo hört die moralische Politik auf und wo fängt der politische Moralismus an? Eine klare und eindeutige Trennlinie gibt es zwar nicht, doch gibt es einige besonders auffällige Merkmale, anhand derer sich der politische Moralismus ziemlich sicher identifizieren lässt. Zu diesen Merkmalen gehört vor allem die Weigerung, die Konsequenzen seiner Politik zu berücksichtigen oder auch nur zur Kenntnis zu nehmen. Wenn ein Politiker in typisch gesinnungsethischer Weise Werte und Ideale ohne Rücksicht auf Verluste vertritt und kein Bewusstsein für die Folgen einer solchen Politik hat, dann hat man es mit großer Sicherheit mit einem politischen Moralisten zu tun. In der Außenpolitik führt eine solche Haltung dazu, dass man sich weigert, die Existenz und die Berechtigung nationaler Interessen anzuerkennen. Daraus folgt notwendigerweise, dass mögliche Konflikte zwischen diesen Interessen und den vertretenen Werten weder gesehen noch thematisiert werden können. All das geht meist einher nicht nur mit der Abwesenheit jeglicher Selbstzweifel, sondern auch mit einer selbstgerechten und überheblichen Haltung: Wer es wagt, auf Tatsachen aufmerksam zu machen, und aus verantwortungsethischer Sicht die Berücksichtigung der Folgen einer werteorientierten Politik fordert und diese wegen eben dieser Folgen kritisiert – der wird entweder ignoriert oder lächerlich gemacht oder diffamiert. Wenn die Moral als Totschlagargument eingesetzt wird und Andersdenkende als schlechte Menschen verdammt werden – spätestens dann ist die moralische Politik zum politischen Moralismus degeneriert.

Dass diese Beschreibung auf weite Bereiche der deutschen Politik, auch und vor allem der deutschen Außenpolitik, zutrifft – daran dürfte wohl kaum ein Zweifel bestehen. Symptomatisch für die überhebliche und sture Haltung der politischen Moralisten Deutschlands ist die Äußerung von Außenministerin Annalena Baerbock, die ihre Ukrainepolitik nicht nur ohne Rücksicht auf Verluste, sondern auch ausdrücklich ohne Rücksicht auf den Willen der Bürger zu betreiben beabsichtigt: Die Ukraine würde weiter unterstützt und Russland würde weiter sanktioniert werden, »egal was meine deutschen Wähler denken«.[326] Es handelt sich bei dieser Äußerung nicht um einen bloßen Ausrutscher, wie er ja gerade Frau Baerbock häufig passiert, sondern um einen Freud'schen Versprecher, durch den unabsichtlich die Grundhaltung der moralistischen deutschen Politik zum Ausdruck gekommen ist. Dass diese Grundhaltung auch und vor allem für die deutsche Außenpolitik typisch ist, macht nicht nur dieses Beispiel deutlich, sondern das haben auch die in Teil 2 analysierten Politikbereiche zur Genüge gezeigt.

Die moralische Realpolitik und der Ausgleich zwischen Werten und Interessen

Was das Verhältnis zwischen Moral und Politik angeht, liegt die Wahrheit, wie auch sonst so oft im Leben, in der Mitte. Auch hier kommt es auf das richtige Maß an. Eine rein opportunistische, nur an kurzfristigen Interessen orientierte Politik ist genauso von Übel wie ein politischer Moralismus, der Tatsachen leugnet und blind für die Konsequenzen seiner Aktionen ist. Eine amoralische Realpolitik ist genauso abzulehnen wie eine moralistische Idealpolitik. Gefordert ist vielmehr, mit den Worten von Vittorio Hösle, eine *moralische Realpolitik*.

> »Moralische Realpolitik steht in der Mitte zwischen dem abstrakten Idealismus, der die realen Rahmenbedingungen verkennt, und jenem Pragmatismus, der sich innerhalb dieser Bedingungen herumtreibt, ohne sich um ihre Besserung zu bemühen.«[327]

Im Rahmen einer solchen moralischen Realpolitik sind Werte und Interessen auch keine Gegensätze; zumindest müssen sie es nicht sein. Vielmehr können und sollen sie sich ergänzen. Einerseits können Werte und Moralprinzipien dabei helfen, die eigenen Interessen zu definieren, zwischen ihnen abzuwägen und die Mittel auszuwählen, mit denen man sie verfolgt. Andererseits erlaubt der nüchterne Blick auf die eigenen Interessen und die harte Realität auch festzustellen, welche Ideale und Prinzipien überhaupt unter den gegebenen Umständen zu verwirklichen sind – und welche so utopisch und unrealistisch sind, dass alle Anstrengungen entweder ganz vergeblich sind oder nur zu so kleinen Fortschritten führen, dass diese in keinem akzeptablen Verhältnis zu den Kosten stehen.

Was heißt das für den Hauptgegenstand dieses Buches, die werteorientierte Außenpolitik? Nichts weniger, als dass diese aufzugeben und durch eine Außenpolitik zu ersetzen ist, die nicht moralistisch, aber moralisch, die nicht idealistisch, sondern realistisch ist. Eine solche Politik kann nur das Resultat einer Synthese zwischen den wohlverstandenen und wohlbedachten nationalen Interessen einerseits und den zentralen und wichtigsten Wertvorstellungen und Moralprinzipien andererseits sein. Auf diese Weise kann den Interessen des eigenen Landes innerhalb eines moralischen Orientierungsrahmens Rechnung getragen werden, welcher verhindert, dass die Außenpolitik zu einem Blatt im Wind veränderlicher und schwankender Interessen wird, und dadurch für Verlässlichkeit und Berechenbarkeit gegenüber anderen Ländern sorgt. *Innerhalb* dieses Werterahmens können und sollen die nationalen Interessen aber selbstbewusst vertreten werden. Das heißt, dass die Moral in der konkreten Tagespolitik keine unmittelbare Rolle zu spielen hat; hier sind es die Interessen, die zählen.

Ein Verzicht auf die Artikulation und die Verfolgung nationaler Interessen, so wie ihn Deutschland gegenwärtig praktiziert, ist keine Tugend, obwohl dies die Vertreter des politischen Moralismus zu glauben scheinen. Er ist vielmehr ein Zeichen von Naivität, Realitätsblindheit und Pflichtvergessenheit gegenüber dem eigenen Volk. Zudem geht damit, gerade im Fall der deutschen Außenpolitik, ein überhebliches und selbstgerechtes Sendungsbewusstsein einher – meint man doch, durch den Verzicht auf die Verfolgung nationaler Interessen hätte man das Recht, ja sogar die Pflicht, andere Länder zu missionieren und diese zur Übernahme der eigenen Werte zu bewegen. Ganz abgesehen davon ist es auch möglich, dass dieser ostentative Verzicht international Misstrauen hervorruft, weil er in vielen Ländern nicht nachvollziehbar ist und weil darin verborgene Motive vermutet werden.

An die Stelle dieses moralistischen Idealismus muss eine zwar auch moralische, aber doch vor allem realistische Außenpolitik treten. Die Vorteile des Realismus in der Außenpolitik – nicht nur hinsichtlich der Vertretung nationaler Interessen, sondern auch hinsichtlich der Auswahl moralischer Leitlinien – beschreibt Vittorio Hösle wie folgt:

> »Der Schule der Realisten verdanken wir wichtige Einsichten in die Mechanismen der politischen Welt, und auch die normativen Vorschläge, die sie machen, sind oft bedenkenswerter als die der abstrakten Moralisten, da man ohne korrekte

> deskriptive Prämissen nicht zu den richtigen konkreten Normen kommt.«[328]

Auch der Historiker Heinrich August Winkler plädiert für mehr Realismus in der Außenpolitik – und zwar auch im Sinn der weltpolitischen Verantwortung Deutschlands, also auch im moralischen Sinn:

> »Wenn Deutschland seiner Verantwortung in der Gegenwart gerecht werden will, ist nüchterne Einsicht in die eigenen Möglichkeiten eine klügere Haltung als auftrumpfende Selbstüberhebung nach dem Motto: Einst waren wir schlechter, heute sind wir besser als alle anderen.«[329]

Wie für die Politik im Allgemeinen, so gilt auch für die Außenpolitik im Besonderen, dass es unter diesen Umständen keinen Konflikt zwischen Moral und Interessen geben muss.

Natürlich würde es auch dann keinen Konflikt geben, wenn man Werte instrumentalisiert und lediglich als Mittel zum Zweck der Verfolgung der eigenen Interessen einsetzt. Dies wird insbesondere von den USA mit großem Geschick praktiziert (siehe Kapitel 2). Aber diese Alternative, die man als pseudomoralische Außenpolitik bezeichnen könnte, ist nicht nur aufgrund ethischer Überlegungen als unmoralisch abzulehnen, sondern kommt für Deutschland ohnehin nicht in Frage. Denn dafür werden in Deutschland Moral und Werte viel zu ernst genommen – und zwar nicht nur von den politischen Moralisten, sondern überhaupt. Dafür sind wir zu stark von der idealistischen Tradition unserer Geistesgeschichte geprägt. Uns fehlt der typisch angelsächsische Pragmatismus, der es etwa den USA erlaubt, mit Werten und Moralprinzipien so zwanglos und realpolitisch umzugehen, wie sie es eben tun. Zwar gibt es auch in den USA Politiker, die wirklich an die von ihnen beschworenen Werte und Prinzipien glauben. An erster Stelle wäre hier wohl der ehemalige Präsident Jimmy Carter zu nennen. Aber sein Schicksal und das seiner Politik zeigen, dass er nur die Ausnahme ist, welche die Regel bestätigt.

Grundlinien einer moralischen und realistischen Außenpolitik

Wie der moralische Rahmen einer moralischen und realistischen Außenpolitik aussehen soll, ist nicht einfach und nicht eindeutig zu beantworten. Zudem wird eine einmal gefundene Antwort nicht für alle Zeiten Gültigkeit haben können, sondern an sich ändernde politische Umstände und an die Weiterentwicklung der moralischen Prinzipien angepasst werden müssen. Dennoch sind einige grundsätzliche Aussagen möglich: *Erstens* sind die für die Außenpolitik gültigen Werte nicht im Elfenbeinturm eines abstrakten Idealismus zu entwickeln, sondern mit Rücksicht auf die tatsächlichen Realitäten der Weltpolitik und selbstverständlich auch auf die eigenen Interessen. *Zweitens* dürfen nur diejenigen Werte und Prinzipien eine Rolle auf der Bühne der Weltpolitik spielen, die für unverzichtbar und unverhandelbar gehalten werden. Angesichts des Wertepluralismus auf der Welt wäre es nicht nur unrealistisch, sondern im höchsten Maße unverantwortlich, alle im Inland geltenden oder akzeptierten Prinzipien auch als Maßstab für die Außenpolitik zu verwenden. *Drittens* dienen diese Werte zu allererst der Orientierung der eigenen Politik. Es spricht nichts dagegen, anderen Ländern ein gutes Beispiel zu geben, aber eine Oktroyierung der eigenen Werte und eine besserwisserisch-überhebliche Missionierung anderer Länder ist fehl am Platz. *Viertens* sollte der Grundsatz der gegenseitigen Nichteinmischung in die inneren Angelegenheiten Priorität genießen. Nur in sehr wenigen Fällen, in denen absolute moralische Prinzipien verletzt werden, ist eine Hintansetzung dieses Grundsatzes gerechtfertigt, vielleicht sogar geboten. In diesen Fällen sollte man aber die mildestmöglichen Mittel wählen und sich bei der Wahl derselben nicht von der Empörung über das Verhalten des anderen Landes, sondern von einer Abwägung von Kosten und Nutzen leiten lassen. Dabei sind, so Vittorio Hösle, »stets die *realen Interessen* derjenigen zu berücksichtigen, die man mit der an den Menschenrechten orientierten Politik unterstützen will, nicht die Bedürfnisse der eigenen Wählerschaft nach moralischer Entrüstung.«[330] Man sollte es zuerst mit stiller Diplomatie versuchen, bevor man Wirtschaftssanktionen verhängt, und nur als wirklich allerletztes Mittel kommt eine bewaffnete Intervention in Frage. Zu bedenken ist dabei auch, dass es eine Hierarchie der Menschenrechte gibt. So ist eine Intervention zur Verhinderung eines Völkermords gerechtfertigt und moralisch geboten, nicht dagegen eine Intervention, um Frauen vom Zwang des Kopftuchtragens zu befreien oder um die »Ehe für alle« durchzusetzen. Insofern folgt der vierte Grundsatz unmittelbar aus dem zweiten. *Fünftens* sollte klar sein, dass eine wie auch immer geartete Intervention dann unterbleiben muss, wenn sie überhaupt keine Aussicht auf Erfolg hat. Sich selbst zu schaden, nur um das eigene Gewissen zu beruhigen, ist kein Zeichen von Moral, sondern von Torheit.

Dass die deutsche Außenpolitik diesen Grundsätzen nicht genügt, ist offensichtlich und wurde in Teil 2 hinlänglich gezeigt. Aus diesem Grund ist sie auch so schädlich für unser Land – nicht nur in wirtschaftlicher, sondern auch in politischer Hinsicht. Weil in Deutschland Werteinnenpolitik und Werteaußenpolitik untrennbar zusammenhängen (siehe Kapitel 3), ist der notwendige grundlegende Wandel in der deutschen Außenpolitik nur möglich, wenn sich die deutsche Politik überhaupt grundlegend ändert: weg vom politischen Moralismus, hin zu einer verantwortungsethisch motivierten und legitimierten Politik.

Genauso klar wie das Ziel ist auch der Weg, auf dem dieses nur erreicht werden kann. Was ich zusammen mit Rupert Pritzl über die moralistische Klimapolitik geschrieben habe, gilt auch für den politischen Moralismus im Allgemeinen: Eine Rückkehr zu Vernunft und Verantwortung setzt ein Umdenken der Wähler voraus.

> »Solange sich diese weiter mit Prinzipien, Gesinnung und Moral abspeisen lassen, haben die Politiker keinen Anreiz, von ihrer gesinnungsethischen Strategie abzugehen – und haben Politiker, die die Verantwortungsethik vertreten, wenig Aussichten, in Amt und Würden zu gelangen. Nur wenn die Wähler eine offene und vorurteilsfreie Diskussion verlangen; nur wenn sie Wert auf verantwortungsvolle und kritische Vernunft und Urteilskraft legen; und nur wenn sie erkennen, dass es angesichts der komplexen gesellschaftlichen Ordnungszusammenhänge mehr um die Etablierung abstrakter Regeln als um die Herbeiführung konkreter Ergebnisse gehen muss: nur dann besteht die Aussicht, dass der politische Moralismus zurückgedrängt und in der Politik wieder ein angemessenes Verhältnis zwischen Gesinnung und Verantwortung, zwischen Moral und Vernunft, zwischen Idealismus und Realpolitik hergestellt wird.«[331]

Und nur dann besteht die Aussicht, dass auch in der Außenpolitik der gegenwärtig vorherrschende sendungsbewusste Idealismus durch den dringend notwendigen selbstbewussten Realismus ersetzt wird.

Anmerkungen

Anmerkungen zur Einleitung

1 Dohnanyi (2022).

2 Bundespräsident (2020).

3 Vgl. z. B. Bundesregierung (2022b).

4 Bundesregierung (2023b, S. 20).

5 Bundesregierung (2023b, S. 20).

6 SPD et al. (2021).

7 SPD et al. (2021, S. 5, 130, 143, 157).

8 SPD et al. (2021, S. 155, 176).

9 CDU et al. (2018).

10 Europäische Kommission (2022c).

11 SPD et al. (2021, S. 4, 126, 130, 131).

12 Europäische Kommission (2022c).

13 Europäische Kommission (2022b).

14 Zu den verschiedenen Interpretationsmöglichkeiten dieser und der mit diesen zusammenhängenden Begriffe vgl. Hösle (2019, S. 104–111).

Anmerkungen zu Kapitel 1

15 Für dieses und das folgende Kapitel habe ich einige Passagen aus meinem 2022 erschienenen Buch über die deutsche Krisenpolitik der letzten 15 Jahre übernommen (Söllner 2022c, Kap. 8). Bolz (2021) diskutiert den Wandel des Verhältnisses zwischen Politik und Moral im Lauf der Geschichte anhand der Positionen verschiedener politischer Philosophen. Das fundierteste (und umfangreichste) Buch zum Thema »Politik und Moral« aus philosophischer Sicht ist Hösle (2019).

16 Weber (1919, S. 56).

17 Weber (1919, S. 57).

18 Weber (1919, S. 57).

19 Lübbe (2019).

20 Lübbe (2019, S. 54).

21 Lübbe (2019, S. 87).

22 Lübbe (2019, S. 54).

[23] Merkel (2023, S. 252).
[24] Lübbe (2019, S. 120).
[25] Bolz (2021, S. 16–17).
[26] Bolz (2021, S. 16).
[27] Lübbe (2019, S. 7).
[28] Lübbe (2019, S. 27).
[29] Lübbe (2019, S. 102).
[30] Lübbe (2019, S. 102).
[31] Lübbe (2019, S. 63).

Anmerkungen zu Kapitel 2

[32] Gramsci (1986). Vgl. zu dieser Thematik insbesondere Fritze (2020).
[33] Fritze (2020, S. 71).
[34] Fritze (2020, S. 72).
[35] Deggau (2022, S. 97).
[36] Zu den Methoden, um die ideologische Hegemonie zu erlangen, vgl. Fritze (2020, Kap. V) und Söllner (2022c, Kap. 7).
[37] Sarrazin (2021, S. 207).
[38] Hösle (2019, S. 406).
[39] Fritze (2021, S. 132–133).
[40] Ökonomen würden in diesem Zusammenhang von einem klassischen Gefangenendilemma sprechen: Die Instrumentalisierung von Werten kann zwar für den einzelnen Politiker von Vorteil sein, ist aber aus gesamtgesellschaftlicher Sicht von Nachteil.
[41] Vgl. zum Folgenden Dohnanyi (2022, S. 28–42) und Bargatzky (2020, S. 37–52).
[42] Paine (2004, S. 69). Meine Übersetzung (F.S.).
[43] Lüders (2023, S. 29).
[44] Wagener (2023).
[45] Bargatzky (2020, S. 121).
[46] Bargatzky (2020, S. 169–174).
[47] Vgl. z. B. Lüders (2023, S. 30).
[48] Huntington (1996, S. 195).
[49] Vgl. z. B. Bauer (2022), Deggau (2022), Franke (2020, S. 15–29; 2021, S. 15–64) und Patzelt (2023, S. 376–396).
[50] Bauer (2022).
[51] Vgl. Bargatzky (2020, S. 117–123), Deggau (2022) und Fritze (2021, S. 87–88).

52 Deggau (2022, S. 97).

53 Fritze (2021, S. 87).

54 Kissinger (2001).

55 Sarrazin (2022, S. 308).

56 Die Erkenntnis, dass eine unmoralische Politik ein moralisch begrüßenswertes Ergebnis bewirken kann (und umgekehrt!), verdanken wir Machiavelli (vgl. Hösle 2019, S. 58).

57 Feusi (2018).

58 Wie erwähnt bedeutet Rationalität bzw. Nutzenmaximierung *nicht* zwangsläufig, dass es den Menschen nur um egoistische Interessen und Ziele geht. Auch Werte und Ideale können der Gegenstand ihrer Bestrebungen sein.

Anmerkungen zu Kapitel 3

59 Lübbe (2019, S. 56).

60 Lübbe (2020, S. 5).

61 Söllner (2022c, S. 148–158).

62 Busch et al. (2023), Willeke (2011).

63 Lübbe (2019, S. 5).

64 Söllner (2022c, Kap. 6).

65 Diese Krisenpolitik habe ich ausführlich in Söllner (2022c) analysiert. Vgl. außerdem zur Eurokrise Sinn (2021), zur Asyl- und Migrationspolitik Koopmans (2023) und Söllner (2019), zur Klima- und Energiepolitik Pritzl und Söllner (2021b), zur Coronakrise Homburg (2022) und Lütge und Esfeld (2021) und zur Ukrainekrise Bargatzky (2022a; 2022b), Guérot und Ritz (2022), Lüders (2023), Lüthgen (2022, Kap. 14) und Theisen (2022, Kap. 8).

66 Lübbe (2019, S. 53–54).

67 Lübbe (2019, S. 71).

68 Vgl. z. B. Bauer (2022; 2023a), Franke (2020, S. 15–29; 2021, S. 15–64), Deggau (2022), Klaus (2022), Lombard (2022) und Theisen (2022).

69 Grau (2020, S. 24–25).

70 Große (2022, S. 18).

71 Palmer (2019, S. 18).

72 Pritzl und Söllner (2021a, S. 1).

73 Bolz (2023, S. 21).

74 Jesse (2023, S. 290).

75 Friedrich-Ebert-Stiftung (2022).

76 Bauer (2023a).

77 Vgl. zum Folgenden vor allem Fritze (2021, S. 22–38 und 57–75) und Söllner (2022c, Kap. 8).

78 Koopmans und Zürn (2019), Merkel (2017).

79 Strijbis et al. (2019).

80 Dieser Gegensatz wurde von dem britischen Journalisten David Goodhart (2017) postuliert.

Anmerkungen zu Kapitel 4

81 Hösle (2019, S. 431).

82 Diese Unterscheidung geht bis auf Aristoteles und seine »Rhetorik« zurück.

Anmerkungen zu Kapitel 5

83 Ich nehme in diesem Kapitel stellenweise Bezug auf Söllner (2019) und Söllner (2022c, Kap. 2, 8).

84 Wagener (2021, S. 18).

85 Bundesverfassungsgericht (2012).

86 Europäische Kommission (2020; 2023), Europäischer Rat (2023d).

87 Vereinte Nationen (2018a; 2018b).

88 Vereinte Nationen (2018a, Ziff. 5, meine Übersetzung (F.S.); 2018b, Ziff. 13).

89 Vereinte Nationen (2018b, Ziff. 4).

90 Von den Phänomenen der Binnenflucht und Binnenmigration soll hier abgesehen werden, da diese nicht Gegenstand des Völkerrechts sind.

91 Auswärtiges Amt (2017).

92 Müller-Neuhof (2019).

93 Vereinte Nationen (2018b, Ziff. 8, 9).

94 Zur Ökonomie der Migration und ihren wichtigsten Ergebnissen vgl. vor allem Söllner (2019, Kap. 2).

95 Vereinte Nationen (2018b, Ziff. 13).

96 Es soll nicht verschwiegen werden, dass der Pakt auch unproblematische Regelungen enthält, die beispielsweise eine Stärkung der Faktengrundlage zum Thema Migration, die Verhinderung von Ausbeutung, die Bekämpfung von Menschenhandel oder die Erleichterung finanzieller Transaktionen bezwecken (Vereinte

Nationen 2018b, Ziff. 17, 22, 26, 36). Dadurch werden freilich die problematischen Regelungen nicht weniger problematisch.

97 Vereinte Nationen (2018b, Ziff. 23).

98 Vereinte Nationen (2018b, Ziff. 28, 29).

99 Vereinte Nationen (2018b, Ziff. 31).

100 Vereinte Nationen (2018b, Ziff. 25).

101 Zu einem solchen Vorgehen hat der Europäische Gerichtshof für Menschenrechte mit einem Urteil aus dem Jahr 2012 die Unterzeichnerstaaten der Europäischen Menschenrechtskonvention ohnehin schon verpflichtet (Europäischer Gerichtshof für Menschenrechte 2012).

102 Vereinte Nationen (2018b, Ziff. 33).

103 Vereinte Nationen (2018b, Ziff. 15).

104 Murswiek (2018, S. 5).

105 Vereinte Nationen (2018b, Ziff. 7).

106 Murswiek (2018, S. 2).

107 Es sei zum Beispiel an das oben erwähnte Urteil des Bundesverfassungsgerichts aus dem Jahr 2012 erinnert – oder an die Urteile verschiedener Verwaltungsgerichte, welche die Sekundärmigration nach Deutschland aus einem anderen EU-Land, in dem ein Flüchtling schon Asyl erhalten hat, ausdrücklich billigen und die deutschen Behörden dazu verpflichten, einen erneuten Asylantrag in Deutschland entgegenzunehmen und zu prüfen (vgl. z. B. Vollradt 2022).

108 Murswiek (2018, S. 2).

109 Vereinte Nationen (2018b, Ziff. 49).

110 Koch (2022, S. 6).

111 Vgl. z. B. Söllner (2022b).

112 Europäische Kommission (2020; 2023), Europäischer Rat (2023d).

113 Europäische Kommission (2020).

114 Europäische Kommission (2020).

115 Fritze (2020, S. 79).

Anmerkungen zu Kapitel 6

116 SPD et al. (2021, S. 144).

117 Auswärtiges Amt (2023).

118 Auswärtiges Amt (2023, S. 13), Fröhlich und Hauschild (2023, S. 34).

119 Auswärtiges Amt (2023, S. 3, 5, 13).

120 Auswärtiges Amt (2023, S. 5).

121 Auswärtiges Amt (2023, S. 5).
122 Auswärtiges Amt (2023, S. 9–10).
123 Auswärtiges Amt (2023, S. 10).
124 Auswärtiges Amt (2023, S. 43).
125 Auswärtiges Amt (2023, S. 14).
126 Auswärtiges Amt (2023, S. 17, 36).
127 Auswärtiges Amt (2023, S. 27–28, 46–49).
128 Auswärtiges Amt (2023, S. 56).
129 Auswärtiges Amt (2023, S. 79–80).
130 Möller (2023, S. 5).
131 Auswärtiges Amt (2023, S. 43).
132 Auswärtiges Amt (2023, S. 74).
133 Auswärtiges Amt (2023, S. 74).
134 Auswärtiges Amt (2023, S. 73).
135 Auswärtiges Amt (2023, S. 60).
136 Auswärtiges Amt (2023, S. 65).
137 Hayek (1982, S. 109).
138 Auswärtiges Amt (2023, S. 63).
139 Auswärtiges Amt (2023, S. 68).

Anmerkungen zu Kapitel 7

140 Vgl. zum Folgenden z. B. Bundesverband der Deutschen Sicherheits- und Verteidigungsindustrie (2024).
141 Deutscher Bundestag (2019).
142 Deutscher Bundestag (2019, S. 3).
143 Europäische Union (2008).
144 Europäische Union (2008, L 335/100).
145 Deutscher Bundestag (2019, S. 2).
146 O.V. (2019).
147 Europäische Kommission (2018).
148 Europäische Kommission (2021b, S. 11).
149 Europäische Kommission (2021a, S. 2).
150 SPD et al. (2021, S. 34).
151 Vgl. z. B. Maurin (2013).
152 Vgl. z. B. Kolev und Matthes (2016) und Sieksmeier und Willmann (2016).
153 Vgl. z. B. Felbermayr (2023), Matthes und Sultan (2023), Sultan (2023).

154 Vgl. z. B. Hufe (2020).
155 Sultan (2023).
156 Sultan (2023).
157 Matthes (2022).
158 Deckung ist der Oberbegriff für Bürgschaften und Garantien; Erstere betreffen Geschäfte mit öffentlich-rechtlichen Schuldnern, Letztere solche mit privaten Schuldnern.
159 Bundesministerium für Wirtschaft und Klimaschutz (2023a, S. 45).
160 Bundesministerium für Wirtschaft und Klimaschutz (2023a, S. 60). Die Überschüsse aus dem Exportdeckungsgeschäft kommen dem Bundeshaushalt zugute.
161 OECD (2023a).
162 OECD (2023b).
163 Europäische Union (2011).
164 Felbermayr et al. (2012).
165 Bundesministerium für Wirtschaft (1997, S. 3).
166 Bundesministerium für Wirtschaft und Klimaschutz (2023a, S. 36).
167 Bundesministerium für Wirtschaft und Klimaschutz (2023a, S. 29).
168 Bundesministerium für Wirtschaft und Klimaschutz (2023a, S. 31).
169 Bundesministerium für Wirtschaft und Klimaschutz (2024).
170 Bundesministerium für Wirtschaft und Klimaschutz (2023b).

Anmerkungen zu Kapitel 8

171 Europäische Kommission (2022d, S. 34).
172 Europäische Union (2023b, L150/209).
173 Deutscher Bundestag (2021, S. 1, 24).
174 Europäische Kommission (2022d). Die im Titel des Kommissionsvorschlags erwähnte Richtlinie (EU) 2019/1937 ist die Hinweisgeberrichtlinie, mit der Personen geschützt werden sollen, die Verstöße gegen das Unionsrecht melden. Die Änderung dieser Richtlinie zielt darauf ab, auch Informanten in Fällen des Verstoßes gegen die Sorgfaltspflichtenrichtlinie zu schützen.
175 Europäischer Rat (2023c).
176 Vereinigung der bayerischen Wirtschaft (2024).
177 Bundesministerium für Arbeit und Soziales (2023).
178 Europäisches Parlament (2023).
179 Europäische Kommission (2022d), Europäischer Rat (2023c).

180 Die EU-Kommission spricht in ihrem Vorschlag nur von »Wertschöpfungsketten«, wohingegen der deutsche Gesetzgeber ausschließlich den Begriff »Lieferkette« verwendet. Der Unterschied zwischen »Lieferkette« und »Wertschöpfungskette« ist aber nur ein semantischer.

181 Europäische Kommission (2022a).

182 Europäische Union (2023b). Die erwähnte aufgehobene Verordnung ist die Holzhandelsverordnung aus dem Jahr 2010, mit welcher der Handel mit Holz aus illegalem Einschlag verhindert werden sollte. Sie ist durch die neue, wesentlich weitergehende Verordnung überflüssig geworden.

183 SPD et al. (2021, S. 39).

184 Bundesministerium für Ernährung und Landwirtschaft (2023).

185 Europäische Union (2023b, L 150/206–207).

186 Eine Liste der »relevanten Erzeugnisse« findet sich in Anhang 1 der Verordnung.

187 Felbermayr et al. (2021, S. 14–29).

188 Kolev und Neligan (2021, S. 20–21; 2023).

189 Europäische Union (2023b, L 150/246).

Anmerkungen zu Kapitel 9

190 SPD et al. (2021, S. 54–65).

191 Vgl. zum Folgenden z. B. Pritzl und Söllner (2021b) und Söllner (2022c, Kap. 3). Aus der letztgenannten Quelle habe ich einige Abschnitte übernommen. Eine ausgewogene und umfassende ökonomische Analyse der Klimapolitik findet sich bei Tol (2019).

192 Die herrschende Meinung innerhalb der Klimawissenschaft kommt vor allem in den Publikationen des IPCC zum Ausdruck, die auf dessen Website zu finden sind: https://www.ipcc.ch/. Kritisch dazu äußern sich z. B. Vahrenholt und Lüning (2020) und Koonin (2021).

193 Eigene Berechnungen nach Zahlen der Emissions Database for Global Atmospheric Research: https://edgar.jrc.ec.europa.eu/.

194 Vereinte Nationen (1997).

195 Vereinte Nationen (1992).

196 Näheres zum Anpassungsfonds ist auf dessen Website zu finden: https://www.adaptation-fund.org/.

197 Vereinte Nationen (2023).

198 Vereinte Nationen (2015).

199 Vereinte Nationen (2016, S. 8).
200 Vereinte Nationen (2016, S. 8–9). Näheres zum Grünen Klimafonds ist auf dessen Website zu finden: https://www.greenclimate.fund/.
201 SPD et al. (2021, S. 150–151).
202 Bundesministerium für wirtschaftliche Zusammenarbeit und Entwicklung (2023).
203 Europäische Union (2023a). Vgl. dazu vor allem Söllner (2022a; 2023a).
204 Europäische Union (2023a, L 130/54).
205 Europäische Union (2023a, L 130/53).
206 SPD et al. (2021, S. 25).
207 Lübbe (2019, S. 120–121). Die Klimapolitik als Phänomen des politischen Moralismus analysieren Söllner und Pritzl (2021).
208 Bundesregierung (2023a).
209 Bundesregierung (2023a, S. 8, 24).
210 Bundesregierung (2023a, S. 25).
211 Bundesregierung (2023a, S. 9).
212 Bundesregierung (2023a, S. 63).
213 Bundesregierung (2023a, S. 38).

Anmerkungen zu Kapitel 10

214 Zu Sanktionen und Sanktionspolitik im Allgemeinen vgl. Mulder (2022), der die Entwicklung der Sanktionspolitik im 20. Jahrhundert nachzeichnet, Demarais (2022), die welche die aktuelle Sanktionspolitik der USA kritisch hinterfragt, Blackwill und Harris (2016), die das Konzept der Geoökonomie und den Einsatz von Sanktionen als Mittel der Politik verteidigen, und Hufbauer et al. (2007), welche die Effektivität von Sanktionen, hauptsächlich die der nach dem Zweiten Weltkrieg verhängten, untersuchen.
215 Daneben sind auch kulturelle, wissenschaftliche, diplomatische oder konsularische Sanktionen möglich.
216 Europäische Union (2020).
217 Ausführliche Daten zu Zahl und Art der ab 1950 verhängten Wirtschaftssanktionen sind auf der Website der »Globalen Sanktionsdatenbank« zu finden: https://www.globalsanctionsdatabase.com/.
218 Zitiert nach Demarais (2022, S. 4).
219 Demarais (2022, S. 4), Atlantic Council (2023).

220 Mulder (2022, S. 293).

221 Hufbauer et al. (2007, S. 7). Meine Übersetzung (F.S.).

222 Pape (1997, S. 97). Meine Übersetzung (F.S.).

223 Hufbauer et al. (2007, S. 158).

224 Pape (1997, S. 99).

225 Gutman et al. (2023), Neuenkirch und Neumeier (2015).

226 Gutman et al. (2023), Yalçin (2023).

227 Hufbauer et al. (2007, S. 5).

228 Vgl. z. B. Demarais (2022, S. 39–45), Hufbauer et al. (2007, Kap. 6).

229 Vgl. z. B. Eaton und Engers (1992; 1999).

230 Hufbauer et al. (2007, S. 178). Meine Übersetzung (F.S.).

231 Europäische Gemeinschaften (1996).

232 Europäische Kommission (2021c, S. 21).

233 Vgl. zu den Iransanktionen der EU: Europäischer Rat (2023a).

234 Die Summe von Einfuhren aus dem Iran (€ 0,410 Mrd.) und Ausfuhren in den Iran (€ 4,154 Mrd.) betrug 2006 0,2% des deutschen Bruttoinlandsprodukts von € 2.385,08 Mrd. (Datenquelle: Statistisches Bundesamt).

235 Einfuhren aus dem Iran: € 0,414 Mrd. (2017), € 0,440 Mrd. (2018); Ausfuhren in den Iran: € 3,383 Mrd. (2017), € 3,137 Mrd. (2018); Bruttoinlandsprodukt Deutschland: € 3.267,16 Mrd. (2017), € 3.365,45 Mrd. (2018) (Datenquelle: Statistisches Bundesamt).

236 Demarais (2022, S. 65).

237 Demarais (2022, S. 81).

238 Demarais (2022, S. 77–80).

239 Einfuhren aus dem Iran: € 0,207 Mrd. (2019), € 0,299 Mrd. (2022), € 0,245 Mrd. (2023); Ausfuhren in den Iran: € 1,512 Mrd. (2019), € 1,583 Mrd. (2022), € 1,200 Mrd. (2023); Bruttoinlandsprodukt Deutschland: € 3.474,11 Mrd. (2019), € 3.876,81 Mrd. (2022), € 4121,16 Mrd. (2023) (Datenquelle: Statistisches Bundesamt).

240 Zamirirad (2023, S. 6).

241 Europäischer Rat (2024a).

242 Die genannten € 300 Mrd. umfassen nicht nur die in der EU, sondern auch die in den USA und anderen westlichen Ländern »eingefrorenen« Reserven.

243 Atlantic Council (2023).

244 Die restlichen zwei Prozent betreffen Schiffe und Flugzeuge.

245 Europäischer Rat (2023b).

246 Europäischer Rat (2024c).
247 Europäischer Rat (2024b).
248 Zitiert nach Lüders (2023, S. 11, 31).
249 Stör (2023).
250 Institut für Weltwirtschaft (2024).
251 Krüger (2023).
252 Vgl. z. B. Konrad und Thum (2023).
253 Internationaler Währungsfonds (2024a).
254 Vgl. z. B. Petersen (2023), Rochlitz (2023).
255 O.V. (2023a).
256 Vgl. zum Folgenden vor allem Lüders (2023, S. 15–26).
257 Fedorska et al. (2023).
258 Die folgenden Zahlen stammen aus Veröffentlichungen des Statistischen Bundesamts.
259 Boysen-Hogrefe et al. (2024, S. 24–27).
260 Boysen-Hogrefe et al. (2024, S. 4).
261 Nierhaus (2023; 2024).
262 Nierhaus (2024, S. 66).
263 Grömling (2023b).
264 Bundesnetzagentur (2024), Fraunhofer ISE (2024).
265 Bardt und Bakalis (2023), Heymann (2023).
266 Bardt und Schmitz (2023).
267 Grömling (2023a).
268 Rusche (2023).
269 Hüther (2023), Hüther et al. (2023, S. 7).
270 Hüther (2023, S. 5).
271 Vgl. z. B. Sinn (2021), Söllner (2022c, Kap. 5).
272 Zitiert nach Schnabl (2022).
273 Darauf hat der Bundesrechnungshof schon häufig aufmerksam gemacht, freilich ohne dass seinen mahnenden Worten Gehör geschenkt worden wäre (vgl. z. B. Bundesrechnungshof 2021).
274 Institut für Weltwirtschaft (2024).
275 Kelnberger (2023).
276 Wagener (2023).
277 Jovanović (2022, S. 558–561).
278 Blackwill und Harris (2016, S. 255). Meine Übersetzung (F.S.).
279 Dohnanyi (2022, S. 37).
280 Dohnanyi (2022, S. 37).

281 Lüders (2023, S. 244).

282 Vgl. zum Folgenden z. B. Bandulet (2023), Demarais (2022, S. 106–120), Hinz (2023a), Lüders (2023, S. 49–60), Zoellner und Weick (2023).

283 Lüders (2023, S. 49).

284 Hersh (2023).

285 Kreye (2010).

286 Lüders (2023, S. 57).

287 Zitiert nach Lüders (2023, S. 50–51).

288 Vgl. zum Folgenden z. B. Bandulet (2023), Bargatzky (2020, S. 131–153, 251–255), Dohnanyi (2022, S. 35–42, 52–72), Guérot und Ritz (2022), Hinz (2023b).

289 Brzeziński (2015). Brzeziński stützt sich auf die »Herzland«-These des englischen Geopolitikers Halford Mackinder, gemäß welcher Osteuropa das »Herzland« Eurasiens darstellen würde und die Beherrschung dieses »Herzlandes« Voraussetzung für die Herrschaft über die gesamte Welt sei.

290 Brzeziński (2015, S. 74–75).

291 Hildebrand und di Lorenzo (2022).

292 Funke und Kujat (2023).

293 Birnbaum und Ryan (2022). Meine Übersetzung (F.S.).

294 Dobbins et al. (2019, S. XII, XV). Meine Übersetzung (F.S.).

295 Mearsheimer (2014, S. 77). Meine Übersetzung (F.S.).

296 Mearsheimer (2014, S. 82). Meine Übersetzung (F.S.).

297 Mearsheimer (2014, S. 88). Meine Übersetzung (F.S.).

298 Langner (2023, S. 21).

299 Lüders (2023, S. 243).

300 Dohnanyi (2022, S. 38).

301 Lüders (2023, S. 247).

302 Bauer (2023b).

303 Vgl. z. B. Bardt et al. (2022), Douglas (2023).

304 Die Instrumentalisierungsstrategie der EU ist eines der zentralen Themen meines 2022 erschienenen Buches »Krise als Mittel zur Macht« (Söllner, 2022c).

Anmerkungen zu Kapitel 12

305 Vgl. z. B. die empirische Untersuchung von Menkhoff (2023).

[306] SPD et al. (2021, S. 143).

[307] Menkhoff (2023, S. 552).

[308] Menkhoff (2023, S. 552).

[309] Straub (2023).

[310] Neaman (2023).

[311] Fasbender (2023).

[312] Bundesregierung (2022a).

[313] Bundesregierung (2023c).

[314] O.V. (2023b).

[315] Lüders (2023, S. 75–88).

[316] O.V. (2023c).

Anmerkungen zu Kapitel 13

[317] Vgl. z. B. Pritzl und Söllner (2021a), Söllner und Pritzl (2021).

[318] Vgl. zum Folgenden Söllner (2023b).

[319] Vgl. Söllner (2022c, Kap. 8).

[320] Söllner (2022c, S. 230).

[321] Datenquelle: Internationaler Währungsfonds (2024b).

Anmerkungen zu Kapitel 14

[322] Weber (1919, S. 56–57).

[323] Lübbe (2019, S. 87).

[324] Hösle (2019, S. 104).

[325] Hösle (2019, S. 211).

[326] O.V. (2022).

[327] Hösle (2019, S. 176).

[328] Hösle (2019, S. 1008).

[329] Winkler (2022, S. 216). Winkler spielt am Ende dieses Zitats auf das deutsche Schuldbewusstsein wegen der Untaten des Nationalsozialismus an, welches ein wesentliches Motiv der politischen Moralisten in Deutschland darstellt (siehe Kapitel 3).

[330] Hösle (2019, S. 1014–1015).

[331] Söllner und Pritzl (2021).

Literaturverzeichnis

Atlantic Council. 2023. *Russia Sanctions Database*. 6. November. https://www.atlanticcouncil.org/blogs/econographics/russia-sanctions-database/.

Auswärtiges Amt. 2017. *Globales Forum für Migration und Entwicklung: Deutsch-marokkanischer Ko-Vorsitz 2017–2018*. 9. Januar. https://www.auswaertiges-amt.de/de/aussenpolitik/krisenpraevention/migration/-/276740.

Auswärtiges Amt. 2023. *Feministische Außenpolitik gestalten. Leitlinien des Auswärtigen Amts*. https://www.auswaertiges-amt.de/blob/2585008/d444590d5a7741acc6e37a142959170e/ll-ffp-data.pdf.

Bandulet, Bruno. 2023. Mündel und Vormund. *Cato*, Nr. 3, 14–17.

Bardt, Hubertus und Dennis Bakalis. 2023. *Anhaltende Schwächung energieintensiver Branchen*. IW-Kurzbericht Nr. 76. 16. Oktober. https://www.iwkoeln.de/studien/hubertus-bardt-dennis-bakalis-anhaltende-schwaechung-energieintensiver-branchen.html.

Bardt, Hubertus und Edgar Schmitz. 2023. *Industrie schränkt Produktion ein*. IW-Kurzbericht Nr. 72. 27. September. https://www.iwkoeln.de/studien/hubertus-bardt-edgar-schmitz-industrie-schraenkt-produktion-ein.html#:~:text=Schon%20im%20Winter%20waren%20erhebliche,Wettbewerbsnachteile%20nicht%20wieder%20verschwinden%20lassen.

Bardt, Hubertus et al. 2022. *Single Market Emergency Instrument. Ein Instrument mit Tücken*. IW-Policy Paper Nr. 7. 13. Oktober. https://www.iwkoeln.de/studien/hubertus-bardt-berthold-busch-christian-rusche-samina-sultan-single-market-emergency-instrument.html.

Bargatzky, Thomas. 2020. *Der große Wahn. Der neue Kalte Krieg und die Illusionen des Westens*. Baden-Baden: Tectum.

Bargatzky, Thomas. 2022a. »Kriegsverbrecher« Putin und das Weltrechtsprinzip. *Geolitico*. 13. April. https://www.geolitico.de/2022/04/13/putin-und-das-weltrechtsprinzip/.

Bargatzky, Thomas. 2022b. Russophobie als Staatsräson? Die neue »Parteilinie« im kollektiven Westen. *Geolitico*. 1. April. https://www.geolitico.de/2022/04/01/russophobie-als-staatsrason-die-neue-parteilinie-im-kollektiven-westen/.

Bauer, Bence. 2022. Ungarn am europäischen Pranger. *Preußische Allgemeine Zeitung*, Nr. 39, 30. September, 2.

Bauer, Bence. 2023a. Debatten um Ungarn – Debatten um Deutschland? *Tichys Einblick online*. 21. Mai. https://www.tichyseinblick.de/kolumnen/aus-aller-welt/debatten-um-ungarn-debatten-um-deutschland.

Bauer, Bence. 2023b. Unsere Verantwortung für Europa. *Weltwoche*, Nr. 22, 1. Juni, 49.

Birnbaum, Michael und Missy Ryan. 2022. NATO Says Ukraine to Decide On Peace Deal With Russia – Within Limits. *Washington Post online*. 5. April. https://www.washingtonpost.com/national-security/2022/04/05/ukraine-nato-russia-limits-peace/.

Blackwill, Robert D. und Jennifer M. Harris. 2016. *War by Other Means. Geoeconomics and Statecraft*. Cambridge: Harvard University Press.

Bolz, Norbert. 2021. *Keine Macht der Moral! Politik jenseits von Gut und Böse*. Berlin: Matthes & Seitz.

Bolz, Norbert. 2023. *Der alte weiße Mann. Sündenbock der Nation*. München: Langen Müller.

Boysen-Hogrefe, Jens et al. 2024. *Deutsche Wirtschaft im Frühjahr 2024*. Kieler Konjunkturbericht Nr. 112. Kiel: Institut für Weltwirtschaft.

Brzeziński, Zbigniew. 2015. *Die einzige Weltmacht. Amerikas Strategie der Vorherrschaft*. 6. Aufl., Rottenburg: Kopp [englisch 1997].

Bundesministerium für Arbeit und Soziales. 2023. *EU-Lieferkettengesetz*. https://www.csr-in-deutschland.de/DE/Wirtschaft-Menschenrechte/Europa/Lieferketten-Gesetzesinitiative-in-der-EU/lieferketten-gesetzesinitiative-der-eu-art.html#:~:text=Ziel%20der%20Richtlinie%20ist%20es,und%20au%C3%9Ferhalb%20Europas%20zu%20vermeiden.

Bundesministerium für Ernährung und Landwirtschaft. 2023. *EU-weit einheitliche Regelung für entwaldungsfreie Lieferketten*. 19. Juni. https://www.bmel.de/DE/themen/wald/waelder-weltweit/entwaldungsfreie-Lieferketten-eu-vo.html.

Bundesministerium für Wirtschaft. 1997. *Ausfuhrgarantien und Ausfuhrbürgschaften der Bundesrepublik Deutschland. Bericht über das Jahr 1996*. Bonn.

Bundesministerium für wirtschaftliche Zusammenarbeit und Entwicklung. 2023. *Klimafinanzierung: Deutschland als verantwortungsvoller Partner. Der deutsche Beitrag zur internationalen Klimafinanzierung.* 23. Oktober. https://www.bmz.de/de/themen/klimawandel-und-entwicklung/klimafinanzierung.

Bundesministerium für Wirtschaft und Klimaschutz. 2023a. *Exportkreditgarantien. Jahresbericht 2022.* https://www.exportkreditgarantien.de/_Resources/Persistent/d/f/2/a/df2ad3dee0f371a997ac8466998f5b9934d3c4cc/jb-2022.pdf.

Bundesministerium für Wirtschaft und Klimaschutz. 2023b. *Klimapolitische Sektorleitlinien der Bundesregierung für die Exportkreditgarantien.* 19. Dezember. https://www.exportkreditgarantien.de/_Resources/Persistent/3/1/b/a/31baf8c7b54f572f7867635bf300d4d45049dfb4/sektorleitlinien-exportkreditgarantien-der-bundesregierung.pdf.

Bundesministerium für Wirtschaft und Klimaschutz. 2024. *Die Klimastrategie für die Exportkreditgarantien. Klimafreundliche Exportförderung.* https://www.exportkreditgarantien.de/de/nachhaltigkeit/klimastrategie-1/klimastrategie-ekg.html.

Bundesnetzagentur. 2024. *Gaspreise Großhandel in EUR/MWh.* https://www.bundesnetzagentur.de/DE/Gasversorgung/aktuelle_gasversorgung/_svg/Gaspreise/Gaspreise.html.

Bundespräsident. 2020. *Festakt zum Tag der Deutschen Einheit.* 3. Oktober. https://www.bundespraesident.de/SharedDocs/Reden/DE/Frank-Walter-Steinmeier/Reden/2020/10/201003-TdDE-Potsdam.html.

Bundesrechnungshof. 2021. *Bericht nach § 99 BHO zur Umsetzung der Energiewende im Hinblick auf die Versorgungssicherheit und Bezahlbarkeit bei Elektrizität.* Bonn.

Bundesregierung. 2022a. *Pressekonferenz von Bundeskanzler Scholz und dem Präsidenten der Vereinigten Staaten von Amerika Biden am 7. Februar 2022 in Washington.* 7. Februar. https://www.bundesregierung.de/breg-de/aktuelles/pressekonferenz-von-bundeskanzler-scholz-und-dem-praesidenten-der-vereinigten-staaten-von-amerika-biden-am-7-februar-2022-in-washington-2003648.

Bundesregierung. 2022b. *Regierungserklärung von Bundeskanzler Olaf Scholz.* 14. Dezember. https://www.bundesregierung.de/resource/blob/975954/2153840/0743e024d95b96f983fa0377f6b437d8/160-1-bk-regerkl-data.pdf?download=1.

Bundesregierung. 2023a. *Klimaaußenpolitikstrategie.* https://www.auswaertiges-amt.de/blob/2633110/7d086ff77b692c97eb0ea82d689d6bd9/kap-strategie-data.pdf.

Bundesregierung. 2023b. *Nationale Sicherheitsstrategie. Integrierte Sicherheit für Deutschland.* 21. Juni. https://www.auswaertiges-amt.de/blueprint/servlet/blob/2604006/857b2e75fade2a89cc5232a59fca997b/nationale-sicherheitsstrategie-data.pdf.

Bundesregierung. 2023c. *Pressekonferenz von Bundeskanzler Scholz und dem brasilianischen Präsidenten Luiz Inácio Lula da Silva am 30. Januar 2023 in Brasília.* 30. Januar. https://www.bundesregierung.de/breg-de/suche/pressekonferenz-von-bundeskanzler-scholz-und-dem-brasilianischen-praesidenten-luiz-in%C3%A1cio-lula-da-silva-am-30-januar-2023-in-brasilia-2161570.

Bundesverband der Deutschen Sicherheits- und Verteidigungsindustrie. 2024. *Rüstungsexportprozess. Der rechtliche Rahmen.* https://www.bdsv.eu/themen/exportkontrolle/articles/der-rechtliche-rahmen.html.

Bundesverfassungsgericht. 2012. *Urteil des Ersten Senats vom 18. Juli 2012.* https://www.bundesverfassungsgericht.de/SharedDocs/Entscheidungen/DE/2012/07/ls20120718_1bvl001010.html;jsessionid=77DB96BFE4FF3F2AFBF05A63E60F51FA.1_cid377.

Busch, Berthold et al. 2023. *Wohin fließt das Geld aus dem EU-Haushalt? Nettozahler und Nettoempfänger in der EU.* IW-Report Nr. 48. 27. September. https://www.iwkoeln.de/studien/berthold-busch-bjoern-kauder-samina-sultan-nettozahler-und-nettoempfaenger-in-der-eu-2023.html.

CDU et al. 2018. *Ein neuer Aufbruch für Europa. Eine neue Dynamik für Deutschland. Ein neuer Zusammenhalt für unser Land. Koalitionsvertrag zwischen CDU, CSU und SPD.* 12. März. https://archiv.cdu.de/system/tdf/media/dokumente/koalitionsvertrag_2018.pdf?file=1.

Deggau, Hans-Georg. 2022. Ein europäischer Wertehimmel. *Tumult*, Nr. 3, 95–97.

Demarais, Agathe. 2022. *Backfire. How Sanctions Reshape the World Against U.S. Interests.* New York: Columbia University Press.

Deutscher Bundestag. 2019. *Politische Grundsätze der Bundesregierung für den Export von Kriegswaffen und sonstigen Rüstungsgütern.* 28. Juni. Drucksache 19/11300. Berlin.

Deutscher Bundestag. 2021. *Entwurf eines Gesetzes über die unternehmerischen Sorgfaltspflichten in Lieferketten.* 19. April. Drucksache 19/28649. Berlin.

Dobbins, James et al. 2019. *Extending Russia. Competing from Advantageous Ground.* Santa Monica: RAND Corporation.

Dohnanyi, Klaus von. 2022. *Nationale Interessen. Orientierung für deutsche und europäische Politik in Zeiten globaler Umbrüche.* 6. Aufl., München: Siedler.

Douglas, Holger. 2023. EU-Vermögensregister: Der gläserne Bürger. *Tichys Einblick online.* 1. Juni. https://www.tichyseinblick.de/kolumnen/aus-aller-welt/eu-vermoegensregister-glaeserner-buerger-meldepflicht/.

Eaton, Jonathan und Maxim Engers. 1992. Sanctions. *Journal of Political Economy* 100(5), 899–928.

Eaton, Jonathan und Maxim Engers. 1999. Sanctions: Some Simple Analytics. *American Economic Review* 89(2), 409–414.

Europäische Gemeinschaften. 1996. *Verordnung (EG) Nr. 2271/96 des Rates vom 22. November 1996 zum Schutz vor den Auswirkungen der extraterritorialen Anwendung von einem Drittland erlassener Rechtsakte sowie von darauf beruhenden oder sich daraus ergebenden Maßnahmen.* Amtsblatt der Europäischen Gemeinschaften, 29. November, L 309/1-6.

Europäische Kommission. 2018. *Report: EU Trade Agreements Deliver On Growth and Jobs, Support Sustainable Development. Press Release.* 31. Oktober. https://ec.europa.eu/commission/presscorner/detail/en/IP_18_6267.

Europäische Kommission. 2020. *Ein Neuanfang in der Migrationspolitik: Aufbau von Vertrauen und Schaffung eines neuen Gleichgewichts zwischen Verantwortung und Solidarität. Pressemitteilung.* 23. September. https://ec.europa.eu/commission/presscorner/detail/de/IP_20_1706.

Europäische Kommission. 2021a. *Anhang der Mitteilung der Kommission an das Europäische Parlament, den Rat, den Europäischen Wirtschafts- und Sozialausschuss und den Ausschuss der Regionen. Überprüfung der Handelspolitik – Eine offene, nachhaltige und entschlossene Handelspolitik.* 18. Februar. https://eur-lex.europa.eu/resource.html?uri=cellar:5bf4e9d0-71d2-11eb-9ac9-01aa75ed71a1.0003.02/DOC_2&format=PDF.

Europäische Kommission. 2021b. *Mitteilung der Kommission an das Europäische Parlament, den Rat, den Europäischen Wirtschafts- und Sozialausschuss und den Ausschuss der Regionen. Überprüfung der Handelspolitik – Eine offene, nachhaltige und entschlossene Handelspolitik.* 18. Februar. https://eur-lex.europa.eu/resource.

html?uri=cellar:5bf4e9d0-71d2-11eb-9ac9-01aa75ed71a1.0003.02/DOC_1&format=PDF.

Europäische Kommission. 2021c. *Mitteilung der Kommission an das Europäische Parlament, den Rat, die Europäische Zentralbank, den Europäischen Wirtschafts- und Sozialausschuss und den Ausschuss der Regionen. Das europäische Wirtschafts- und Finanzsystem: Mehr Offenheit, Stärke und Resilienz.* 19. Januar. https://eur-lex.europa.eu/legal-content/DE/TXT/PDF/?uri =CELEX:52021DC0032.

Europäische Kommission. 2022a. *Anhang des Vorschlags für eine Richtlinie des Europäischen Parlaments und des Rates über die Sorgfaltspflichten von Unternehmen im Hinblick auf Nachhaltigkeit und zur Änderung der Richtlinie (EU) 2019/1937.* 23. Februar. Brüssel.

Europäische Kommission. 2022b. *EU-Kommissionspräsidentin von der Leyen: Ukraine verteidigt beeindruckend unsere Werte.* 20. Mai. https://germany.representation.ec.europa.eu/news/eu-kommissionsprasidentin-von-der-leyen-ukraine-verteidigt-beeindruckend-unsere-werte-2022-05-20_de.

Europäische Kommission. 2022c. *Rede von Präsidentin von der Leyen zur Lage der Union 2022.* 14. September. https://ec.europa.eu/commission/presscorner/detail/de/SPEECH_22_5493.

Europäische Kommission. 2022d. *Vorschlag für eine Richtlinie des Europäischen Parlaments und des Rates über die Sorgfaltspflichten von Unternehmen im Hinblick auf Nachhaltigkeit und zur Änderung der Richtlinie (EU) 2019/1937.* 23. Februar. Brüssel.

Europäische Kommission. 2023. *What Is the New Pact on Migration and Asylum of the EU?* https://home-affairs.ec.europa.eu/policies/migration-and-asylum/new-pact-migration-and-asylum_de.

Europäischer Gerichtshof für Menschenrechte. 2012. *Case of Jirsi Jamaa and Others v. Italy. Judgment.* 4. November 2014. https://hudoc.echr.coe.int/spa#{%22itemid%22:[%22001-109231%22]}.

Europäischer Rat. 2023a. *Iran: Restriktive Maßnahme der EU.* 19. Oktober. https://www.consilium.europa.eu/de/policies/sanctions/iran/.

Europäischer Rat. 2023b. *Russlands Angriffskrieg gegen die Ukraine: EU verabschiedet elftes Paket mit wirtschaftlichen und individuellen Sanktionen. Pressemitteilung.* 23. Juni. https://www.consilium.europa.eu/de/press/press-releases/2023/06/23/russia-s-war-of-aggression-against-ukraine-eu-adopts-11th-package-of-economic-and-individual-sanctions/.

Europäischer Rat. 2023c. *Sorgfaltspflichten von Unternehmen im Hinblick auf Nachhaltigkeit: Rat und Parlament erzielen Einigung zum Schutz der Umwelt und der Menschenrechte. Pressemitteilung.* 14. Dezember. https://www.consilium.europa.eu/de/press/press-releases/2023/12/14/corporate-sustainability-due-diligence-council-and-parliament-strike-deal-to-protect-environment-and-human-rights/.

Europäischer Rat. 2023d. *The Council and the European Parliament Reach Breakthrough in Reform of EU Asylum and Migration System. Press Release.* 21. Dezember. https://www.consilium.europa.eu/de/press/press-releases/2023/12/20/the-council-and-the-european-parliament-reach-breakthrough-in-reform-of-eu-asylum-and-migration-system/.

Europäischer Rat. 2024a. *Die EU-Sanktionen gegen Russland im Detail.* 6. März. https://www.consilium.europa.eu/de/policies/sanctions/restrictive-measures-against-russia-over-ukraine/sanctions-against-russia-explained/.

Europäischer Rat. 2024b. *Restriktive Maßnahmen der EU gegen Russland aufgrund der Krise in der Ukraine (seit 2014).* 6. März. https://www.consilium.europa.eu/de/policies/sanctions/restrictive-measures-against-russia-over-ukraine/.

Europäischer Rat. 2024c. *Russland: Zwei Jahre nach Beginn der groß angelegten Invasion und des Angriffskriegs gegen die Ukraine verabschiedet die EU das 13. Paket von gegen Einzelpersonen gerichteten und wirtschaftlichen Sanktionen. Pressemitteilung.* 23. Februar. https://www.consilium.europa.eu/de/press/press-releases/2024/02/23/russia-two-years-after-the-full-scale-invasion-and-war-of-aggression-against-ukraine-eu-adopts-13th-package-of-individual-and-economic-sanctions/.

Europäisches Parlament. 2023. *Sorgfaltspflichten von Unternehmen im Hinblick auf Nachhaltigkeit. Abänderungen des Europäischen Parlaments vom 1. Juni 2023 zu dem Vorschlag für eine Richtlinie des Europäischen Parlaments und des Rates über die Sorgfaltspflichten von Unternehmen im Hinblick auf Nachhaltigkeit und zur Änderung der Richtlinie (EU) 2019/1937.* 1. Juni. Brüssel.

Europäische Union. 2008. *Gemeinsamer Standpunkt 2008/944/GASP des Rates vom 8. Dezember betreffend gemeinsame Regeln für die Kontrolle der Ausfuhr von Militärtechnologie und Militärgütern.* Amtsblatt der Europäischen Union, 13. Dezember, L 335/99–103.

Europäische Union. 2011. *Verordnung (EU) Nr. 1233/2011 des Europäischen Parlaments und des Rates vom 16. November 2011 über die Anwendung bestimmter Leitlinien auf dem Gebiet der öffentlich unterstützten Exportkredite sowie zur Aufhebung der Beschlüsse 2001/76/EG und 2001/77/EG des Rates.* Amtsblatt der Europäischen Union, 8. Dezember, L 326/45–112.

Europäische Union. 2020. *Verordnung (EU) 2020/1998 des Rates vom 7. Dezember 2020 über restriktive Maßnahmen gegen schwere Menschenrechtsverletzungen und -verstöße.* Amtsblatt der Europäischen Union, 7. Dezember, L 410 I/1-12.

Europäische Union. 2023a. *Verordnung (EU) 2023/956 des Europäischen Parlaments und des Rates vom 10. Mai 2023 zur Schaffung eines CO_2-Grenzausgleichssystems.* Amtsblatt der Europäischen Union, 16. Mai, L 130/52–104.

Europäische Union. 2023b. *Verordnung (EU) 2023/1115 des Europäischen Parlaments und des Rates vom 31. Mai 2023 über die Bereitstellung bestimmter Rohstoffe und Erzeugnisse, die mit Entwaldung und Waldschädigung in Verbindung stehen, auf dem Unionsmarkt und ihre Ausfuhr aus der Union sowie zur Aufhebung der Verordnung (EU) Nr. 995/2010.* Amtsblatt der Europäischen Union, 9. Juni, L 150/206–247.

Fasbender, Thomas. 2023. In der Wagenburg eingenistet. *Junge Freiheit*, Nr. 17, 21. April, 1.

Fedorska, Aleksandra et al. 2023. Deutschland bekommt offenbar weiter russisches Öl. *Handelsblatt online.* 18. April. https://www.handelsblatt.com/politik/deutschland/pck-raffinerie-deutschland-bekommt-offenbar-weiter-russisches-oel/29098344.html.

Felbermayr, Gabriel. 2023. EU-Mercosur-Handelspakt. Wie ist der Stand? *Wirtschaftsdienst* 103(8), 508.

Felbermayr, Gabriel et al. 2012. Beschäftigungseffekte der Exportgarantien der Bundesrepublik Deutschland »Hermesdeckungen«. *ifo Schnelldienst* 65(1), 20–30.

Felbermayr, Gabriel et al. 2021. *Ökonomische Bewertung eines Lieferkettengesetzes. Studie im Auftrag von Gesamtmetall e.V.* 28. September. Kiel: Institut für Weltwirtschaft.

Feusi, Dominik. 2018. Vielleicht müssen wir die Sache an die Wand fahren. *Basler Zeitung online.* 19. Juli. https://www.bazonline.ch/vielleicht-muessen-wir-die-sache-an-die-wand-fahren-290260057816.

Franke, Siegfried F. 2020. *Zur Aushöhlung des Rechtsstaates.* Marburg: Metropolis.

Franke, Siegfried F. 2021. *Vor dem Sturz in die Bedeutungslosigkeit: Demokratie und Rechtsstaat.* Berlin: LIT Verlag.

Fraunhofer-Institut für Solare Energiesysteme ISE. 2024. *Energy-Charts.* https://energy-charts.info/charts/price_average/chart.htm?l=de&c=DE&year=-1&interval=year&chartColumnSorting=default.

Friedrich-Ebert-Stiftung. 2022. *Umfrage: Deutsche Außenpolitik nach der Zeitenwende.* 21. Juni. https://www.fes.de/abteilung-analyse-planung-und-beratung/artikelseite-apb/umfrage-deutsche-aussenpolitik-nach-der-zeitenwende.

Fritze, Lothar. 2020. *Angriff auf den freiheitlichen Staat. Über Macht und ideologische Vorherrschaft.* Marburg: Basilisken-Presse.

Fritze, Lothar. 2021. *Kulturkampf. Moralischer Universalismus statt Selbstbehauptung?* Dresden: Jungeuropa-Verlag.

Fröhlich, Marieke und Anna Hauschild. 2023. Feministische Außenpolitik. Hintergründe und Praxis. *Aus Politik und Zeitgeschichte* 73(17), 34–39.

Funke, Hajo und Harald Kujat. 2023. Wie die Chance für eine Friedensregelung des Ukrainekrieges vertan wurde. Der Westen wollte stattdessen den Krieg fortsetzen. *Brave New Europe.* 12. Oktober. https://braveneweurope.com/michael-von-der-schulenburg-hajo-funke-harald-kujat-frieden-fur-ukraine.

Goodhart, David. 2017. *The Road to Somewhere. The Populist Revolt and the Future of Politics.* London: Hurst & Co.

Gramsci, Antonio. 1986. Das Problem der politischen Führung bei der Bildung und Entwicklung der Nation und des modernen Staates in Italien. In Gramsci, A., *Zu Politik, Geschichte und Kultur. Ausgewählte Schriften*, 277–303, Leipzig: Reclam.

Grau, Alexander. 2020. *Hypermoral. Die neue Lust an der Empörung.* 5. Aufl., München: Claudius.

Grömling, Michael. 2023a. *Hartnäckige Produktionslücken der deutschen Industrie.* IW-Report Nr. 41. 25. August. https://ec.europa.eu/commission/presscorner/detail/en/IP_18_6267.

Grömling, Michael. 2023b. *Wohlstandsverluste: Der Krieg kostet die deutsche Wirtschaft in diesem Jahr 175 Milliarden Euro.* IW-Nachricht. 23. Januar. https://www.iwkoeln.de/presse/iw-nachrichten/

michael-groemling-der-krieg-kostet-die-deutsche-wirtschaft-in-diesem-jahr-175-milliarden-euro.html.
Große, Jürgen. 2022. Die Mobilmachung der Ungedienten. *Tumult*, Nr. 3, 15–19.
Guérot, Ulrike und Hauke Ritz. 2022. *Endspiel Europa. Warum das politische Projekt Europa gescheitert ist – und wie wir wieder davon träumen können*. 2. Aufl., Frankfurt: Westend.
Gutmann, Jerg et al. 2023. The Impact of Economic Sanctions on Target Countries: A Review of the Empirical Evidence. *EconPol Forum* 24(3), 5–9.
Hayek, Friedrich August von. 1982. *Der Weg zur Knechtschaft*. 5. Aufl., Landsberg am Lech: Verlag Moderne Industrie (englisch 1944).
Hersh, Seymour. 2023. *How America Took Out the Nord Stream Pipeline*. 8. Februar. https://seymourhersh.substack.com/p/how-america-took-out-the-nord-stream.
Heymann, Eric. 2023. Industriestandort unter Druck – mehr Optimismus für große Industrieunternehmen. *ifo Schnelldienst* 76(3), 14–17.
Hildebrand, Tina und Giovanni di Lorenzo. 2022. Interview mit Angela Merkel. *Zeit online*. 7. Dezember. https://www.zeit.de/2022/51/angela-merkel-russland-fluechtlingskrise-bundeskanzler.
Hinz, Thorsten. 2023a. Die Tage der tumben Toren. *Junge Freiheit*, Nr. 9, 24. Februar, 15.
Hinz. Thorsten. 2023b. Staatskunst und Schicksal. *Cato*, Nr. 3, 8–12.
Hösle, Vittorio. 2019. *Moral und Politik. Grundlagen einer politischen Ethik für das 21. Jahrhundert*. 2. Aufl., München: C.H. Beck.
Homburg, Stefan. 2022. *Corona-Getwitter. Chronik einer Wissenschafts-, Medien- und Politikkrise*. Sargans: Weltbuch-Verlag.
Hüther, Michael. 2023. Deindustrialisierung als Risiko ernst nehmen, Potenziale für die Transformation mobilisieren. *ifo Schnelldienst* 76(3), 3–6.
Hüther, Michael et al. 2023. *Industriepolitik in der Zeitenwende*. IW-Policy Paper Nr. 7. 13. September. https://www.iwkoeln.de/studien/michael-huether-hubertus-bardt-cornelius-baehr-juergen-matthes-klaus-heiner-roehl-christian-rusche-thilo-schaefer-industriepolitik-in-der-zeitenwende.html.
Hufbauer, Gary Clyde et al. 2007. *Economic Sanctions Reconsidered*. 3. Aufl., Washington: Peterson Institute for International Economics.
Hufe, Susanne. 2020. *Das EU-Mercosur Freihandelsabkommen steht in*

direktem Widerspruch zum European Green Deal. Pressemitteilung. Helmholtz-Zentrum für Umweltforschung. 9. September. https://idw-online.de/de/news753850.

Huntington, Samuel P. 1996. *The Clash of Civilizations and the Remaking of World Order.* New York: Simon & Schuster.

Institut für Weltwirtschaft. 2024. *Ukraine Support Tracker.* 16. Februar. https://www.ifw-kiel.de/de/themendossiers/krieg-gegen-die-ukraine/ukraine-support-tracker/.

Internationaler Währungsfonds. 2024a. *Russian Federation.* https://www.imf.org/en/Countries/RUS.

Internationaler Währungsfonds. 2024b. *World Economic Outlook. GDP Based on PPP, Share of World.* https://www.imf.org/external/datamapper/PPPSH@WEO/WEOWORLD/DEU/EU/CHN/USA.

Jesse, Eckhard. 2023. Politischer Moralismus schwächt eine offene Debattenkultur – nicht nur beim Klimaaktivismus. *Zeitschrift für Politik* 70(3), 279–300.

Jovanović, Miroslav N. 2022. Economic Sanctions: Disappointing Old Wine in New Bottles. *International Economics* 75(4), 545–576.

Kelnberger, Josef. 2023. Macron steht mit dem Wunsch nach Autonomie nicht allein. *Süddeutsche Zeitung online.* 12. April. https://www.sueddeutsche.de/politik/eu-macron-china-usa-streit-1.5795072.

Kissinger, Henry A. 2001. The Pitfalls of Universal Jurisdiction. *Foreign Affairs* 80(4), 86–96.

Klaus, Václav. 2022. Unsere Souveränität ist unantastbar. *Cato*, Nr. 1, 6.

Koch, Anne. 2022. *Neue Entwicklungen in der Governance globaler Migration. Nachlese zum ersten International Migration Review Forum.* SWP-Aktuell Nr. 46. https://www.swp-berlin.org/publications/products/aktuell/2022A46_governance_globale_migration.pdf.

Kolev, Galina und Jürgen Matthes. 2016. Ein differenzierter Blick auf die kontroverse TTIP-Debatte. *Wirtschaftsdienst* 96(3), 159–163.

Kolev, Galina und Adriana Neligan. 2021. *Nachhaltigkeit in Lieferketten. Eine ökonomische Bewertung von Gesetzesvorschlägen.* IW-Policy Paper Nr. 5. 3. März. https://www.iwkoeln.de/studien/galina-kolev-adriana-neligan-eine-oekonomische-bewertung-von-gesetzesvorschlaegen.html.

Kolev, Galina und Adriana Neligan. 2023. *Neue EU-Regeln: Ein kostspieliges Bürokratiemonster namens EU-Lieferkettengesetz.* IW-Nachricht. 14. Dezember. https://www.iwkoeln.de/presse/iw-nachrichten/galina-kolev-schaefer-adriana-neligan-ein-buerokratiemonster-namens-lieferkettengesetz.html.

Konrad, Kai A. und Marcel Thum. 2023. Wirken Sanktionen bei Rohstoffen? *ifo Schnelldienst* 76(5), 18–22.

Koonin, Steven E. 2021. *Unsettled. What Climate Science Tells Us, What It Doesn't, and Why It Matters.* Dallas: BenBella Books.

Koopmans, Ruud. 2023. *Die Asyl-Lotterie. Eine Bilanz der Flüchtlingspolitik von 2015 bis zum Ukraine-Krieg.* München: C.H. Beck.

Koopmans, Ruud und Michael Zürn. 2019. Cosmopolitanism and Communitarism – How Globalization Is Reshaping Politics in the Twenty-First Century. In Wilde, P. de et al. (Hrsg.), *The Struggle over Borders. Cosmopolitanism and Communitarism*, 1–34, Cambridge: Cambridge University Press.

Kreye, Andrian. 2010. Seymour Hersh im Interview. *Süddeutsche Zeitung online*. 10. Mai. https://www.sueddeutsche.de/politik/seymour-hersh-im-interview-das-raetsel-bleibt-wie-verrueckte-die-regierung-uebernehmen-konnten-1.652610.

Krüger, Paul-Anton. 2023. Worte, die schwer wiegen. *Süddeutsche Zeitung online*. 27. Januar. https://www.sueddeutsche.de/politik/baerbock-shitstorm-russland-statements-krieg-1.5740445.

Langner, Ingo. 2023. Interview mit Peter Brandt. *Cato*, Nr. 3, 18–24.

Lombard, Andreas. 2022. Was soll bloß werden? *Cato*, Nr. 1, 31–35.

Lübbe, Hermann. 2019. *Politischer Moralismus. Der Triumph der Gesinnung über die Urteilskraft.* Berlin: LIT Verlag (Erstveröffentlichung 1987).

Lübbe, Hermann. 2020. *Europa – Souveräne Nationen politisch verbunden*. 2. Aufl., Berlin: LIT Verlag.

Lüders, Michael. 2023. *Moral über alles. Warum sich Werte und nationale Interessen selten vertragen*. München: Goldmann.

Lütge, Christoph und Michael Esfeld. 2021. *Und die Freiheit? Wie die Corona-Politik und der Missbrauch der Wissenschaft unsere offene Gesellschaft bedrohen*. München: Riva.

Lüthgen, Peter. 2022. *Wettbewerb in Deutschland. Anamnese einer verfallenden Gesellschaft*. 3. Aufl., Pfäffikon: Eigenverlag.

Matthes, Jürgen. 2022. *CETA-Ratifizierung: »Die EU darf nicht als Oberlehrer auftreten«*. IW-Nachricht. 1. Dezember. https://www.

iwkoeln.de/presse/iw-nachrichten/juergen-matthes-die-eu-darf-nicht-als-oberlehrer-auftreten.html.

Matthes, Jürgen und Samina Sultan. 2023. EU sollte gegenüber den Mercosur-Staaten kompromissbereiter sein. *Handelsblatt online*. 22. Oktober. https://www.handelsblatt.com/meinung/gastbeitraege/gastkommentar-eu-sollte-gegenueber-den-mercosur-staaten-kompromissbereiter-sein/29432952.html.

Maurin, Jost. 2013. Furcht vor Freihandelsabkommen. Bald Chlorhähnchen aus Amerika? *taz online*. 18. Juni. https://taz.de/Furcht-vor-Freihandelsabkommen/!5065118/.

Mearsheimer, John J. 2014. Why the Ukraine Crisis Is the West's Fault. The Liberal Delusions That Provoked Putin. *Foreign Affairs* 93(5), 77–89.

Menkhoff, Lukas. 2023. Fremde Welt: Nur eine Minderheit teilt Deutschlands »Werte«. *Wirtschaftsdienst* 103(8), 546–552.

Merkel, Wolfgang. 2017. Kosmopolitismus versus Kommunitarismus – ein neuer Konflikt. In Bröning, M. und C.P. Mohr (Hrsg.), *Flucht, Migration und die Linke in Europa*, 299–313, Bonn: Dietz.

Merkel, Wolfgang. 2023. *Im Zwielicht. Zerbrechlichkeit und Resilienz der Demokratie im 21. Jahrhundert*. Frankfurt: Campus.

Möller, Peter. 2023. Zwischen Klo und Quote. *Junge Freiheit*, Nr. 11, 10. März, 5.

Müller-Neuhof. 2019. Geheime Besprechungen beim UN-Migrationspakt. *Tagesspiegel online*. 17. Mai. https://www.tagesspiegel.de/politik/auswartiges-amt-raumt-nichtoffentliche-sitzungen-ein-4642648.html.

Mulder, Nicholas. 2022. *The Economic Weapon. The Rise of Sanctions as a Tool of Modern War*. New Haven: Yale University Press.

Murswiek, Dietrich. 2018. Wozu verpflichtet der UN-Migrationspakt? *Tichys Einblick online*. 3. Dezember. https://www.tichyseinblick.de/meinungen/wozu-verpflichtet-der-un-migrationspakt.

Neaman, Elliot. 2023. Metternichs Nachfahre. *Junge Freiheit*, Nr. 22, 26. Mai, 12.

Neuenkirch, Matthias und Florian Neumeier. 2015. The Impact of UN and US Economic Sanctions on GDP Growth. *European Journal of Political Economy* 40(A), 110–125.

Nierhaus, Wolfgang. 2023. Realwert des Bruttoinlandsprodukts und Terms of Trade: Ergebnisse für das Jahr 2022. *ifo Schnelldienst* 76(2), 47–53.

Nierhaus, Wolfgang. 2024. Realwert des Bruttoinlandsprodukts und Terms of Trade: Ergebnisse für das Jahr 2023. *ifo Schnelldienst* 77(2), 61–66.

OECD. 2023a. *Arrangement On Officially Supported Export Credits.* 17. Juli. https://one.oecd.org/document/TAD/PG(2023)7/en/pdf.

OECD. 2023b. *Evolution of the Arrangement On Officially Supported Export Credits.* 17. Juli. https://one.oecd.org/document/TAD/PG(2023)8/en/pdf.

O.V. 2019. Frankreichs Botschafterin kritisiert Deutschland wegen Waffenexporten. *Frankfurter Allgemeine Zeitung online.* 26. März. https://www.faz.net/aktuell/wirtschaft/frankreichs-botschafterin-kritisiert-deutschland-wegen-waffenexporten-16108398.html.

O.V. 2022. Regierung stehe an Seite der Ukraine, »egal, was meine deutschen Wähler denken«, sagt Baerbock. *Welt online.* 1. September. https://www.welt.de/politik/ausland/article240801361/Baerbock-Regierung-steht-an-der-Seite-der-Ukraine-egal-was-meine-deutschen-Waehler-denken.html

O.V. 2023a. Baerbock enttäuscht von Wirkung der Russlandsanktionen. *Spiegel online.* 24. August. https://www.spiegel.de/politik/deutschland/ukrainekrieg-annalena-baerbock-enttaeuscht-von-wirkung-der-russland-sanktionen-a-3c393eb3-98dc-4aa9-a45e-b3c1b4188516.

O.V. 2023b. Hoffnung und Bangen im Nahen Osten. *Focus online.* 30. November. https://www.focus.de/politik/deutschland/die-nahost-reise-unseres-bundespraesidenten-in-katar-verhandelt-steinmeier-um-hamas-geiseln-doch-es-geht-um-viel-mehr_id_255607762.html.

O.V. 2023c. No Sovereignty, no Professionals in German Leadership, Says Putin. *TASS online.* 30. November. https://tass.com/politics/1713919?utm_source=google.com&utm_medium=organic&utm_campaign=google.com&utm_referrer=google.com.

Paine, Thomas. 2004. *Common Sense.* London: Penguin [Erstveröffentlichung 1776].

Palmer, Boris. 2019. *Erst die Fakten, dann die Moral. Warum Politik mit der Wirklichkeit beginnen muss.* 3. Aufl., München: Siedler.

Pape, Robert A. 1997. Why Economic Sanctions Do Not Work. *International Security* 22(2) 90–136.

Patzelt, Werner J. 2023. *Ungarn verstehen. Geschichte, Staat, Politik.* München: Langen Müller.

Petersen, Thieß. 2023. Sanktionen gegen Russland – eine Frage der Zeit. *ifo Schnelldienst* 76(5), 3–6.

Pritzl, Rupert und Fritz Söllner. 2021a. *Moralismus, Ideologie und staatlicher Dirigismus bei den Grünen – Das Beispiel der Klimapolitik*. Austrian Institute Paper Nr. 39. https://austrian-institute.org/wp-content/uploads/2021/08/Pritzl-Söllner-Moralismus-Ideologie-und-staatlicher-Dirigismus-bei-den-Grünen-AiPaper-39-2021.pdf.

Pritzl, Rupert und Fritz Söllner. 2021b. Rationale Klimapolitik – ökonomische Anforderungen und politische Hindernisse. *List Forum* 46(4), 423–449.

Rochlitz, Michael. 2023. Im Abseits: Russlands Weg in die wirtschaftliche Stagnation. *ifo Schnelldienst* 76(5), 9–12.

Rusche, Christian. 2023. *Deindustrialisierung – Eine Analyse auf der Basis von Direktinvestitionen*. IW-Kurzbericht Nr. 43. 28. Juni. https://www.iwkoeln.de/studien/christian-rusche-eine-analyse-auf-basis-von-direktinvestitionen.html.

Sarrazin, Thilo. 2021. *Der neue Tugendterror. Über die Grenzen der Meinungsfreiheit in Deutschland*. 3. Aufl., München: Langen Müller (Erstveröffentlichung 2014).

Sarrazin, Thilo. 2022. *Die Vernunft und ihre Feinde. Irrtümer und Illusionen ideologischen Denkens*. München: Langen Müller.

Schnabl, Gunther. 2022. *Inflation ist immer und überall ein monetäres Phänomen, auch im Krieg*. Austrian Institute. 23. April. https://austrian-institute.org/de/blog/inflation-ist-immer-und-ueberall-ein-monetaeres-phaenomen-auch-in-pandemie-und-krieg/.

Sieksmeier, Nicola und Gerald Willmann. 2016. TTIP – eher Chancen als Risiken. *Wirtschaftsdienst* 96(3), 166–168.

Sinn, Hans-Werner. 2021. *Die wundersame Geldvermehrung*. Freiburg: Herder.

Söllner, Fritz. 2019. *System statt Chaos. Ein Plädoyer für eine rationale Migrationspolitik*. Wiesbaden: Springer.

Söllner, Fritz. 2022a. EU-Pläne für einen CO_2-Grenzausgleich. *Wirtschaftsdienst* 102(8), 609–617.

Söllner, Fritz. 2022b. Flüchtlingskrise und neue Bundesregierung: Immer noch nichts gelernt? *Deutschland-Journal*, Nr. 104, 73–92.

Söllner, Fritz. 2022c. *Krise als Mittel zur Macht*. München: Langen Müller.

Söllner, Fritz. 2023a. Die Pläne der EU-Kommission für einen CO_2-Grenzausgleich. *Perspektiven der Wirtschaftspolitik* 24(2), 247–263.
Söllner, Fritz. 2023b. Wunderland ist abgebrannt. *Junge Freiheit*, Nr. 23, 2. Juni, 1.
Söllner, Fritz und Rupert Pritzl. 2021. *Der politische Moralismus in der deutschen Klima- und Energiepolitik*. Ludwig-Erhard-Stiftung. Orientierungen zur Wirtschafts- und Gesellschaftspolitik. 22. April. https://www.ludwig-erhard.de/orientierungen/rationales-verhalten/der-politische-moralismus-in-der-deutschen-klima-und-energiepolitik/.
SPD et al. 2021. *Mehr Fortschritt wagen. Bündnis für Freiheit, Gerechtigkeit und Nachhaltigkeit. Koalitionsvertrag zwischen SPD, Bündnis 90/Die Grünen und FDP.* https://www.spd.de/fileadmin/Dokumente/Koalitionsvertrag/Koalitionsvertrag_2021-2025.pdf.
Stör, Christian. 2023. Baerbock bei Fox-News: »Die Ukraine muss diesen Krieg gewinnen«. *Frankfurter Rundschau online*. 15. September. https://www.fr.de/politik/baerbock-fox-news-usa-putin-ukraine-krieg-trump-biden-tv-auftritt-aussenministerin-news-zr-92521223.html.
Straub, Eberhard. 2023. Den Ausgleich im Blick. *Junge Freiheit*, Nr. 30/31, 21./28. Juli, 23.
Strijbis, Oliver et al. 2019. Why Are Elites More Cosmopolitan than Masses? In Wilde, P. de et al. (Hrsg.), *The Struggle over Borders. Cosmopolitanism and Communitarism*, 37–64, Cambridge: Cambridge University Press.
Sultan, Samina. 2023. EU muss beim Freihandelsabkommen Tempo machen. *Informationsdienst des Instituts der deutschen Wirtschaft*. 30. August. https://www.iwd.de/artikel/eu-muss-beim-freihandelsabkommen-tempo-machen-594954/.
Theisen, Heinz. 2022. *Selbstbehauptung. Warum Europa und der Westen sich begrenzen müssen*. Reinbek: Lau-Verlag.
Tol, Richard S.J. 2019. *Climate Economics. Economic Analysis of Climate, Climate Change and Climate Policy*. 2. Aufl., Cheltenham: Edward Elgar.
Vahrenholt, Fritz und Sebastian Lüning. 2020. *Unerwünschte Wahrheiten. Was Sie über den Klimawandel wissen sollten*. 4. Aufl., München: Langen Müller.
Vereinigung der bayerischen Wirtschaft. 2024. *EU-Wertschöpfungskettenrichtlinie: keine Mehrheit im Rat*. 28. Februar. https://www.

vbw-bayern.de/vbw/Themen-und-Services/Nachhaltigkeit-CSR/EU-Wertsch%C3%B6pfungskettenrichtlinie-aktuelle-Entwicklungen.jsp.

Vereinte Nationen. 1992. *Rahmenübereinkommen der Vereinten Nationen über Klimaänderungen.* https://unfccc.int/resource/docs/convkp/convger.pdf.

Vereinte Nationen. 1997. *Das Protokoll von Kyoto zum Rahmenübereinkommen der Vereinten Nationen über Klimaänderungen.* https://unfccc.int/resource/docs/convkp/kpger.pdf.

Vereinte Nationen. 2015. *Übereinkommen von Paris.* https://www.bmuv.de/fileadmin/Daten_BMU/Download_PDF/Klimaschutz/paris_abkommen_bf.pdf.

Vereinte Nationen. 2016. *Report of the Conference of the Parties on Its Twenty-first Session, Held in Paris from 30 November to 13 December 2015. Decisions Adopted by the Conference of the Parties.* https://unfccc.int/resource/docs/2015/cop21/eng/10a01.pdf.

Vereinte Nationen. 2018a. *Global Compact On Refugees.* 26. Juni. https://www.unhcr.org/media/official-version-final-draft-global-compact-refugees.

Vereinte Nationen. 2018b. *Globaler Pakt für eine sichere, geordnete und reguläre Migration.* 11. Dezember. https://www.un.org/depts/german/migration/A.CONF.231.3.pdf.

Vereinte Nationen. 2023. *COP28. Operationalization of the New Funding Arrangements, Including a Fund, for Responding to Loss and Damage Referred to in Paragraphs 2–3 of Decisions 2/CP.27 and 2/CMA.4.* 13. Dezember. https://unfccc.int/documents/636558.

Vollradt, Christian. 2022. Legal wider das Gesetz. *Junge Freiheit*, Nr. 32, 5. August, 5.

Wagener, Martin. 2021. *Kulturkampf um das Volk. Der Verfassungsschutz und die nationale Identität der Deutschen.* Reinbek: Lau.

Wagener, Martin. 2023. Die USA schärfen ihr geopolitisches Kalkül. *Neue Zürcher Zeitung*, 24. April, 19.

Weber, Max. 1919. *Geistige Arbeit als Beruf. Zweiter Vortrag: Politik als Beruf.* München, Leipzig: Duncker & Humblot.

Willeke, Franz-Ulrich. 2011. *Deutschland, Zahlmeister der EU.* München: Olzog.

Winkler, Heinrich August. 2022. *Nationalstaat wider Willen. Interventionen zur deutschen und europäischen Politik.* München: C.H. Beck.

Yalçin, Erdal. 2023. Die ökonomischen Effekte von Sanktionen – Schlagkraft, Zielerreichung, Nebeneffekte. *Wirtschaftsdienst* 103(13), 15–22.

Zamirirad, Azadeh. 2023. *Zeit für eine andere Iranpolitik. Wie Deutschland Weichen für einen feministischen Ansatz stellen kann.* SWP-Aktuell Nr. 16. https://www.swp-berlin.org/publications/products/aktuell/2023A16_Andere_Iranpolitik.pdf.

Zoellner, Marc und C. Torsten Weick. 2023. Die Zeitbombe tickte schon lange. *Junge Freiheit*, Nr. 8, 17. Februar, 7.